Die Beurteilung konglomerater Unternehmenszusammenschlüsse
in Europa und den USA

Studien zum deutschen und europäischen Gesellschafts- und Wirtschaftsrecht

Herausgegeben von Ulrich Ehricke

Band 19

PL ACADEMIC RESEARCH

Jens Schefzig

Die Beurteilung konglomerater Unternehmenszusammenschlüsse in Europa und den USA

Unter besonderer Berücksichtigung von Wertschöpfungsketten

PL ACADEMIC RESEARCH

Bibliografische Information der Deutschen Nationalbibliothek
Die Deutsche Nationalbibliothek verzeichnet diese Publikation in der Deutschen Nationalbibliografie; detaillierte bibliografische Daten sind im Internet über http://dnb.d-nb.de abrufbar.

Zugl.: Kiel, Univ., Diss., 2013

Umschlaggestaltung:
© Olaf Gloeckler, Atelier Platen, Friedberg

Gedruckt auf alterungsbeständigem,
säurefreiem Papier.

D 8
ISSN 1614-581X
ISBN 978-3-631-64191-0 (Print)
E-ISBN 978-3-653-03435-6 (E-Book)
DOI 10.3726/978-3-653-03435-6

PL Academic Research ist ein Imprint der Peter Lang GmbH.

Peter Lang – Frankfurt am Main · Bern · Bruxelles · New York · Oxford · Warszawa · Wien

www.peterlang.de

Vorwort

Die vorliegende Arbeit wurde von der juristischen Fakultät der Christian-Albrechts-Universität zu Kiel im Wintersemester 2012/2013 als Dissertation angenommen. Sie befindet sich auf dem Stand von Herbst 2012.

Danken möchte ich meinem Doktorvater, Herrn Professor Dr. Joachim Jickeli. Er hat mir einerseits zahlreiche hilfreiche Hinweise gegeben, mich andererseits aber genauso darin unterstützt, meine eigenen Standpunkte zu vertreten. Ihm sowie meinem Zweitgutachter Herrn Professor Dr. Haimo Schack danke ich auch für die zügige Erstellung ihrer jeweiligen Gutachten. Der Stiftung der Deutschen Wirtschaft danke ich für die finanzielle und ideelle Förderung, die ich durch ihre Stipendien für Studium und Promotion erfahren habe. Außerdem danke ich dem Max-Planck-Institut für ausländisches und internationales Privatrecht, welches mir einen Arbeitsplatz für meine Forschung überließ. Schließlich möchte ich auch der Law Library of Congress in Washington, D.C. meinen Dank aussprechen. Sie stellte mir als Graduate Intern ihre gewaltigen Ressourcen zur Verfügung.

Ganz besonders danke ich aber meinen Eltern. Sie haben mir stets einen liebevollen Rückhalt gegeben und mich bei allen meinen Entscheidungen unterstützt. Ihnen ist diese Arbeit gewidmet.

Hamburg, Juni 2013 *Jens Schefzig*

Inhaltsübersicht

Inhaltsverzeichnis

Verzeichnis der ausländischen Abkürzungen

Ac.Manag.J.	Academy of Management Journal
Ac.Manag.Rev.	Academy of Management Review
Am.Econ.Rev.	The American Economic Review
Am.J.Comp.L.	American Journal of Comparative Law
Antitrust Bull.	The Antitrust Bulletin
Antitrust L.J.	Antitrust Law Journal
Boston U.L.Rev.	Boston University Law Review
Cal.L.Rev.	California Law Rcview
U.Chi.L.Rev.	University of Chicago Law Review
CMLR	Commen Market Law Review
Colum.Bus.L.Rev.	Columbia Business Law Review
Colum.L.Rev.	Columbia Law Review
DOJ	Department of Justice
Eur.Comp.J.	European Competition Journal
Fin.Rev.	The Financial Review
Fordham Int.L.J.	Fordham International Law Journal
FTC	Federal Trade Commission
Geo. Mason L.Rev.	George Mason Law Review
Harvard Bus.Rev.	Harvard Business Review
Harvard J.L. & Pub.Pol.	Harvard Journal of Law and Public Policy
Harvard L.Rev.	Harvard Law Review
Indiana L.J.	Indiana Law Journal
Int.J.Econ.Bus.	International Journal of the Economics of Business
Iss.Comp.L. & Pol.	Issues in Competition Law and Policy
J.Bank. & Fin.	Journal of Banking and Finance
J.Bus.Fin. & Acc.	Journal of Business Finance and Accounting
J.Comp.L. & Econ.	Journal of Competition Law and Economics
J.Econ. & Fin.	Journal of Economics and Finance
J.Fin.	The Journal of Finance
J.Fin.Econ.	Journal of Financial Economics
J.Indus.Econ.	The Journal of Industrial Economics
J.L. & Econ.	Journal of Law and Economics

J.Pol.Econ	Journal of Political Economy
Loy.U.Chi.L.J.	Loyola University Chicago Law Journal
Nebr.J.Econ.	Nebraska Journal of Economics
Nw.U.L.Rev.	Northwestern University Law Review
NY Times	The New York Times
N.Y.L.Sch.L.Rev	New York Law School Law Review
OECD J.Comp.Law & Pol.	OECD Journal of Competition Law and Policy
Ohio St.L.J.	Ohio State Law Journal
Quart.J.Econ.	The Quarterly Journal of Economics
RAND J.Econ.	The RAND Journal of Economics
Rev.Econ. & Stat.	The Review of Economics and Statistics
St. John's L.Rev.	St John's Law Review
Tul.J.Int. & Comp.L.	Tulane Journal of International and Comparative Law
U.Pa.L.Rev.	University of Pennsylvania Law Review
Yale L. J.	The Yale Law Journal

Verzeichnis der Abbildungen

Einführung

I. Anlass der Untersuchung

„This is the cleanest deal you'll ever see." So kommentierte Jack Welch, damaliger CEO von General Electric, die Übernahme von Honeywell, welche er 2001 spektakulär in die Wege geleitet hatte.[1] Die Europäische Kommission teilte diese Ansicht nicht. Im Juli 2001 untersagte sie den Zusammenschluss.[2] Damit verbot die Europäische Kommission das erste Mal einen Zusammenschluss[3] zweier US-Unternehmen, den die US-amerikanischen Kartellbehörden zuvor genehmigt hatten.[4] Sie begründete die Entscheidung vor allem mit den konglomeraten Effekten des Zusammenschlusses.

Konglomerate Effekte spielen bei der Prüfung von Zusammenschlüssen meist eine untergeordnete Rolle. Der Fokus liegt generell auf horizontalen oder vertikalen Effekten. Konglomerate Zusammenschlüsse werfen aber viele komplizierte wirtschaftliche und rechtliche Fragen auf. Häufig erregen sie außerdem besonderes Aufsehen. Der Fall *GE/Honeywell*, bei dem es sich um eine Megafusion mit einem geschätzten Volumen von 43 Milliarden Dollar handelte,[5] veranschaulicht das.[6] Es verwundert daher nicht, dass die rechtliche Bewertung konglomerater Zusammenschlüsse immer wieder kontrovers diskutiert wird. In den USA fanden diese Diskussionen in den 1970er Jahren ihren vorläufigen Höhepunkt. Durch den Regierungswechsel im November 2008 geriet die dortige Wettbewerbspolitik allerdings erneut in Bewegung.[7] In Europa entfachten einschlägige Verfahren

---

1 Zitiert nach: *Elliott*, NY Times v. 08.07.2001.

2 Kommission 03.07.2001, M.2220, ABl. 2004 L 48/1 – *GE/Honeywell;* EuG 14.12.2005, Rs. T-210/01, Slg. 2005, II-5575 – *GE/Kommission*.

3 Die Begriffe „Fusion", „Übernahme", „Akquisition" und „Zusammenschluss" werden in dieser Untersuchung synonym verwendet, ohne auf die juristischen Unterschiede einzugehen. Entscheidend ist aus fusionskontrollrechtlicher Sicht alleine, dass zwei Unternehmenseinheiten fortan gemeinsam im Markt agieren.

4 *Bundeskartellamt*, Konglomerate Zusammenschlüsse, S. 6.

5 *Choi*, J.Ind.Econ. 56 (2008), 553, 553.

6 Vgl. zum Medienecho statt vieler: *Elliott*, NY Times v. 08.07.2001; *Meller*, NY Times v. 28.05.2004; *Handelsblatt Online,* General Electric.

7 S. Teil 1, Kapitel C.

kurz nach der Jahrtausendwende[8] sowie die neuen Leitlinien der Europäischen Kommission zur Beurteilung nichthorizontaler Zusammenschlüsse (im Folgenden: „Nichthorizontalleitlinien")[9] vom 28.11.2007 die Auseinandersetzung.[10] Diese Entwicklungen ermöglichen es, ein umfassendes Bild davon zu zeichnen, wie konglomerate Zusammenschlüsse heute auf beiden Seiten des Atlantiks bewertet werden.

Überdies verdeutlicht gerade der Fall *GE/Honeywell*, dass es im Kartellrecht überaus wichtig ist, zu wissen, wie verschiedene Rechtssysteme gleiche Rechtsfragen beantworten. In einer globalisierten Wirtschaft wirken sich Unternehmenszusammenschlüsse regelmäßig auf mehrere nationale Märkte aus.[11] Verschiedene Kartellbehörden entscheiden über denselben Zusammenschluss jeweils im Hinblick auf den Markt, für den sie zuständig sind.[12] Das Ergebnis der einzelnen Prüfung ist offen. Während fünf Kartellbehörden den Zusammenschluss genehmigen, kann ihn die sechste untersagen.

Es gibt zwei mögliche Ursachen für solche unterschiedliche Beurteilungen. Erstens können sie aus faktischen Unterschieden der Marktverhältnisse resultieren. Zweitens können rechtliche Unterschiede bestehen, so dass verschiedene Rechtsfolgen bei gleichen Tatsachen eintreten. Ein Beispiel für derartige unterschiedliche rechtliche Beurteilungen ist der eingangs erwähnte Fall *GE/Honeywell*. Die Entscheidungen wichen nicht wegen tatsächlicher Unterschiede zwischen dem europäischen und dem US-amerikanischen Markt von einander ab. Vielmehr wurden gleichwertige Marktkonstellationen unterschiedlich bewertet.

Im Fusionskontrollrecht beschreibt die Rechtsvergleichung mithin nicht nur zwei unterschiedliche Rechtsordnungen. Vielmehr überschneiden die Rechtsord-

---

8 Insbesondere sind die Kommissions- und Gerichtsentscheidungen in den Zusammenschlüssen *Tetra Laval/Sidel (*Kommission 30.10.2001, M. 2416, ABl. 2004 L 43/13 – *Tetra Laval/Sidel*; EuG 25.10.2002, Rs. *T-5/02,* Slg. 2002, II-4381– *Tetra/Kommission*; EuGH 15.02.2005, Rs. C-12/03, Slg. 2005, I-987 – *Kommission/Tetra)* und *GE/Honeywell* (vgl. Fn. 2) erheblich. Die intensive Diskussion veranschaulichen beispielsweise: *Baxter/Dethmers/Dodoo*, Eur.Comp.J. 2006, 141; *Bay/Calzado*, World Competition 2005, 433; *Brei*, WuW 2003, 585; *Feddersen*, WuW 2003, 15; *Kolasky*, Antitrust Magazine 20 (2006), 69; *Montag* in: FS Bechthold, S. 339; *Nothdurft*, ZWeR 2006, 306; *Reynolds/Ordover*, Antitrust L.J. 70 (2002), 171; *Weidenbach/Leupold*, EWS 2006, 154; *Elliott*, NY Times v. 08.07.2001.

9 ABl. 2008 C 265/6.

10 Z.B. *Bundeskartellamt*, Konglomerate Zusammenschlüsse; *Burnley*, in: Amato/Ehlermann/Komninos (Hrsg.), S. 495; *Church*, Iss.Comp.L. & Pol. 2 (2008), 1503; *Gabrielsen*, Int.J.Econ.Bus. 10 (2003), 1; *Keden,* Zusammenschlussfall GE / Honeywell.

11 *Choi*, in: Ghosal/Stennek (Hrsg.), S. 241, 241; für konglomerate Zusammenschlüsse, die, wie dargestellt, regelmäßig Großkonzerne betreffen, gilt dies umso mehr.

12 *Immenga/Körber* in: IM Bd. I, Einleitung FKVO Rn. 3; *James,* Antitrust, S. 1.

nungen sich, so dass erst ein Rechtsvergleich die gemeinsame Rechtswirklichkeit bestimmt.

Die aufgeführten Fusionsverfahren, Uneinigkeiten im transatlantischen kartellrechtlichen Dialog und aktuelle Entwicklungen der Wettbewerbspolitik bilden den Hintergrund dieser Untersuchung.

II. Zielsetzung und Gang der Untersuchung

Ziel dieser Untersuchung ist es, zunächst die Beurteilung konglomerater Unternehmenszusammenschlüsse in den USA und Europa darzustellen. Diese Beurteilung soll juristisch und ökonomisch überprüft und letztlich ergänzt werden.

Entsprechend dieser Zielsetzung gliedert sich die Untersuchung in drei Teile. Der erste Teil vergleicht den Rechtszustand in den beiden Jurisdiktionen. Ausgegangen wird vom Begriff des konglomeraten Zusammenschlusses. Im Anschluss werden die modernen wettbewerbspolitischen Leitbilder, die die beiden Jurisdiktionen prägen, und ihre Positionen zur Fusionskontrolle dargestellt. Auf dieser Basis wird in jeweils einem eigenen Kapitel die Entwicklung der Beurteilung derartiger Zusammenschlüsse in den USA und Europa beschrieben. Die Abschnitte verdeutlichen die wechselnden Standpunkte, ihre Ursachen und ihren Rückbezug auf die wettbewerbspolitischen Leitbilder. Im letzten Kapitel dieses Teils werden die Positionen zusammenfassend einander gegenüber gestellt.

Der zweite Teil analysiert den erarbeiteten Rechtszustand. Die verwendeten Ansätze werden ökonomisch und juristisch auf ihre Schwachpunkte hin durchleuchtet.

Der dritte Teil knüpft an die identifizierten Schwächen bisheriger Analysen konglomerater Zusammenschlüsse an. Es wird eine ergänzende Methode entwikkelt, mit der die konglomeraten Zusammenschlüsse herausgefiltert werden können, die den Wettbewerb schädigen. Diese Methode führt die Wertschöpfungskette als neuen Prüfungsmaßstab in das Kartellrecht ein.

Teil 1: Gegenwärtige Beurteilung konglomerater Unternehmenszusammenschlüsse in den USA und Europa

A. Der konglomerate Unternehmenszusammenschluss

I. Definition eines konglomeraten Unternehmenszusammenschlusses

Konglomerate Zusammenschlüsse, auch diversifizierende oder diagonale Zusammenschlüsse genannt,[13] werden negativ definiert. Konglomerate Zusammenschlüsse sind Zusammenschlüsse, bei denen es sich weder um horizontale noch um vertikale Zusammenschlüsse handelt.[14] Die Definitionen horizontaler und vertikaler Zusammenschlüsse bestimmen also mittelbar über den Begriff des konglomeraten Zusammenschlusses. Bei horizontalen Zusammenschlüssen konkurrierten die beteiligten Unternehmen auf demselben sachlichen und räumlichen Markt.[15] Bei vertikalen Zusammenschlüssen waren die Fusionspartner auf einander unmittelbar vor- beziehungsweise nachgelagerten Märkten tätig.[16] Konglomerate Zusammenschlüsse sind demnach solche Zusammenschlüsse, an denen Unternehmen beteiligt sind, die keine Wettbewerber sind und zwischen denen auch kein Bezugs- oder Lieferverhältnis besteht.[17]

Unternehmenszusammenschlüsse weisen häufig Merkmale mehrerer Zusammenschlussformen auf, wenn die beteiligten Unternehmen eine Mehrzahl von Produkten anbieten. Die betroffenen Märkte stehen dann in verschiedenen Beziehungen zueinander. Bei der Bewertung eines einzelnen Zusammenschlusses können also horizontale, vertikale und konglomerate Aspekte gleichzeitig rele-

---

13 *Büscher,* Diagonale Unternehmenszusammenschlüsse; *Gerber*, WuW 1981, 337, 337. Die Begriffe „diversifizierender" und „konglomerater" Zusammenschluss werden in der weiteren Untersuchung synonym verwendet, um Wiederholungen zu reduzieren. Außerdem ist mit dem Wort „Zusammenschluss" stets ein Unternehmenszusammenschluss gemeint.

14 *Baron* in: Bunte, Art. 2 FKVO, Rn. 234; *Kling/Thomas,* Kartellrecht, Rn. 247; *Whish,* Competition Law, S. 800.

15 *Bunte,* Kartellrecht, S. 205; *Emmerich,* Kartellrecht, § 16 Rn. 43 f.

16 *Bunte,* Kartellrecht S. 210; *Emmerich,* Kartellrecht, § 16 Rn. 46.

17 *Emrich,* Konglomerate, S. 31 f.; *Richter*, in: Wiedemann (Hrsg.), § 20, Rn. 143. Diese Definition schließt genau wie die im Diskussionspapier des Bundeskartellamts Fälle geographischer Expansion aus dem Untersuchungsbereich aus, vgl. *Bundeskartellamt,* Konglomerate Zusammenschlüsse, S. 2. S. dazu auch Teil 1, Kapitel A.II.1.d).

vant sein.[18] Rein konglomerate Zusammenschlüsse sind selten. Ein Zusammenschluss, der als konglomerat bezeichnet wird, hat in der Praxis daher häufig nur einzelne konglomerate Aspekte.

II. Kategorisierung verschiedener Arten konglomerater Zusammenschlüsse

Die genannte Definition konglomerater Zusammenschlüsse hilft, eine Fusion grob zu kategorisieren. Konglomerate Zusammenschlüsse können aber eine Vielzahl von positiven und negativen Effekten haben.[19] Um einen besseren Indikator hinsichtlich wahrscheinlicher Effekte einer konkreten konglomeraten Fusion zu schaffen, ist deshalb eine weitere Differenzierung zweckmäßig. Ziel muss es sein, Kategorien zu entwickeln, aus denen sich typische Risiken für den Wettbewerb ergeben. Auf diese Weise kann der Schwerpunkt einer Kontrolle des fraglichen konglomeraten Zusammenschlusses eingegrenzt werden, indem an die Kategorisierung angeknüpft wird. Konglomerate Unternehmenszusammenschlüsse sollten also derart untergliedert werden, dass es die anschließende juristische Prüfung erleichtert.[20]

Es existieren zwei Kategorisierungen konglomerater Zusammenschlüsse. Der erste Ansatz teilt diversifizierende Fusionen aus der Perspektive des übernehmenden Unternehmens ein. Der zweite Ansatz differenziert sie anhand der Beziehung der Produkte, die die beteiligten Unternehmen herstellen.

1. Betriebswirtschaftlich orientierte Differenzierung

Basierend auf den Erfahrungen der 1960er und 1970er Jahre entwickelte sich in den USA eine Differenzierung verschiedener konglomerater Zusammenschlüsse, die sich nach der strategischen Perspektive der jeweiligen Fusion richtete.[21] In der Betriebswirtschaft ist sie weit verbreitet und wird für externes diversifizie-

18 *Möschel*, RabelsZ 44 (1980), 203, 203.

19 Vgl. Teil 1, Kapitel A.III für eine Einführung in die besonderen Probleme konglomerater Zusammenschlüsse.

20 Dies verkennt z.B. *Burnley*, Amato/Ehlermann/Komninos (Hrsg.), S. 495, 496, der die betriebswirtschaftlich orientierte Kategorisierung unreflektiert übernimmt, aber aus dieser keine Erkenntnisse für die wettbewerbliche Analyse ableitet; im Gegensatz dazu betont schon *Möschel*, RabelsZ 44 (1980), 203, 204, dass der Zweck von Fallgruppenbildung die Entwicklung „generalisierungsfähiger Maßstäbe“ sei.

21 *Jacoby*, in: Committee on the Judiciary (Hrsg.), S. 4948, 4949.

rendes Wachstum verwendet. [22] Sie findet sich auch regelmäßig in der juristischen Literatur.[23]

a) Räumlich diversifizierende Fusionen (Market Extension Mergers)

Durch eine räumlich diversifizierende Fusion wächst das geographische Geschäftsfeld eines Unternehmens.[24] Das Produktportfolio wächst hingegen nicht. Die beiden vor dem Zusammenschluss bestehenden Unternehmen waren in sachlich gleichen aber räumlich verschiedenen Märkten tätig.

b) Produkterweiterungsfusionen (Product Extension Mergers)

Durch eine Produkterweiterungsfusion wächst alleine das Produktportfolio des Unternehmens. Das geographische Geschäftsfeld wächst nicht. Die Unternehmen waren vor der Übernahme also im räumlich, aber nicht sachlich gleichen Markt tätig.[25]

c) Rein konglomerate Zusammenschlüsse (Pure Conglomerate Mergers)

Durch einen rein konglomeraten Zusammenschluss wachsen sowohl das Produktportfolio als auch das räumliche Geschäftsfeld eines Unternehmens. Es bestand ursprünglich keinerlei Beziehung zwischen den Produkten und geographischen Geschäftsfeldern der Unternehmen, die sich zusammenschließen.[26] Sie waren auf sachlich und räumlich verschiedenen Märkten tätig.

d) Stellungnahme

Verschiedene konglomerate Unternehmenszusammenschlüsse werden kategorisiert, um daraus Ansatzpunkte für die wettbewerbliche Analyse abzuleiten. Die dargestellte Systematik ist dafür nicht zweckmäßig.

---

22 Schon *Ansoff,* Corporate Strategy, S. 109. In jüngerer Zeit: z.B. *Bubik,* Unternehmenszusammenschlüsse, S. 12; *Ebers*, in: Köhler/Küpper/Pfingsten (Hrsg.), S. 1790, 1791; *Gerybadze/Stephan* in: FS Bühner, S. 399, 401; sowie *Rederer,* Unternehmensdiversifikation, S. 22.

23 *Baron* in: Bunte, Art. 2 FKVO, Rn. 234 f.; *Burnley*, in: Amato/Ehlermann/Komninos (Hrsg.), S. 495, 496; *Sullivan/Grimes,* Law of Antitrust, 2. Aufl., S. 655 f.

24 *Burnley*, in: Amato/Ehlermann/Komninos (Hrsg.), S. 495, 496.

25 *Gerybadze/Stephan* in: FS Bühner, S. 399, 401.

26 *Ansoff,* Corporate Strategy, S. 109.

Rein geographische Expansionen sollten nicht Teil der juristischen Diskussion konglomerater Zusammenschlüsse sein.[27] Bei diesen produzieren beide Unternehmen bereits das gleiche Produkt. Es wird nicht der Markt für ein unbekanntes Produkt erschlossen. Deshalb kann die wettbewerbliche Analyse unmittelbar an Umstände in dem jeweiligen Markt anknüpfen. [28] Das ist aber uncharakteristisch für konglomerate Unternehmenszusammenschlüsse. Ihre Sonderstellung beruht darauf, dass die Produktmärkte sich nicht entsprechen. Daher kann der konglomerate Zusammenschluss den Wettbewerb nur auf ungewöhnliche Weise über komplexe Kausalketten schädigen. Diese Fälle müssen das Kartellrecht und die Ökonomie identifizieren. Die Analyse konglomerater Fusionen wird also verfälscht, wenn man Fälle geographischer Expansion in sie einbezieht. Letztere wirken sich grundsätzlich anders auf den Wettbewerb aus. Sie sind separat zu diskutieren. Deshalb schließt die Definition konglomerater Zusammenschlüsse in dieser Untersuchung rein geographische Expansionen nicht mit ein.[29]

Die beiden verbleibenden Kategorien überzeugen ebenfalls nicht. Sie unterscheiden nur danach, ob die verschiedenen sachlichen Produktmärkte der Unternehmen sich vor der Fusion überlappten. Es ist jedoch nicht ersichtlich, dass sich daraus schlussfolgern ließe, wie sich der Zusammenschluss potenziell auf den Wettbewerb auswirkt.[30] Die traditionelle US-amerikanische Kategorisierung ist also abzulehnen. Sie mag bei unternehmerischen strategischen Entscheidungen zweckmäßig sein, bei der juristischen Prüfung ist sie es nicht.

2. Differenzierung anhand der betroffenen Produkte

Diese Differenzierung wurde speziell aus einer kartellrechtlichen Perspektive entwickelt.[31] Konglomerate Zusammenschlüsse werden hier anhand der Beziehung der angebotenen Produkte zueinander kategorisiert.[32] Dieser Fokus auf die angebotenen Produkte entspricht naturgemäß einem Fokus auf die betroffenen

---

27 Auch gegenwärtig werden Fälle rein geographischer Expansion fälschlich noch in der Diskussion konglomerater Fusionen angeführt; z.B. *Burnley*, in: Amato/Ehlermann/Komninos (Hrsg.), S. 495, 496.

28 Daher fasst schon *Sullivan,* Handbook of the Law, S. 600-652 ff. horizontale Zusammenschlüsse und Markterweiterungen in einem Kapitel zusammen.

29 Diese Abgrenzung wurde auch in einem Diskussionspapier des Arbeitskreises Kartellrecht verwendet: *Bundeskartellamt,* Konglomerate Zusammenschlüsse, S. 2.

30 Tatsächlich kategorisieren auch die genannten Quellen (Fn. 23) konglomerate Zusammenschlüsse nach dieser Logik, ohne bei der wettbewerblichen Analyse daran anzuknüpfen.

31 *Church Economic Consultants Ltd.*, Vertical and Conglomerate Mergers, S. i; *Denis/Denis/Sarin*, J.Fin. 52 (1997), 135, 135 f.

32 *Church*, Iss.Comp.L. & Pol. 2 (2008), 1503, 1506 f.; *Dethmers/Dodoo/Morfey*, Eur.Comp.J. 2005, 265, 266 f.

Märkte.[33] Deshalb erlaubt bereits diese Kategorisierung es, mögliche wettbewerbliche Auswirkungen der Fusion zu bestimmen. Daran kann die folgende wettbewerbliche Prüfung anknüpfen. Aus diesen Gründen werden konglomerate Zusammenschlüsse im Folgenden anhand der Beziehung der betroffenen Produkte zueinander differenziert.[34]

a) Produkte stehen in einem Komplementärverhältnis (Complementary Product Merger)

Zwei Produkte sind komplementär, wenn es einen Mehrwert schafft, sie gemeinsam zu verbrauchen.[35] Die Produkte ergänzen einander. Ein Beispiel für komplementäre Produkte sind Schrauben und die zugehörigen Muttern. Bei einem *Complementary Product Merger* schließen sich also zwei Unternehmen zusammen, die derartige Produkte produzieren.

b) Die betroffenen Produkte sind verwandt[36] *(Neighbouring Product Merger)*

Bei einer solchen Fusion haben die fusionierenden Unternehmen denselben Abnehmerkreis. Es schafft für die Abnehmer aber keinen Mehrwert, die fraglichen Produkte gemeinsam zu nutzen.[37]

Church stellt zwei weitere Kriterien auf, die verwandte Produkte seiner Ansicht nach regelmäßig erfüllen.[38] Erstens teilten sie einen gemeinsamen Vertriebskanal. Zweitens steige die Nachfrage nach den Produkten mit der Menge der Angebote, die an die gemeinsamen Abnehmer gerichtet sind. Ein Beispiel der letztgenannten Konstellation ist das Verhältnis zwischen Verbraucher und

33 Zur sachlichen Marktabgrenzung anhand der angebotenen Produkte im Detail: *Kerber/Schwalbe* in: MüKoEuWettbR, Einleitung H, Rn. 1140 ff.; *Mestmäcker/Schweitzer,* Europäisches Wettbewerbsrecht, § 25 Rn. 14 ff.; *Riesenkampff/Lehr* in: Lowenheim/Meessen/Riesenkampff, Art. 2 FKVO, Rn. 13ff oder *Whish,* Competition Law, S. 26.

34 Bei der Darstellung der Behandlung konglomerater Zusammenschlüsse in den USA (Teil 1, Kapitel C) wird allerdings punktuell auf die damalige Differenzierung zurückgegriffen, um die US-amerikanische Rechtsprechung nachzuvollziehen.

35 *Church Economic Consultants Ltd.,* Vertical and Conglomerate Mergers, S. i f.

36 *Church*, Iss.Comp.L. & Pol. 2 (2008), 1503, 1506 spricht von *neighbouring products*. Diesen Ausdruck leitet er wohl von den „benachbarten Märkten“ ab, auf denen die Produkte angeboten werden (vgl. auch *Bundeskartellamt,* Konglomerate Zusammenschlüsse, S. 15). Dem deutschen Sprachgefühl entspricht es nach Ansicht des Verfassers eher, die auf benachbarten Märkten angebotenen Produkte als „verwandte“ Produkte zu bezeichnen, um ihre wechselseitige Beziehung zu verdeutlichen.

37 *Bishop/Walker,* Economics of EC Competition Law, S. 451 f.

38 *Church*, Iss.Comp.L. & Pol. 2 (2008), 1503, 1506.

Supermarkt. Die Attraktivität eines Supermarktes steigt durch ein umfassenderes Warensortiment, falls die Kunden die zusätzlichen Produkte andernfalls an anderer Stelle erwerben müssten.[39]

Diese zusätzlichen Kriterien sollten jedoch nicht bereits bei der Kategorisierung eines konglomeraten Zusammenschlusses verwendet werden. Schon die Aussage, dass sie nur regelmäßig aber eben nicht immer vorliegen, verwischt eine klare Abgrenzung. Außerdem erschweren sie die Kategorisierung, weil sie weiterer Wertung bedürfen.

Ein vor dem Zusammenschluss bereits bestehender gemeinsamer Vertriebskanal beeinflusst nämlich die wettbewerblichen Auswirkungen der Fusion primär dann entscheidend, wenn der Vertrieb der Produkte einen eigenen Markt darstellt. In diesem Fall werden die auf diesem Markt tätigen Vertriebsunternehmen durch die Fusion mit steigender Nachfragemacht konfrontiert. Dieses Resultat ist aber ein horizontaler Effekt auf dem Markt für den Vertrieb. Dieser ist von den konglomeraten Effekten der Fusion zu trennen. Wenn die Unternehmen die Produkte hingegen vor der Fusion selbst vertrieben haben, macht es keinen eindeutigen Unterschied, ob sie damals denselben oder unterschiedliche Vertriebskanäle genutzt haben. Sie können dann nämlich auch nach der Fusion einen gemeinsamen Vertriebskanal schaffen. Da die Abnehmer, die ja für beide Produkte identisch sind, bereits vor der Fusion beide Vertriebskanäle nutzten, dürfte eine derartige Verbindung meist leicht umzusetzen sein. Fusionen, bei denen die beteiligten Unternehmen schon vorher denselben Vertriebskanal nutzten, unterscheiden sich von derartigen Fusionen also nur graduell.

Auch ein erweitertes Produktportfolio, welches dieselben Abnehmer adressiert, schafft immer einen Mehrwert und kann so die Nachfrage erhöhen. Der Kauf aus einer Hand realisiert nämlich stets gewisse Synergien. Er reduziert zumindest die Transaktionskosten.[40] Darüber hinaus sind weitere Synergien wahrscheinlich. Mengenrabatte, steigende Effizienz der Einkäufer sowie ein vereinfachter Service sind nur einige denkbare Beispiele. Natürlich können diese Synergien unterschiedlich hoch sein. Nur eine eingehende Analyse kann sie quantifizieren.

Zwar können die von Church zusätzlich genannten Kriterien also einen Erkenntnisgewinn schaffen. Sie sind aber nicht eindeutig zu beurteilen und bedürfen näherer Betrachtung. Daher erscheint es vorzugswürdig, diese Kriterien erst

---

39 Natürlich ist insoweit stets von gleichen Preisen und gleicher Qualität im Vergleich zur Konkurrenz, die ein kleineres Produktportfolio bietet, auszugehen.

40 Geringere Transaktionskosten spielen in der Fusionskontrolle regelmäßig eine wichtige Rolle. Die Vertreter der *Chicago School* haben ihre Bedeutung früh betont, vgl. *Hovenkamp*, Antitrust Bull. 55 (2010), 613, 662 ff.; vgl. Teil 1, Kapitel B.II zur *Chicago School*.

im Rahmen der wettbewerblichen Analyse zu verwenden, um nicht schon die anfängliche Kategorisierung erheblich zu erschweren.

c) Die Produkte stehen in keiner Beziehung zueinander (Pure Conglomerate Merger[41])

Die letzte Kategorie ist diejenige, in der die angebotenen Produkte weder in wirtschaftlicher noch in technischer Beziehung zueinander stehen. Ein Beispiel ist der Zusammenschluss eines Produzenten von Plüschtieren und eines Produzenten von Spähpanzern.

III. Besonderheiten konglomerater Zusammenschlüsse

1. Besondere Herausforderungen bei der Kontrolle konglomerater Zusammenschlüsse

Um die zutreffende Beurteilung konglomerater Fusionen herrscht seit Jahrzehnten Streit. Das ruht auf ihrer Komplexität und Vielgestaltigkeit. Bei konglomeraten entfällt im Gegensatz zu horizontalen Fusionen kein Wettbewerber aus dem jeweiligen Markt. Die Marktanteile, an die bei der Kontrolle horizontaler Fusionen regelmäßig angeknüpft wird, verändern sich also nicht. Im Unterschied zur vertikalen Integration treten keine unmittelbaren Marktverschließungseffekte auf. Beide Unternehmen bleiben auf dieselben Abnehmer und Lieferanten angewiesen. Meist kann auch das wechselseitige Marktverhalten der beteiligten Unternehmen vor der Fusion nicht betrachtet werden. Sie haben nämlich häufig in keinem Markt direkt interagiert. Weil die dargestellten Anhaltspunkte fehlen, ist die Rechtswissenschaft stark auf weitgehende ökonomische Prognosen angewiesen, um konglomerate Zusammenschlüsse zu analysieren. Lediglich das zukünftige Marktverhalten des fusionierten Unternehmens bestimmt nämlich, wie sich der jeweilige Zusammenschluss letztendlich auf den Wettbewerb auswirkt.[42] Tatsächlich gelten konglomerate Zusammenschlüsse im Allgemeinen sogar als förderlich für den Wettbewerb.[43] Sie bieten das Potenzial, Effizienzen zu realisieren.

---

41 Die Bezeichnung *pure conglomerate merger* verwenden beide der unter A.II.1 und A.II.2 besprochenen Kategorisierungen.

42 EuG 14.12.2005, Rs. T-210/01, Slg. 2005, II-5575, Tz. 401 – *GE/Kommission.*

43 EuG 14.12.2005, Rs. T-210/01, Slg. 2005, II-5575, Tz. 401 – *GE/Kommission*; *Nothelfer*, EuZW 2007, 332, 332 f.

Der Kartellrechtler sieht sich bei konglomeraten Zusammenschlüssen also einer besonderen Herausforderung gegenüber. Er muss diejenigen Zusammenschlüsse identifizieren, die ausnahmsweise wegen des künftigen Verhaltens der Beteiligten den Wettbewerb schädigen. Es fehlt jedoch eine breite Tatsachenbasis. Stattdessen bestehen große Unsicherheiten. Die Strategien der entstehenden Unternehmenseinheit und ihre wirtschaftlichen Anreize spielen daher eine größere Rolle als bei der Beurteilung vertikaler oder konglomerater Unternehmenszusammenschlüsse.

2. Konglomerate Zusammenschlüsse aus betriebswirtschaftlicher Sicht

Um eine konglomerate Fusion zu beurteilen, muss das zukünftige Verhalten der fusionierenden Parteien vorhergesagt werden. Es basiert auf unternehmerischen Entscheidungen. Zumindest teilweise liegt also eine betriebswirtschaftliche Fragestellung vor.[44] Deshalb ist für die juristische Analyse der jeweiligen Fusion ein Grundverständnis der wirtschaftlichen Anreize, die zu einem konglomeraten Unternehmenszusammenschluss führen, nötig. Die Literatur zur Unternehmensdiversifikation ist zahlreich.[45] Die möglichen Motive einer Unternehmensdiversifikation sind kaum überschaubar. Sie lassen sich aber wenigstens zu Gruppen zusammenfassen.

Erstens stellen strategische Erwägungen regelmäßig einen Grund für Diversifikation dar. So können beispielsweise Unternehmen, die in einem weitgehend erschlossenen und konsolidierten Markt tätig sind, sich nur noch diversifizieren, um zu wachsen. Eine Marktdurchdringungsstrategie ist nämlich durch die Größe des Marktes unumstößlich limitiert.[46] Das Kartellrecht hemmt das externe horizontale Wachstum schon weit vor diesem Punkt. Außerdem kann ein Unternehmen sich diversifizieren, um unternehmerisches Risiko zu senken.[47] Verluste in einzelnen Märkten können dann durch gegenläufige Entwicklungen in anderen Märkten aufgefangen werden. Risikostreuung ist in den 1960er und 1970er Jahren eines der häufigsten Argumente für Diversifizierung gewesen.[48]

44 Auch *Pernsteiner*, in: Pernsteiner/Mittermair (Hrsg.), S. 153, 172 f. betont das Zusammenwirken von Betriebswirtschaftslehre, Rechtswissenschaft, Volkswirtschaftslehre und diverser Geisteswissenschaften bei Betrachtungen von Unternehmenszusammenschlüssen.

45 Siehe z.B. *Bubik*, Unternehmenszusammenschlüsse; *Hoskisson*, Ac.Manag.J. 30 (1987), 625; *Narver*, Conglomerate Mergers; *Ganz*, Externe Diversifikation; *Gerybadze/Stephan* in: FS Bühner, S. 399; *Markides*, Diversification; *Pernsteiner*, in: Pernsteiner/Mittermair (Hrsg.), S. 153; *Rederer*, Unternehmensdiversifikation; *Varadarajan/Ramanujam*, Ac.Manag.J. 30 (1987), 380.

46 *Büscher*, Konglomerate Konzentration, S. 19; *Gerybadze/Stephan* in: FS Bühner, S. 399, 402.

47 *Ganz*, Externe Diversifikation, S. 3; *Holmes*, Antitrust Law, S. 585; *Sullivan/Grimes*, Law of Antitrust, 2. Aufl., S. 656.

48 *Hungenberg*, in: Glaum/Hommel/Thomaschewski (Hrsg.), S. 21, 23 ff.

Zweitens kann diversifizierendes Wachstum die Finanzierung eines Unternehmens begünstigen. Ab einer gewissen Größe können Unternehmen nämlich einen internen Kapitalmarkt bilden.[49] Dieser senkt die Abhängigkeit von externen Kapitalgebern.[50] Insbesondere Projekte, die keinen schnellen Gewinn versprechen, können so leichter finanziert werden.[51] Darüber hinaus führt Diversifizierung regelmäßig dazu, dass das jeweilige Unternehmen vermehrt Schulden aufnehmen kann[52] beziehungsweise über die Diversifizierung gezielt verschuldete Unternehmen übernimmt. Diese Schulden ermöglichen es, einen größeren *tax shield*[53] für das Unternehmen zu schaffen und so die Steuerlast zu senken.[54]

Drittens kann Diversifizierung das operative Geschäft begünstigen. Zum Beispiel können sich *Economies of Scale* beim Einkauf ergeben.[55] *Economies of Scope* sind in der Produktion möglich. Synergien sind sowohl hinsichtlich der Produktionsfaktoren[56] als auch hinsichtlich der administrativen Funktionen[57] denkbar.

Letztlich kann ein konglomerater Zusammenschluss sinnvoll erscheinen, um ein hohes Firmenprestige[58] und den Markennamen zu nutzen[59] oder um die Innovativität eines Unternehmens zu sichern[60].

Eine Vielzahl von Gründen kann also aus betriebswirtschaftlicher Sicht für eine Diversifizierung sprechen. Unternehmerisches Handeln zielt aber darauf ab, die Kapitalrendite unter Berücksichtigung des dabei eingegangenen Risikos zu steigern.[61] Überwiegend sind diversifizierte Unternehmen insoweit wenig erfolgreich.[62] Ineffizientes Management und ineffiziente Produktionsprozesse, also

---

49 *Rederer,* Unternehmensdiversifikation, S. 133 ff.

50 *Denzel,* Fusionskontrolle, S. 198; *Rederer,* Unternehmensdiversifikation, S. 133 ff.

51 Beispielsweise langfristige Investitionen in Forschung und Entwicklung.

52 *Denzel,* Fusionskontrolle, S. 198 f., 205; *Singh/Mathur/Gleason,* Fin.Rev. 39 (2004), 489, 491.

53 Der *Tax Shield* ist der Betrag, den Unternehmen von ihrem zu versteuernden Gewinn abziehen können. Auch in der deutschen Betriebswirtschaft hat sich die Formulierung „Tax Shield" eingebürgert; vgl. z. B. *Schreiber,* in: Köhler/Küpper/Pfingsten (Hrsg.), S. 1679, 1683 ff.

54 *Markides,* Diversification, S. 13; *Singh/Mathur/Gleason,* Fin.Rev. 39 (2004), 489, 490.

55 *Pernsteiner,* in: Pernsteiner/Mittermair (Hrsg.), S. 153, 153 und 158; *Singh/Mathur/Gleason,* Fin.Rev. 39 (2004), 489, 490.

56 *Pernsteiner,* in: Pernsteiner/Mittermair (Hrsg.), S. 153, 153 und 158.

57 *Pernsteiner,* in: Pernsteiner/Mittermair (Hrsg.), S. 153, 158; *Sölter,* in: Salin/Stohler/Pawlowsky (Hrsg.), S. 153, 161.

58 *Markides,* Diversification, S. 13.

59 *Pernsteiner,* in: Pernsteiner/Mittermair (Hrsg.), S. 153, 153 und 158.

60 *Markides,* Diversification, S. 13.

61 z.B. *Brealey/Myers/Allen,* Corporate Finance, S. 7.

62 *Berger/Ofek,* J.Fina.Econ. 1995, 39; *Denis/Denis/Sarin,* J.Fin. 52 (1997), 135, 135 ff.; *Lang/Stulz,* J.Pol.Econ. 102 (1994), 1248, 1278; *Pernsteiner,* in: Pernsteiner/Mittermair (Hrsg.), S. 153, 156; *Servaes,* J.Fin. 51 (1996), 1201, 1222 f.; siehe auch Fn. 249.

steigende Marginalkosten mit einem steigenden Grad der Diversifizierung,[63] gelten als Hauptgrund dafür. So verwundert es nicht, dass häufig schlicht das Interesse des Managements, einen möglichst großen Konzern zu lenken („Bildung eines Imperiums"), als Ursache einer Diversifizierungsstrategie identifiziert wird.[64] Allerdings kann der jeweilige Entscheidungsträger auch an den Erfolg einer derartigen Strategie glauben. Er muss Prognosen bezüglich eines Marktes treffen, in welchem das Unternehmen bisher nicht tätig war. Im Vergleich zum Stammmarkt fehlt die Expertise. Außerhalb ihrer angestammten Märkte arbeiten Unternehmen weniger erfolgreich.[65] Auch aus diesem Grund ist die Erfolgsbilanz diversifizierter Unternehmen eher negativ.

Wirtschaftliche Prognosen für externe Diversifikationsstrategien sind also mit erheblichen Problemen verbunden. Der Trend in der Unternehmenspolitik und auch an den Finanzmärkten unterstützt daher eher die Fokussierung auf das Kerngeschäft.

B. Wettbewerbspolitische Leitbilder in den USA und Europa

Um konglomerate Unternehmenszusammenschlüsse zu beurteilen, sind langfristige Prognosen über Marktentwicklungen notwendig. Deshalb verschwimmt gerade hier die Grenze zwischen ökonomischer Beweisführung und ideologischer Überzeugung. Entgegen der verbreiteten Wahrnehmung ist nämlich die Ökonomie keine rein quantitative und damit exakte Wissenschaft. Die meisten Prognosen sind nicht das Ergebnis einer zweifelsfreien Rechnung. Empirische Erhebungen sind ebenso wenig eindeutig. Ihre Resultate können unterschiedlich interpretiert werden. Für unanfechtbare Beweise sind wirtschaftliche Kausalketten zu komplex. Jede wettbewerbliche Analyse wird also von der wettbewerbstheoretischen Überzeugung des Analysten beeinflusst. Ein komplexer Sachverhalt verstärkt diesen Zusammenhang. Da konglomerate Fusionen außerordentlich komplex sind, sind Wettbewerbstheorien hier besonders relevant. Verschiedene Ansichten und die aus ihnen resultierende Praxis der Zusammenschlusskontrolle basieren regelmäßig auf unterschiedlichen Wettbewerbstheorien. Die Wissenschaft spricht insoweit auch von wettbewerbspolitischen Leitbildern. Diese definieren die Ziele der Wettbewerbspolitik und die Mittel, um sie zu erreichen.[66] Häufig

---

63 *Markides,* Diversification, S. 13.

64 *Ganz,* Externe Diversifikation, S. 3 f.; *Shleifer/Vishny*, J.Fina.Econ. 25 (1989), 123, 123 ff.

65 *Berger/Ofek*, J.Fina.Econ. 1995, 39, 39 ff.

66 *Knieps,* Wettbewerbsökonomie, S. 67 ff.

sind bestimmte Methoden zur Analyse des Wettbewerbs ebenfalls typisch für ein bestimmtes wettbewerbspolitisches Leitbild.

Nicht alle vertretenen Positionen können aber ausschließlich einem wettbewerbspolitischen Leitbild zugeordnet werden. Ebenso wenig existiert ein festes Kompendium der wettbewerbspolitischen Leitbilder. Verschiedene Leitbilder beeinflussen einander und bauen aufeinander auf.[67] Sie können mit Strömungen verglichen werden, deren Stärke und Richtung mit der Zeit variiert und die keine klaren Grenzen haben.

Die globale Perspektive erschwert die Kategorisierung zusätzlich. Sowohl die USA als auch Europa haben ihre eigene kartellrechtliche Tradition. Zwar ähneln gewisse wettbewerbspolitische Leitbilder in den verschiedenen Ländern einander, doch sind sie nicht immer identisch.

Selbst die Positionen einzelner Ökonomen, Juristen oder Behörden können nicht ausschließlich einem einzelnen Leitbild zugeordnet werden. Generell werden Argumente verschiedener Leitbilder vermischt und jeweils auf die Situation angepasst. Es erleichtert zwar die Kategorisierung, jegliche Stellungnahme eines bestimmten Juristen oder Ökonomen jeweils derselben Schule zuzuordnen. Es ist aber nicht ganz zutreffend. Letztlich verwendet jeder Experte die Ansätze, die ihn in der fraglichen Situation überzeugen. Sogar die Protagonisten der Leitbilder vertreten also keine „reine" Form des jeweiligen Leitbilds.

Diese Einsicht ist wichtig, um die Bedeutung der im Folgenden pointiert dargestellten wettbewerbspolitischen Leitbilder zutreffend würdigen zu können.[68]

I. Die Harvard School und dieTheorie des funktionsfähigen Wettbewerbs[69]

Vertreter der *Harvard School* bestimmten ungefähr von 1960 bis Mitte der 1970er die US-amerikanische Wettbewerbspolitik. Der Ansatz der *Harvard School* ordnet dem Wettbewerb eine Vielzahl von Zielfunktionen zu.[70] In ökonomischer Hinsicht sind dies vor allem Verteilungsgerechtigkeit, Konsumentensouveränität, Anpassungsflexibilität und technischer Fortschritt. Darüber hinaus

---

67 *Peritz*, N.Y.L.Sch.L.Rev. 47 (2003), 101, 101; *Kovacic*, Colum.Bus.L.Rev. 2007, 1, 10.

68 Erschöpfende Darstellungen der einzelnen wettbewerbspolitischen Leitbilder bei *Hildebrand,* Economic Analysis, S. 95 ff.; *Knieps,* Wettbewerbsökonomie; *Schmidt,* Wettbewerbspolitik und Kartellrecht.

69 Einige Hauptwerke sind: *Bain,* Industrial Organization; *Chamberlin,* Monopolistic Competition; *Mason,* Economic Concentration.

70 *Blake/Jones*, Colum.L.Rev. 65 (1965), 377, 377 ff.; *Bunte,* Kartellrecht, S. 7.

könne Wettbewerb aber auch dazu dienen, wirtschaftliche Macht zu dezentralisieren[71] oder Wettbewerbsfreiheit zu sichern[72]. Das Konzept ist auf normativer Ebene offen. Der Gesetzgeber kann die Ziele des Wettbewerbs mitbestimmen.[73]

Die *Harvard School* geht davon aus, dass Marktstruktur, Marktverhalten und Marktergebnis kausal verbunden sind. Man spricht vom „Struktur-Verhalten-Ergebnis Paradigma".[74] Daher knüpfen Analysen der *Harvard School* vor allem an die Marktstruktur an. Die Marktstruktur umfasst sämtliche Umstände des Marktes, die die in ihm aktiven Unternehmen mittelfristig nicht beeinflussen können.[75] Das schließt insbesondere auch Marktzutrittsschranken ein.[76] Aus der Marktstruktur wird auf ein gewisses Marktverhalten und Marktergebnis geschlossen. Die *Harvard School* ist skeptisch gegenüber ungeregelten Märkten. Diese tendieren ihrer Meinung nach dazu, den Wettbewerb zu beschränken und Marktmacht aufzubauen.[77]

Methodisch versucht die *Harvard School*, durch empirische Untersuchungen funktionierende Marktstrukturen zu identifizieren.[78] Sie analysiert konkrete Sachverhalte aber teilweise auch mit mikroökonomischen Methoden.[79]

Die *Harvard School* spricht sich dafür aus, die Marktstruktur durch normative Vorgaben eng zu kontrollieren. Die Fusionskontrolle aller Formen von Unternehmenszusammenschlüssen ist also von hoher Bedeutung. Der Staat muss den Wettbewerb lenken.[80]

Die Theorie des funktionsfähigen Wettbewerbs ist die europäische Entsprechung zum Ansatz der *Harvard School*. In Europa ergänzte diese Theorie vor allem Kantzenbach.[81] In normativer Hinsicht hatte dieses wettbewerbspolitische Leitbild großen Einfluss auf das europäische Kartellrecht.[82] In Europa wurde

---

71 Diese Position hat sogar in die Rechtsprechung Eingang gefunden, *United States v. Aluminum Co. of America,* 148 F.2d 416, 428, 429 (2d Cir. 1945).

72 *Kerber/Schwalbe* in: MüKoEuWettbR, Einleitung H, Rn. 1008.

73 *Kerber,* Wettbewerbskonzeption, S. 174 f.

74 *Brozen*, Antitrust Bull. 6 (1971), 241, 243; *Bunte,* Kartellrecht, S. 7 f.; *Emmerich,* Kartellrecht, § 1 Rn. 27; vgl. eingehend zu den Wirkungszusammenhängen: *Herdzina,* Wettbewerbspolitik, S. 47 ff. und *Knieps,* Wettbewerbsökonomie, S. 46 ff.

75 *Kerber/Schwalbe* in: MüKoEuWettbR, Einleitung H, Rn. 1003.

76 *Knieps,* Wettbewerbsökonomie, S. 74.

77 *Kerber/Schwalbe* in: MüKoEuWettbR, Einleitung H, Rn. 1009.

78 Insoweit ist sie eng mit der Forschung der *Industrial Organization* verbunden; *Knieps,* Wettbewerbsökonomie, S. 74; *Mantzavinos,* Wettbewerbstheorie, S. 24 f.

79 *Kerber/Schwalbe* in: MüKoEuWettbR, Einleitung H, Rn. 1009.

80 *Kovacic*, Colum.Bus.L.Rev. 2007, 1, 17 ff.; *Piraino*, Indiana L.J. 82 (2007), 346, 349 f.

81 Grundlegend: *Kantzenbach,* Funktionsfähigkeit.

82 *Kerber,* Wettbewerbskonzeption, S. 228.

nämlich mit der Wettbewerbspolitik stets mindestens auch ein politisches Ziel verfolgt, weil stets ein europäischer Binnenmarkt geschaffen werden sollte.[83]

II. Die Chicago School[84]

Ungefähr ab Mitte der 1970er bis Mitte der 1990er Jahre dominierte dann die Lehre der *Chicago School* die US-amerikanische Kartellrechtspolitik. In abgeschwächter Form gilt das bis heute.[85]

Die *Chicago School* lehnt nicht-ökonomische Zielsetzungen des Wettbewerbs ab.[86] Der Wettbewerb soll nach diesem Verständnis ausschließlich die wirtschaftliche Effizienz steigern. Diese unterteilt sich in die allokative Effizienz, also eine optimale Verteilung der Ressourcen, und die produktive Effizienz, also eine optimale Verwendung der Ressourcen. Das klassische Konzept der *Chicago School* zielt nur darauf ab, die Gesamtwohlfahrt zu steigern. Eine Steigerung der Gesamtwohlfahrt begünstige nämlich auch Privatleute.[87] Mittelbar werde so die Verbraucherwohlfahrt gefördert.[88]

Die *Chicago School* vertraut prinzipiell auf einen funktionierenden Wettbewerb und die Kräfte der Märkte. Der Wettbewerbsprozess gäbe jedem Markt die Struktur, die am effizientesten sei (*survival of the fittest*). Damit lehnt sie das Struktur-Verhalten-Ergebnis Paradigma der Harvard School ab.[89] Hohe Marktanteile indizierten lediglich erfolgreiche Unternehmen.[90] Oligopole hält die *Chicago School* für nicht stabil. Vertikale Vereinbarungen sowie vertikale und konglomerate Zusammenschlüsse steigerten häufig die Effizienz und seien unbedenklich.[91] Grundsätzlich schlössen sich Unternehmen vor allem zusammen, um

---

83 EuGH 25.10.1977, Rs. 26/76, Slg. 1977, 1875, Tz. 20 – *Metro/Kommission*: „Der in den Artikeln 3 und 85 EWG-Vertrag geforderte unverfälschte Wettbewerb setzt das Vorhandensein eines wirksamen Wettbewerbs (workable competition) auf dem Markt voraus; es muß also soviel Wettbewerb vorhanden sein, daß die grundlegenden Forderungen des Vertrages erfüllt und seine Ziele, insbesondere die Bildung eines einzigen Marktes mit binnenmarktähnlichen Verhältnissen, erreicht werden."

84 Einige Hauptwerke sind: *Bork,* Antitrust Paradox; *Posner,* Antitrust Law; und *Stigler,* The Organization of Industry.

85 *Hildebrand,* Economic Analysis, S. 169.

86 *Bork,* Antitrust Paradox, S. 405.

87 *Bork,* Antitrust Paradox, S. 91. Er hat letztlich ökonomische Effizienz mit Konsumentenwohlfahrt gleichgesetzt. Konsumentenwohlfahrt verstand er gerade nicht nur als den Wohlfahrtsüberschuss, der den Konsumenten zu Gute kommt.

88 *Bork,* Antitrust Paradox, S. 51; *ders.*, J.L. & Econ. 9 (1966), 7, 7 f.

89 *Herdzina,* Wettbewerbspolitik, S. 113.

90 *Posner*, U.Pa.L.Rev. 127 (1979), 925, 945; *Stigler*, J.L. & Econ. 1 (1958), 54, 59 ff.

91 *Bork,* Antitrust Paradox, S. 228 und 248.

Effizienzgewinne zu realisieren.[92] Eventuelle allokative Wohlfahrtsverluste werden daher Effizienzgewinnen gegenübergestellt.[93] Letztlich heilen sich nichteffiziente Märkte nach der *Chicago School* selbst.

Um den Wettbewerb zu analysieren, zieht die *Chicago School* vor allem die neoklassische Preistheorie heran. Als Analysemodelle dienen dabei insbesondere vollständige Konkurrenz und Monopol. Pauschalisierungen, beispielsweise Vermutungen aufgrund von Marktkonzentrationsraten, lehnt die *Chicago School* ab.[94] Wegen ihres Vertrauens in die Kräfte der Märkte kritisiert sie langfristige Prognosen, zum Beispiel bezüglich Verdrängungsstrategien.

Die *Chicago School* befürwortet dementsprechend eine äußerst passive Wettbewerbspolitik. Der Staat soll möglichst nicht in den Wettbewerb eingreifen, um dessen positive Ergebnisse nicht zu gefährden.[95] Von privater Seite gefährdeten am ehesten Absprachen der Unternehmen den Wettbewerb.[96] Der Staat muss also vor allem das Kartellverbot durchsetzen.

III. Der dynamische Wettbewerb

Bereits zu Beginn des 20. Jahrhunderts entwickelte der Ökonom Schumpeter ein dynamisches Bild des Wettbewerbs, das in jüngerer Zeit an Einfluss gewonnen hat. Schumpeter beschreibt Wettbewerb als Prozess der schöpferischen Zerstörung.[97] Ständige Innovation ist Ziel und Motor dieses Wettbewerbs. Unternehmer entwickeln überlegene Technologien und Methoden, um Wettbewerber zu verdrängen. Diese imitieren dann die neuen Technologien und Methoden, um im Wettbewerb zu bestehen. Für den Wettbewerb ist also nicht entscheidend, wie der Preis sich verändert, sondern ob neue Produkte und Verfahren entwickelt werden und miteinander konkurrieren.

Preismodelle und ähnliche Analysemethoden beschreiben Wettbewerb nach diesem Verständnis nicht adäquat, weil sie den Aspekt der Innovation nicht erfassen.[98] Auch die Marktstruktur und Marktmacht spielen keine entscheidende

---

92 *Kerber/Schwalbe* in: MüKoEuWettbR, Einleitung H, Rn. 1016.

93 Williamson hat dafür ein Trade-off Modell entwickelt, s. *Williamson*, Amer.Econ.Rev. 58 (1968), 18, 18 ff.

94 *Kovacic/Shapiro*, in: Mercuro (Hrsg.), S. 331, 340.

95 *Kovacic*, Colum.Bus.L.Rev. 2007, 1, 16 ff.

96 *Kerber*, Wettbewerbskonzeption, 177.

97 Grundlegend *Schumpeter*, Theorie der wirtschaftlichen Entwicklung. In einem späteren Werk, lautete der Titel eines Kapitels „The Process of Creative Destruction", *Schumpeter*, Capitalism, S. 71.

98 *Kerber/Schwalbe* in: MüKoEuWettbR, Einleitung H, Rn. 1025.

Rolle. Marktmacht wird nicht statisch beurteilt, sondern als Teil einer Entwicklung.[99] Temporäre Marktmacht ist notwendig, damit Wettbewerber ihre Innovation monetisieren können. Folglich zeichnet sie den schumpeterschen Wettbewerb sogar aus.[100] Sie ist nur problematisch, wenn sie den dynamischen Innovationsprozess des Wettbewerbs behindert.

Im Rahmen der Fusionskontrolle müsste also untersucht werden, wie sich der Zusammenschluss auf die Fähigkeit der betroffenen Märkte zur Innovation auswirkt.

IV. Der Ordoliberalismus

Der Ordoliberalismus begann sich in Deutschland bereits in den 1930er Jahren unter der Führung des Ökonom Walter Eucken und der Juristen Franz Böhm und Hans Großmann-Doerth zu entwickeln.[101] Damals beschränkten der NS-Staat und staatlich geförderte Kartelle den Wettbewerb. Die Freiburger Schule kritisierte diese Interventionen. Sie legte dar, dass Eingriffe des Staats oder marktmächtiger Marktteilnehmer den Wettbewerb laufend gefährdeten.[102] Insbesondere die Marktteilnehmer seien an Wettbewerb im Markt nicht interessiert. Sie nutzten lieber die eigene Marktmacht, um den Wettbewerb zu kontrollieren.[103] Deshalb funktioniere Wettbewerb nicht, wenn der Staat falsche oder zu lasche Rahmenbedingungen definiere.[104] Es sei vielmehr eine notwendige Voraussetzung einer funktionierenden Marktwirtschaft, ihr einen eindeutigen rechtlichen Rahmen zu geben.[105] Bezüglich des eigentlichen Wettbewerbs orientierten sich die Anhänger des Ordoliberalismus zunächst am Modell des vollkommenen Wettbewerbs und später an dynamischeren Wettbewerbskonzepten.[106]

Um den Staat von einzelnen Eingriffen in den Wettbewerb abzuhalten, befürwortet der Ordoliberalismus per-se Regeln, die in ihren Grenzen einen freien Wettbewerb ermöglichen. Sie sollen das ungehinderte Marktgeschehen sichern,

99 *Hildebrand,* Economic Analysis, S. 119.

100 Schumpeter ging davon aus, dass größere Unternehmen innovativer wären als kleinere, *Schumpeter,* Capitalism, S. 73 ff.

101 Vgl. ausführlich zum Ordoliberalismus und seinen Einfluss auf das europäische Kartellrecht *Hildebrand,* Economic Analysis, S. 159 ff.

102 *Eucken,* Wirtschaftspolitik, S. 169 ff.

103 *Gerber*, Am.J.Comp.L. 42 (1994), 25, 50.

104 *Eucken,* Wirtschaftspolitik, S. 179.

105 *Röpke,* Gesellschaftskrisis, S. 192.

106 So wird das Konzept und Ziel der Wettbewerbsfreiheit (vgl. Teil 1, Kapitel B.V) häufig dem Ordoliberalismus zugerechnet, z.B. *Kerber,* Wettbewerbskonzeption, S. 177.

indem sie die Handlungsfreiheit der Marktteilnehmer vor der Macht anderer Marktteilnehmer schützen.[107]

V. Das Konzept der Wettbewerbsfreiheit

Hoppmann hat vom Ordoliberalismus ausgehend das Konzept der Wettbewerbsfreiheit entwickelt. Danach soll das Ziel jeglicher Wettbewerbspolitik sein, Wettbewerbsfreiheit zu sichern.[108] Sofern Wettbewerbsfreiheit gewährleistet sei, seien gleichzeitig auch der Wettbewerb an sich und seine positiven Wirkungen gewährleistet. Diesen Wettbewerb versteht Hoppmann dynamisch, nämlich als einen „Prozess der Neubildung und Erosion von Macht".[109] Durch die Wettbewerbsfreiheit entständen ökonomisch gute, aber nicht im Einzelnen vorhersehbare Resultate.

Daher lehnt Hoppmann Analysen ab, die an der Markstruktur anknüpfen oder das Marktergebnis bestimmen.[110] Stattdessen propagiert auch er „generelle, durch allgemeine Rechtsnormen gesicherte Verbote von Verträgen und Verhaltensweisen mit wettbewerbsbeschränkender Funktion."[111] Diese Rechtsnormen könne man nicht abschließend formulieren. Auch sie seien vielmehr „Ergebnis eines evolutorischen Entdeckungsprozesses".[112] Das Kartellrecht entwickelt sich also, indem Konstellationen identifiziert und reguliert werden, in denen der Wettbewerb beschränkt wird.

VI. Der Wettbewerb als Entdeckungsverfahren

Auch dieses Konzept des Wettbewerbs, welches von Hayek entwickelte, beschreibt Wettbewerb als Prozess.[113] Antriebskraft dieses Prozesses sei ein Wissensproblem. Die Teilnehmer der Märkte verfügten nicht über sämtliche relevanten Informationen, die sie für ihre wirtschaftlichen Entscheidungen benötigen. Sie wüssten daher nicht, was sie tun müssen, um im Wettbewerb besonders erfolgreich zu sein. Erst der Wettbewerb selbst ließe sie erkennen, welche

---

107 *Kerber*, Wettbewerbskonzeption, S. 178.
108 Grundlegend: *Hoppmann*, Marktmacht.
109 *Hoppmann*, Wirtschaftsordnung, S. 339.
110 *Hoppmann*, Wirtschaftsordnung, S. 339 f.
111 *Hoppmann*, Wirtschaftsordnung, S. 355.
112 *Hoppmann*, Wirtschaftsordnung, S. 355.
113 v. *Hayek*, Individualismus, S. 135.

Handlungsweisen Erfolg versprechen. Deshalb bezeichnet Hayek den Wettbewerb als Entdeckungsverfahren.[114]

Nach diesem Verständnis von Wettbewerb sind traditionelle mikroökonomische Analyseinstrumente komplett verfehlt. In derartigen Modellen werden schließlich die Informationen, die der Wettbewerb als Entdeckungsverfahren erst erschließt, schon als gegeben vorausgesetzt. So sei die Gleichgewichtsanalyse der Preismodelle eine Tautologie, die nur die Annahmen umforme, von denen sie ausgeht.[115]

Daher wendet sich Hayek gegen eine Strukturkontrolle und ist auch gegenüber einer Verhaltenskontrolle skeptisch. Für problematischer als unvollkommenen Wettbewerb hält er durch den Staat unterdrückten Wettbewerb.[116]

VII. Die Auflösung starrer Wettbewerbsleitbilder

Ende der 1980er Jahre setzte in der US-amerikanischen Wettbewerbspolitik eine Gegenbewegung zur *Chicago School* ein. Sie wird allgemein unter dem Begriff *Post-Chicago* zusammengefasst. Die Bezeichnung betont die Unterschiede zur *Chicago School.*[117] Insoweit entstammt sie dem US-amerikanischen Rechtskreis. Sie beschreibt aber nunmehr gleichermaßen Entwicklungen in der US-amerikanischen wie in der europäischen Wettbewerbstheorie und Wettbewerbspolitik. Die Entwicklung ist also global.[118]

Mit *Post-Chicago* wird kein geschlossenes wettbewerbspolitisches Leitbild beschrieben. Hinsichtlich zahlreicher Einzelfragen bestehen durchaus verschiedene Positionen. Diese Strömung zeichnet sich im Vergleich zu den bisher dargestellten wettbewerbspolitischen Leitbildern dadurch aus, dass sie kein wettbewerbspolitisches Lager darstellt.[119] *Post-Chicago* beschreibt vor allem einen weitgehenden Konsens bezüglich ökonomischer Erkenntnisse und Methoden.[120] Auch Ansätze, die verschiedene wettbewerbspolitische Leitbilder schon zuvor entwickelt hatten, werden verwendet und teilweise spezifiziert. Der Sammelbegriff *Post-Chicago* lässt also Raum für sehr unterschiedliche Ansichten hinsicht-

---

114 v. *Hayek,* Entdeckungsverfahren.
115 v. *Hayek,* Individualismus, S. 51.
116 v. *Hayek,* Individualismus, S. 139 f.
117 *Hildebrand,* Economic Analysis, S. 150.
118 *Kerber/Schwalbe* in: MüKoEuWettbR, Einleitung H, Rn. 1047.
119 Man könnte *Post-Chicago* auch dem Wortsinn gemäß als zeitliche Einordnung verstehen.
120 *Kerber/Schwalbe* in: MüKoEuWettbR, Einleitung H, Rn. 1047.

lich der richtigen Intensität der Wettbewerbspolitik oder der Gewichtung verschiedener Aspekte der wettbewerblichen Analyse.[121]

Folgerichtig gelten verschiedene Faktoren als wesentliche Parameter des Wettbewerbs. Neben dem Preis wird die Bedeutung von Innovation und technologischer Entwicklung betont.[122] Wettbewerb wird also prinzipiell dynamisch verstanden.[123]

Als Ziel des Wettbewerbs gilt wie bei der *Chicago School* Effizienz. Allerdings wird auch diese wiederum dynamisch betrachtet.[124] So ist technologischer Fortschritt ein besonders wichtiger Faktor wirtschaftlicher Effizienz. Langfristig gilt er sogar als wichtiger als kurzfristige produktive Effizienz.[125] Außerdem kann nach diesem Verständnis beispielsweise ein Zusammenschluss, der die wirtschaftliche Effizienz kurzfristig steigert, sie trotzdem langfristig schädigen, wenn er einen Markt verschließt und dieser sich nicht mehr weiter entwickelt.[126] Das scheinbar klare Ziel der Effizienz bietet im Rahmen dieses Verständnisses also viel Raum für unterschiedliche Positionen. So kann die Effizienz im Sinne des Verbraucherwohlfahrtstandards oder des Gesamtwohlfahrtstandards gemeint sein. Auch ist der Maßstab technologischer Effizienz schwer zu spezifizieren. Letztlich bietet auch der zeitliche Horizont der prognostizierten Effizienzen Anlass für Diskussionen.

Die Vertreter, die der *Post-Chicago*-Bewegung zugerechnet werden, argumentieren in Analysen differenzierter, als es bei der *Harvard School* oder der *Chicago School* der Fall war. Ausgangspunkt sind weder das klassische Struktur-Verhalten-Ergebnis Paradigma noch ein unbedingter Glaube an die Funktionsfähigkeit und Selbstheilung der Märkte sowie klassische Gleichgewichtsmodelle. Beide Sichtweisen gelten als zu einfach und der Komplexität des Wettbewerbs nicht angemessen.[127] Statt allgemeingültige Regeln und Glaubenssätze aufzustellen, werden recht spezifische Fallkonstellationen diskutiert.[128] Formal-mathematische und spieltheoretische Modellierungen werden verwendet.[129] In diesen kann sich insbesondere auch das Verhalten der Marktteilnehmer auf die Markt-

---

121 *Kerber/Schwalbe* in: MüKoEuWettbR, Einleitung H, Rn. 1047.

122 *Gilbert/Sunshine*, Antitrust L.J. 63 (1995), 569.

123 *Peritz*, N.Y.L.Sch.L.Rev. 47 (2003), 101, 101; *Hildebrand,* Economic Analysis, S. 150.

124 *Hildebrand,* Economic Analysis, S. 150.

125 *Scherer*, in: Pitofsky (Hrsg.), S. 30, 38.

126 *Hildebrand,* Economic Analysis, S. 150. In diesem Fall ist mittelbar auch die Wettbewerbsfreiheit ein Faktor wirtschaftlicher Effizienz.

127 *Kauper*, in: Pitofsky (Hrsg.), S. 40, 50; *Hildebrand,* Economic Analysis, S. 150.

128 Das erinnert an Hoppmanns Aussage, dass das Kartellrecht selbst Ergebnis eines evolutorischen Entdeckungsprozesses sein müsse.

129 Diese entstammen der *New Industrial Organization*.

struktur auswirken.[130] Innerhalb der Modelle interagieren die Unternehmen wiederholt und bedenken die möglichen Reaktionen der Wettbewerber. Die Spieltheorie ist damit fester Bestandteil wettbewerblicher Analysen.[131] Ein besonders wichtiges Instrument der spieltheoretischen Analyse des Verhaltens von Marktteilnehmern ist das Nash-Equilibrium.[132] Dieses beschreibt im wettbewerblichen Kontext eine wenigstens zeitweise stabile Marktkonstellation. Sie liegt vor, wenn kein Wettbewerber seine Gewinne erhöhen kann, indem er sich im Markt anders verhält, sofern die sonstigen Wettbewerber ihr derzeitiges Verhalten beibehalten.[133] Da jeder Wettbewerber versucht, seinen eigenen Profit zu erhöhen, wird sich die Situation im Markt solange verändern, bis ein Nash-Equilibrium erreicht ist.

Weil der Wettbewerb nicht pauschal als funktionsfähig gesehen wird, gilt *Post-Chicago* staatliche Regulierung in vielen Fällen als sinnvoll.[134] Allerdings sind die Argumentationen derart vielfältig und fallspezifisch, dass wenige allgemeingültige Aussagen über bestimmte Marktstrukturen oder Verhaltensweisen getroffen werden.[135] Dieser Denkweise entsprechen also Normen, die einer *„Rule of Reason“* folgen und Per-se Regeln nur, soweit sie für sehr spezifische Fälle gelten. Im Rahmen der „Rule of Reason“ können die quantitativen Modelle angewendet werden.

---

130 *Jickeli,* Marktzutrittsschranken, S. 11.

131 *Hylton/Salinger*, Antitrust L.J. 69 (2001), 469, 470; *Peritz*, N.Y.L.Sch.L.Rev. 47 (2003), 101, 112 ff.

132 Benannt nach dem Mathematiker John Forbes Nash, der für nicht-kooperative Spiele die Existenz sogenannter „Equilibrium Points“ bewies, s. *Nash,* Games, S. 22-24.

133 *Wolf,* Organisation, S. 150 ff.

134 *Kovacic*, Colum.Bus.L.Rev. 2007, 1, 23 f.; *Scherer*, in: Pitofsky (Hrsg.), S. 30, 36 f.; *Stelzer*, in: Pitofsky (Hrsg.), S. 24, 25; Rubinfeld fasst diese neue differenzierte Einstellung zusammen: „As I noted earlier, I am troubled that the concern about false positives (bringing inappropriate cases) has tended to trump worries about false negatives (failing to bring appropriate cases)“; *Rubinfeld*, in: Pitofsky (Hrsg.), S. 51, 57.

135 *Kerber/Schwalbe* in: MüKoEuWettbR, Einleitung H, Einl., Rn. 1050.

C. Beurteilung konglomerater Unternehmenszusammenschlüsse in den USA

I. Fusionskontrolle in den USA

1. Besonderheiten des US-amerikanischen Kartellrechts

Die Rechtsgrundlagen des US-amerikanischen Kartellrechts erschöpfen sich im Wesentlichen in Generalklauseln. Diese bleiben über Jahrzehnte unverändert. *Section 7 Clayton Act*, die entscheidende Norm der US-Fusionskontrolle, besteht seit mehr als 50 Jahren in der heutigen Form. Trotzdem oder deswegen wandelt sich das US-Kartellrecht ständig durch den Einfluss der Rechtsprechung, die im Kartellrecht einen weiten Ermessensspielraum hat.[136] Höchstinstanzliche Urteile ergehen allerdings nur unregelmäßig. Inwieweit die Urteile untergeordneter Gerichte langfristig gelten, bleibt naturgemäß unsicher. Es fällt daher schwer, einen festen Kanon gültiger Regeln zu einem bestimmten Zeitpunkt zu definieren.

Darüber hinaus ist das Verfahren der US-amerikanischen Fusionskontrolle komplex. Es existieren zwei Kartellbehörden: die *Antitrust Division* des *Department of Justice* (*DOJ*) und die *Federal Trade Commission* (*FTC*). Die Kompetenzen der beiden Behörden unterscheiden sich. So kann das *DOJ* straf- und zivilrechtlich gegen Zusammenschlüsse vorgehen, die *FTC* nur zivilrechtlich. Die *Antitrust Division* muss für die endgültige Untersagung eines Zusammenschlusses und für eine einstweilige Unterlassungsverfügung stets Klage bei Gericht einreichen. Die *FTC* muss eine einstweilige Unterlassungsverfügung zwar ebenfalls bei Gericht erwirken. Wenn sie dabei erfolgreich war, kann sie nach eingehender Prüfung den Zusammenschluss selbst untersagen. Dagegen können die Fusionsparteien dann gerichtlich vorgehen.[137] Bei der Prüfung eines Zusammenschlusses stimmen sich die Behörden ab. Wenn nur eine den Zusammenschluss für bedenklich hält, übernimmt diese die Prüfung. Haben beide Behörden Bedenken, einigen sie sich auf eine ausführende Behörde. Im weiteren Prozess tritt ausschließlich diese auf. Schließlich gibt es auch den Weg der Privatklage, Wettbewerber können durch sie gegen angemeldete Zusammenschlüsse vorgehen. In solchen Prozessen tritt die *FTC* häufig auf Seite der Beklagten auf, um den ihrer Ansicht nach wettbewerblich unbedenklichen Zusammenschluss zu verteidigen.

---

136 *Weston*, GRUR Int 1984, 125, 125.

137 Erst 1976 wurde eine Pflicht zur Voranmeldung von Unternehmenszusammenschlüssen eingeführt (mit dem Hart-Scott-Rodino Antitrust Improvement Act, *Clayton Act* § 74; 15 U.S.C. § 18a). Die fehlende Pflicht zur Voranmeldung führte vormals zu einer Reihe von Entflechtungen, die mit ihrer Einführung vermieden wurden.

Mangels detaillierter gesetzlicher Grundlagen hat die Rechtsansicht der Behörden erheblichen Einfluss auf das geltende Recht. Falls die Gerichte eine striktere Fusionskontrolle als *FTC* und *DOJ* befürworten, kommen sie mit den jeweiligen Fällen trotzdem nicht in Berührung, solange niemand klagt.[138] Außerdem ist eine Vielzahl von Gerichten für Fusionskontrollverfahren zuständig.[139] Daher entsteht ein geschlossenes, richterlich gebilligtes Regelungssystem nur langsam. *FTC* und *DOJ* erlassen mittlerweile *Merger Guidelines*, die ihre Bewertungskriterien für Unternehmenszusammenschlüsse aufführen. Sie veröffentlichen damit das einzige vollständige Regelungswerk für die Fusionskontrolle.[140] Diese *Merger Guidelines* sind allerdings nicht bindend, selbst für die Behörden nicht.[141] Sie spiegeln aber die aktuelle Ansicht der Behörden wider und sind insoweit maßgebend für die Zusammenschlusskontrolle. Demnach beeinflussen sie die Fusionsentscheidungen von Unternehmen direkt. Die aktuelle Ansicht kann sich jedoch durchaus kurzfristig ändern. Insbesondere Personalwechsel können das bewirken. Die jeweilige US-Regierung hat die Möglichkeit, die Führungspositionen von *FTC* und *DOJ* mit Personen zu besetzen, welche die eigene wirtschaftspolitische Position vertreten. Die neuen Leiter der Kartellbehörden können eine komplett neue Wettbewerbspolitik veranlassen. Einer dieser Umbrüche ereignete sich nach der Wahl 1980 von Ronald Reagan zum Präsidenten der USA.[142]

Die Fusionskontrollpraxis der Vereinigten Staaten zeichnet sich folglich durch ein Zusammenspiel verschiedener Einflüsse aus. Diese resultieren aus der Rechtsordnung, dem Kartellverfahren und politischer Einflussnahme. Bei der ju-

---

138 Ohne einen entsprechenden Zusammenschluss können sich natürlich auch die Kartellbehörden nicht zu sämtlichen denkbaren Konstellationen äußern (genau wie im europäischen Kartellrecht). Daher hat Richard A. Feinstein, *Director* des *Bureau of Competition* die Fusionskontrolle auch als „*inherently reactive*" bezeichnet, vgl. *Feinstein*, Antitrust Source 9 (2010), 1, 4.

139 94 District Courts befassen sich in erster Instanz mit kartellrechtlichen Fällen. Auch die zweite Instanz, die Circuit Courts, besteht aus 11 Gerichten, von denen jedes bereits einen geographisch sehr großen Bereich der USA abdeckt; vgl. *Broder,* US Antitrust Law, S. Int-015 bzw. Int-039.

140 Vgl. Kapitel C.III zu den *Merger Guidelines*, die beide Behörden mittlerweile gemeinsam veröffentlichen.

141 Dies wird im § 1 aller *Merger Guidelines* betont. Besonders anschaulich macht das eine von *Church*, Iss.Comp.L. & Pol. 2 (2008), 1503, 1514, dargestellte Anekdote, in der ein Assistant Attorney General Unternehmer gewarnt hat, dass sie sich nicht auf die Guidelines verlassen sollten. Eine Klage wäre sogar dann möglich, wenn der jeweilige Zusammenschluss nach den momentan geltenden Guidelines zulässig sei. Die aktuelle Ansicht des *DOJ* könne nur durch die Beantragung eines „Business Review Letter" ergründet werden.

142 Ronald Reagan ernannte 1981 William Baxter zum neuen Leiter der *Antitrust Division*, der seiner liberalen wirtschaftpolitischen Linie entsprach. Dieser nahm eine umfassende wettbewerbspolitische Neuorientierung vor; vgl. *Weston*, GRUR Int 1984, 125, 128.

ristischen Analyse sind demnach pauschale Aussagen zu vermeiden.[143] Ziel ist es stattdessen, den derzeitigen Rechtszustand zu bestimmen, ohne zu vergessen, dass dieser sich leicht ändern kann.

2. Die Konzentrationsdebatte in den 1960er und 1970er Jahren

In den 1950er, 1960er und 1970er Jahren erlebte die US-amerikanische Wirtschaft eine Welle von Unternehmensakquisitionen.[144] Damals bestimmten die Lehren der *Harvard School* die Wettbewerbspolitik. Es wurde befürchtet, dass sich die gesamte US-amerikanische Wirtschaft bei unkontrolliertem Wettbewerb stark konzentriert. Die schiere Größe mache Großkonzerne im Wettbewerb besonders widerstandsfähig. Angesichts der erheblichen Ressourcen könnten sie jeglichen Verdrängungswettbewerb aushalten. Es sei nämlich eine Umleitung der Gewinne aus den profitträchtigen in wettbewerbsintensivere Märkte zu erwarten. So würden dort kleinere, spezialisierte Konkurrenten verdrängt.[145] Es ergab sich ein Drohszenario, in dem wenige Konzerne die gesamte US-amerikanische und, mit zunehmender Globalisierung, letztlich die weltweite Wirtschaft kontrollieren.[146]

Derartige Großkonzerne unterlägen den Regeln des Wettbewerbs praktisch nicht mehr. Es wurden nicht nur negative wirtschaftliche Folgen befürchtet. Man identifizierte vielmehr auch ein gesellschaftliches Problem, nämlich, dass derart mächtige Konzerne auch die Politik und Gesellschaft lenken könnten.[147]

---

143 Auch in Europa prägen natürlich einzelne Fälle das Fusionskontrollrecht stark. Allerdings existiert im europäischen Recht nur eine Kartellbehörde. Deren jeweilige Leitung hat zwar erheblichen Einfluss, doch sorgt das multilaterale System dafür, dass Veränderungen ausgiebig diskutiert werden. Beispielsweise über das *European Competition Network* aber vor allem in der materiellen Gesetzgebung versuchen sämtliche Mitgliedsstaaten auf die Fusionskontrollpolitik Einfluss zu nehmen. Vgl. z.B. Teil 1, Kapitel D.I zu den ausgiebigen Diskussionen um die Einführung des SIEC-Tests. Plötzliche Umbrüche werden derart vermieden. Außerdem befassen sich stets dieselben Gerichte mit den vorgebrachten Fällen. Der Instanzenzug ist zentralisiert. Die Unterschiede zu den USA sind daher beachtlich.

144 Vgl. die verschiedenen Übersichten bei *Möschel*, RabelsZ 44 (1980), 203.

145 *Edwards,* Maintaining Competition, S. 100.

146 *Sullivan,* Handbook of the Law, S. 654.

147 Vgl. z.B. *Bauer*, Cal.L.Rev. 71 (1983), 348, 354; *Brodley*, Ohio St.L.J. 40 (1979), 867, 867; *McLaren*, in: CCH Trade Regulation Reports (Hrsg.), S. 55.172, 55.173 ff.; *Mueller,* The Celler-Kafauver Act, S. 17 ff.; tatsächlich wurden Artikel mit der ausdrücklichen Intention verfasst, juristische Methoden zu entwickeln, um Corporate Bigness zu verhindern. Die Fragestellung war dabei nicht mehr, inwiefern konglomerate Zusammenschlüsse den Wettbewerb einschränken, sondern wie man konglomerate Zusammenschlüsse verhindern könne. So sagt Carol A. Doyle in einem ihrer Artikel ausdrücklich: „*The purpose of this article is to explore the potential usefulness of the theory of reciprocity as a basis for challenging conglomerate mergers under*

Das hat auch der Vorsitzende Richter des *Supreme Court, Chief Justice* Earl Warren in der wegweisenden Entscheidung *Brown Shoe Co. v. United States*[148] ausdrücklich dargestellt: „*Congress' fear not only of accelerated concentration of economic power on economic ground, but also of the threat to other values*" habe die gesetzlichen Regelungen bewirkt.[149]

Folge dieser Skepsis gegenüber wirtschaftlicher Konzentration war eine besonders strikte Fusionskontrolle. Die Gerichte fällten eine Serie von Urteilen hinsichtlich horizontaler und vertikaler Zusammenschlüsse, die in der Retrospektive als besonders streng gelten.[150] Die Marktstruktur wurde genau analysiert. Es zeigte sich der Einfluss der *Harvard School.* Seit dem Beginn dieser Urteilsserie stieg die Zahl der angemeldeten konglomeraten Akquisitionen erheblich. 1968 erreichte die Welle einen Höhepunkt. Beinahe 4000 konglomerate Fusionen wurden in diesem Jahr bei der *FTC* angemeldet.[151] Achtzig bis neunzig Prozent aller Fusionen waren damit konglomerater Natur.[152] Die US-Kartellbehörden blieben angesichts dieser neuen Form der Unternehmenszusammenschlüsse nicht untätig. Ab Mitte der 1960er Jahre gingen sie vermehrt auch gegen konglomerate Zusammenschlüsse vor.

Section seven of the Clayton Act." *Doyle*, Loy.U.Chi.L.J. 12 (1981), 481, 482 f. Derartige Artikel basierten praktisch auf der Grundannahme, dass konglomerate Zusammenschlüsse schädlich seien.

148 *Brown Shoe Co. v. United States*, 370 U.S. 294 (1962); die Entscheidung gilt als wegweisend, weil der Supreme Court hier allgemeine Regeln der Fusionskontrolle aufgestellt hat, welche die Intention des Supreme Court, ökonomischer Konzentration entgegenzuwirken, gerecht werden sollten. Unter anderem wurde hier auch festgehalten, dass *Section* 7 *Clayton Act* eine Wahrscheinlichkeitsprüfung hinsichtlich einer Einschränkung des Wettbewerbs enthalte, nicht jedoch einen Beweis derselben fordere (aaO S. 323); vgl. zu *Section* 7 auch unten C.I.3.

149 *Brown Shoe Co. v. United States*, 370 U.S. 294, 323 (1962).

150 In chronologischer Reihenfolge: *Brown Shoe Co. v. United States*, 370 U.S. 294 (1962); *United States v. Philadelphia Nat'l Bank*, 374 U.S. 321 (1963); *United States v. Aluminum Co. of America.*, 377 U.S. 271 (1964); *United States v. Penn-Olin Chem. Co.*, 378 U.S. 158 (1964); *United States v. Continental Can Co.*, 378 U.S. 441 (1964); *FTC v. Consol. Foods Corp.*, 380 U.S. 592 (1965); *United States v. Vons Grocery Co.*, 384 U.S. 270 (1966); *United States v. Pabst Brewing Co.*, 384 U.S. 546 (1966); *FTC v. Procter & Gamble Co.*, 386 U.S. 568 (1967); *United States v. Phillipsburg Nat'l Bank & Trust Co.*, 399 U.S. 350 (1970); *Ford Motor Co. v. United States*, 405 U.S. 562 (1972); *United States v. Falstaff Brewing Co.*, 410 U.S. 526 (1973). Diese Urteile werden heute als Anachronismus bezeichnet, *Kauper*, in: Pitofsky (Hrsg.), S. 40, 43.

151 *Sullivan,* Handbook of the Law, S. 653; Vgl. *Committee on the Judiciary* (Hrsg.), Hearings Before the Subcommittee on Antitrust and Monopoly of the Committee on the Judiciary United States Senate Ninety-First Congress Second Session Pursuant to S. Res. 40, S. 4546; für genauere statistische Angaben; Übersichten auch bei *Dreher,* Konglomerate Zusammenschlüsse, S. 22 ff.; und *Möschel*, RabelsZ 44 (1980), 203, 206 ff.

152 *Doyle*, Loy.U.Chi.L.J. 12 (1981), 481, 481 f.

3. Rechtsgrundlage – *Section 7 Clayton Act*

Section 7 Clayton Act (15 U.S.C. § 18) ist die zentrale Norm des US-amerikanischen Fusionskontrollrechts. Sie war Grundlage der genannten Prozesse und ist auch heute noch der entscheidende Prüfungsmaßstab bei der Kontrolle konglomerater Fusionen. *Section 7* wurde 1950 durch den *Celler-Kefauver Act* geändert. Dabei war ausdrückliches Ziel, der zunehmenden Konzentration der gesamten US-amerikanischen Wirtschaft entgegenzuwirken. Insbesondere wurde nunmehr der Kauf von Vermögenswerten der Fusionskontrolle unterworfen. Ebenso sollten konglomerate Unternehmenszusammenschlüsse besser erfasst werden.[153] Die entscheidende Formulierung in *Section* 7 lautet seitdem:

„No person engaged in commerce (...) shall akquire (...) the whole or any part of the stock or other share capital (...) or any part of the assets of another person engaged also in commerce (...), where (...) the effect of such akquisition may be substantially to lessen competition, or to tend to create a monopoly."

Unternehmenszusammenschlüsse werden mithin einer Wahrscheinlichkeitsprüfung unterzogen. Führt ein Unternehmenszusammenschluss wahrscheinlich zu einer substanziellen Verringerung des Wettbewerbs (oder der Schaffung eines Monopols), ist er zu untersagen. Dieser Prüfungsmaßstab ist in der Kartellrechtsliteratur auch als „SLC-Test" (*Substantial Lessening of Competition* Test) bekannt.[154]

II. Fallpraxis

In den Entscheidungen, welche sich mit konglomeraten Zusammenschlüssen befassten, etablierte sich ein Kanon wiederkehrender Argumentationslinien. Sie wurden allerdings alternativ und kumulativ und mit verschiedener Gewichtung verwendet. Es handelte sich stets um Argumentationsbündel. Selbst wenn eine einzelne Argumentationslinie in einem Fall angewendet oder konkretisiert wurde, wurde deshalb der jeweilige Unternehmenszusammenschluss nicht zwangsläufig untersagt. Entscheidend war stets eine Gesamtschau des zu beurteilenden Falls.

---

153 *Mueller,* The Celler-Kafauver Act, S. 18.

154 *Emmerich,* Kartellrecht, § 14 Rn. 5.

1. Potential Competition Theorie

Die US-amerikanische Rechtsprechung adressierte potenziellen Wettbewerb mit der *Actual Potential Entrant* Theorie und der *Perceived Potential Entrant* Theorie.

a) Actual Potential Entrant Theorie

Nach dieser Theorie ist ein Zusammenschluss rechtswidrig, wenn das übernehmende Unternehmen den Wettbewerb weniger eingeschränkt hätte, wenn es auf andere Weise in den Markt eingetreten wäre. Zwei Alternativen des Markteintritts kommen in Betracht. Einerseits hätte das Unternehmen selbst, also ohne Übernahme, in den Markt eintreten können. Andererseits hätte es einen Wettbewerber übernehmen können, der kleiner als das Zielunternehmen der zu prüfenden Fusion ist. Der Eintritt aus eigener Kraft wird dabei *de-novo entry* genannt. Die Übernahme eines kleineren Wettbewerbers ist unter der Bezeichnung *toehold entry* bekannt.[155]

Der meistzitierte Fall zur *Actual Potential Entrant Theory* ist *United States v. Marine Bancorporation, Inc.*[156] Hier stellte der *Supreme Court* die Voraussetzungen der *Actual Potential Entrant* Theorie auf. Das übernehmende Unternehmen, die National Bank of Commerce (NBC), war die zweitgrößte Bank mit Firmensitz im Staat Washington. Ihr Hauptbetätigungsfeld befand sich in und um Seattle. Das Zielunternehmen, die Washington Trust Bank (WTB), war die achtgrößte Bank mit Firmensitz in Washington. WTB operierte ausschließlich in und um Spokane. Dort war sie, gemessen an den Spareinlagen, die drittgrößte Bank. NBC hatte bisher keine Dependancen in oder um Spokane.[157]

Der Supreme Court definierte drei Kriterien, um einen Zusammenschluss zu identifizieren, der nach der *Actual Potential Entrant* Theorie den Wettbewerb schädige.

Erstens müsse der Zielmarkt des Zusammenschlusses stark konzentriert sein. Der *Supreme Court* hielt einen Zusammenschluss nur für problematisch, wenn die Marktteilnehmer im Zielmarkt die Marktpreise und Produktionsmenge durch

---

155 *Bauer*, Boston U.L.Rev. 58 (1978), 199, 208-211.

156 *United States v. Marine Bancorporation, Inc.*, 418 U.S. 602 (1974).

157 Insofern lag eine geographische Erweiterungsfusion vor, die nicht unter den hier verwendeten Begriff eines konglomeraten Zusammenschlusses fällt. Der *Supreme Court* stellte anhand der Fusion allerdings Regeln für sämtliche Formen konglomerater Zusammenschlüsse auf. Die Rechtssätze galten demnach auch für konglomerate Zusammenschlüsse im Sinne dieser Untersuchung.

oligopolistisches Marktverhalten effektiv kontrollieren konnten.[158] Entscheidendes Indiz waren die Marktanteile, es galten aber keine festen Grenzwerte. Die Antitrustbehörden mussten eine generell hohe Konzentration im Zielmarkt beweisen. Die am fraglichen Zusammenschluss beteiligten Unternehmen konnten dann nachweisen, dass der Wettbewerb im Markt trotz der hohen Konzentration funktioniere.[159]

Zweitens musste eine alternative Möglichkeit des Markteintritts in Form eines *toehold* oder eines *de novo entry* für das akquirierende Unternehmen vorliegen, welche wirtschaftlich praktikabel war. Es erwies sich für die Kartellbehörden als praktisch schwierig, diesen alternativen Marktzugang zu belegen. Sie mussten nämlich einen mehrstufigen Beweis führen. Zunächst musste das jeweilige Unternehmen auch an dem alternativen Marktzugang ein wirtschaftliches Interesse haben. Dabei waren alle Aspekte relevant, die für ein Unternehmen entscheidungserheblich sein könnten. Die Gerichte berücksichtigten in den einschlägigen Fällen jeweils unterschiedliche Punkte.[160] Dann mussten die Behörden die Fähigkeit des Unternehmens belegen, derart in den Markt einzutreten. Sie mussten deshalb die rechtlichen und tatsächlichen Marktschranken und auch das fragliche Unternehmen analysieren. Für einen *toehold entry* war natürlich auch die schiere Existenz kleinerer, geeigneter Übernahmekandidaten entscheidend.[161]

Drittens musste der alternative Marktzutritt in einer angemessenen und vor allem vorhersehbaren Zukunft möglich sein.[162]

---

158 *United States v. Marine Bancorporation, Inc.*, 418 U.S. 602, 630 (1974): „(...) the doctrine comes into play only where there are dominant participants in the target market engaging in interdependent or parallel behavior and with the capacity effectively to determine price and total output of goods and services."

159 *United States v. Marine Bancorporation, Inc.*, 418 U.S. 602, 631 (1974).

160 Beispielsweise nahm man in *United States v. El Paso Natural Gas Co.*, 376 U.S. 651, 654 (1964) und *United States v. Joseph Schlitz Brewing Co.*, 253 F.Supp. 129, 147 (N. D. Cal. 1966), *aff'd*, 385 U.S. 37 (1966) ein Interesse am alternativen Marktzugang an, weil dem Markteintritt eines Wettbewerbers in den eigenen Markt vorgebeugt werden sollte. In *United States v. Black & Decker Mfg. Co.*, 430 F.Supp. 729, 755 (D. Md. 1976) hingegen wurde das Interesse am alternativen Marktzugang mit der Stagnation im eigenen Markt belegt. Potenzielle Synergien im Vertrieb oder eine gemeinsame Zielgruppe spielten in *Ekco Prods. Co. V. FTC*, 347 F.2d 745, 753 (7th Cir. 1965) und *United States v. Wilson Sporting Goods Co.*, 288 F.Supp. 543, 547 (N.D. Ill. 1968) eine Rolle.

161 Vgl. *Bauer*, Boston U.L.Rev. 58 (1978), 199, 210 ff.

162 In *BOC International Ltd. v. FTC*, 557 F.2d 24, 29 (2d Cir. 1977), freilich konkretisierte das Gericht dieses Erfordernis nicht.

Sofern die drei Kriterien erfüllt waren, musste der alternative Markteintritt den Wettbewerb wahrscheinlich fördern. Entscheidend waren vor allem wahrscheinliche Veränderungen der Marktstruktur.[163]

Obwohl der *Supreme Court* dieses Prüfungsschema formulierte, hat er ausdrücklich offen gelassen, ob die *Actual Potential Entrant* Theorie alleiniger Grund für die Untersagung eines Zusammenschlusses sein könne.

b) Perceived Potential Entrant Theorie

Die „Perceived Potential Entrant Theorie" adressiert den Wegfall gegenwärtigen Wettbewerbs. Dieser Theorie zufolge üben auch Unternehmen, die an einem Markt nicht teilnehmen, Wettbewerbsdruck auf diesen aus, falls sie aus dem Markt heraus als eintrittswillig, also als potenzielle Wettbewerber, wahrgenommen werden. Um nämlich den potenziellen Wettbewerber nicht zu einem Markteintritt zu veranlassen, müssten die aktiven Marktteilnehmer die Preise auch im Hinblick auf diesen kontrollieren.[164] Nach dieser Theorie fördert also bereits die Existenz des Wettbewerbers am Rande des Marktes den Wettbewerb. Aus diesem Grund ist diese Form des Wettbewerbsdrucks auch als *Wings-* oder *Fringe-Effect* bekannt.[165]

Der *Supreme Court* führte in der Entscheidung *Marine Bancorporation*[166] aus:

„In developing and applying the doctrine, the Court has recognized that a market extension merger may be unlawful if the target market is substantially concentrated, if the akquiring firm has the characteristics, capabilities, and economic incentive to render it a perceived potential de novo entrant, and if the akquiring firm's premerger presence on the fringe of the target market in fact tempered oligopolistic behavior on the part of existing participants in that market. In other words, the Court has interpreted § 7 as encompassing what is commonly known as the „wings effect" – the probability that the akquiring firm prompted premerger precompetitive effects within the target market by being perceived by the existing firms in that market as likely to enter de novo."[167]

---

163 So war bereits 1964 eine der größten Banken der USA über einen *toehold entry* in den Bankenmarkt in Spokane eingetreten. Dem Supreme Court genügte insoweit, dass diese Bank auch 8 Jahre später nicht mehr als 2,2% Marktanteil erreicht hatte, als Beweis, dass die Wahrscheinlichkeit einer Verbesserung des Wettbewerbs durch einen *toehold entry* nicht gegeben war. Vgl. *United States v. Marine Bancorporation, Inc.*, 418 U.S. 602, 638 (1974).

164 Eingehend zu den ökonomischen Hintergründen Teil 2, Kapitel A.I.

165 *United States v. Falstaff Brewing Corp.*, 410 U.S. 526, 559 (1973); *Kaplan*, Antitrust Bull. 25 (1980), 297, 298.

166 Siehe zum Sachverhalt Teil 1, Kapitel C.II.1.a).

167 *United States v. Marine Bancorporation*, 418 U.S. 602, 624 (1973).

Daraus leiten sich drei Voraussetzungen der *Perceived Potential Entrant Theorie* ab:

Erstens muss ein hoch konzentrierter Zielmarkt vorliegen. Dabei galten die gleichen Grundsätze wie bei der *Actual Potential Entrant* Theorie.

Zweitens muss der Erwerber auch ohne den Zusammenschluss die faktische Möglichkeit (also die Fähigkeit und die Gelegenheit) sowie einen wirtschaftlichen Anreiz gehabt haben, in den Zielmarkt einzutreten. Er musste als ein derartiger potenzieller Wettbewerber auch im Zielmarkt wahrgenommen worden sein. Da hier ein realer Wettbewerbsdruck behandelt wurde, hätte eigentlich die tatsächliche Wahrnehmung der aktiven Marktteilnehmer entscheidend sein müssen. Diese wäre jedoch im Einzelfall schwierig zu belegen. Aus diesem Grunde legte der *Supreme Court* in *United States v. Falstaff Brewing Corp.* den objektivierten Bewertungsmaßstab eines rationalen Marktteilnehmers an.[168] Entscheidend ist die nach außen wahrnehmbare Fähigkeit des Unternehmens, in den fraglichen Markt einzutreten, und ob dafür ein ebenso wahrnehmbarer wirtschaftlicher Anreiz bestand.[169]

Drittens muss wegen der ermittelten Qualitäten des Marktes und des Unternehmens die Existenz des Unternehmens am Rand des Marktes das Marktverhalten der Marktteilnehmer kontrollieren. Sie nutzten also die ihnen durch die oligopolistische Struktur des Zielmarktes gegebene Möglichkeit, den Profit durch Parallelverhalten zu maximieren, nicht in vollem Umfang aus. Das galt als schwierig zu belegen.[170] Zeitweise war die Rechtsprechung von dem Beweiserfordernis abgerückt.[171] Sie griff es jedoch später wieder auf.[172]

Untere Gerichtsentscheidungen nennen teilweise als vierte Voraussetzung eine geringe Zahl potenzieller Wettbewerber. Nur dann könne das Verschwinden des Erwerbers als potenzieller Wettbewerber erheblich sein.[173] Diese explizite Ergänzung war aber nicht notwendig. Der Umstand war nämlich bereits Teil der bisherigen Prüfung. Das jeweilige Unternehmen kontrollierte nämlich nur dann das oligopolistische Marktverhalten im Zielmarkt, wenn es einer von wenigen potenziellen Wettbewerbern war. Ansonsten war es eben nicht kausal für die Kontrolle des Oligopols.

---

168 *United States v. Falstaff Brewing Corp.*, 410 U.S. 526, 533 (1973).

169 *United States v. Falstaff Brewing Corp.*, 410 U.S. 526, 533 (1973).

170 *Dreher*, Konglomerate Zusammenschlüsse, S. 32 f.; *Möschel*, RabelsZ 44 (1980), 203, 232 f.

171 *United States v. Black & Decker Mfg. Co.*, 430 F.Supp. 729, 773 (D. Md. 1976).

172 *United States v. Siemens Corp.*, 621 F.2d 499 (2d Cir. 1980); *Tenneco Inc. v. FTC*, 689 F.2d 346 (2d Cir. 1982).

173 *FTC v. Atlantic Richfield Co.*, 549 F.2d 289, 300 (2d Cir. 1977); *Missouri Portland Cement Co. v. Cargill*, 498 F.2d 851, 865 (2d Cir. 1974) cert. den. 419 U.S. 883 (1974); auch *Dreher*, Konglomerate Zusammenschlüsse, S. 32.

c) Weitere Entwicklung

Der Fall *United States v. Marine Bancorporation, Inc.* war ein Meilenstein der Entwicklung der *Potential Competition* Theorie. Es war das erste Mal, dass sich die *New Antitrust Majority* mit den beiden Spielarten der *Potential Competition* Theorie auseinandersetzte. Als *New Antitrust Majority* wird die Zusammensetzung des *Supreme Court* unter *Chief Justice* Burger bezeichnet. Sie bestand ab Mitte der 1970er Jahre. Unter *Chief Justice* Burger verfolgte der *Supreme Court* eine liberalere Wettbewerbspolitik. Der wachsende Einfluss der *Chicago School* auf die US-amerikanische Kartellrechtspraxis begann sich zu zeigen.[174] Die hohen Beweisanforderungen, die in *United States v. Marine Bancorporation* aufgestellt wurden, sind Zeugnis dieser Neuorientierung. Sie erschwerten es den Kartellbehörden erheblich, sich auf die *Potential Competition* Theorie zu berufen. Sie hatten daher später wenig Erfolg, wenn sie diese Theorie in niedrigeren Instanzen anführten.[175] In neuerer Zeit wurde soweit ersichtlich kein konglomerater Zusammenschluss untersagt, bei dem die *Potential Competition* Theorie eine Rolle gespielt hätte.

Trotzdem hielten die Behörden wenigstens an der *Perceived Potential Competition* Theorie auch für konglomerate Fusionen fest. Sie ist nunmehr alleine gemeint, wenn von *Potential Competition* gesprochen wird. In den *Merger Guidelines* 1982 ist *Potential Competition* der einzige explizit genannte Grund für die Untersagung konglomerater Zusammenschlüsse.[176] Er blieb auch bei folgenden Änderungen der Leitlinien erhalten. Noch 1999 griff die *FTC* einen konglomeraten Zusammenschluss aufgrund der *Potential Competition* Theorie an. Allerdings endete dieses Verfahren mit einer *consent order*[177]. Die Gerichte befassten sich also im Hinblick auf konglomerate Zusammenschlüsse nicht erneut mit der *Potential Competition Doctrine*. Trotzdem ist dieser Ansatz weiterhin gültig.[178]

---

174 Wenige Jahre später bezog sich der Supreme Court in *Continental T.V., Inc. v. GTE-Sylvania, Inc.*, 433 U.S. 36 (1977) ausdrücklich primär auf Argumente, welche der *Chicago School* zugeordnet werden können.

175 Z.B. *Tenneco, Inc. v. FTC*, 689 F.2d 346 (2d Cir.1982); *BOC International Ltd. v. FTC*, 557 F.2d 24 (2d Cir.1977).

176 Vgl. unten Teil 1, Kapitel C.III.2.

177 Das betroffene Pharmaunternehmen erklärte sich bereit, problematische Unternehmensteile abzustoßen, um ein Verfahren zu vermeiden; *Zeneca Group PLC, FTC* Dkt. No. C-3880 (June 7, 1999) (consent order).

178 *Pitofsky*, U.Chi.L.Rev. 72 (2005), 209, 218.

Auch in der Literatur lebt er fort. Die gegenwärtige Literatur diskutiert konglomerate Zusammenschlüsse sogar teilweise nur noch unter dem Aspekt des Wegfalls potenziellen Wettbewerbs.[179]

2. Entrenchment-Theorie

a) Entstehung der Theorie

Die Entrenchment-Theorie wurde in der Entscheidung FTC v. Procter & Gamble Co. entwickelt. Der Supreme Court fasste hier die Theorie in einem Satz zusammen. „The substitution of the powerful akquiring firm for the smaller, but already dominant, firm, may substantially reduce the competitive structure of the industry by raising entry barriers and by dissuading smaller firms from aggressively competing."[180]

Die Entscheidung betraf die Übernahme von Clorox, eines Unternehmens, das Bleichmittel herstellte, durch Procter & Gamble. Clorox, welches einen Jahresumsatz von 40 Millionen Dollar erzielte, war auf dem Markt für Bleichmittel mit einem Marktanteil von beinahe 50 Prozent Marktführer. Der Markt war auch darüber hinaus stark konzentriert. Die sechs größten Firmen hatten zusammen einen Marktanteil von 80 Prozent. Procter & Gamble war ein großer, diversifizierter Gigant der Konsumgüterindustrie. Der Jahresumsatz betrug 1,1 Milliarden Dollar. Die Hälfte dieses Umsatzes erzielte Procter & Gamble auf Märkten für Haushaltswaren wie zum Beispiel Seifen und Waschmittel. Bleichmittel hatte das Unternehmen bisher allerdings noch nicht produziert. Procter & Gamble verfügte zu diesem Zeitpunkt über das größte Marketingbudget der Welt. Es betrug 127 Millionen Dollar.[181] Marketing galt im Markt für Bleichmittel als besonders relevant. Die verschiedenen Bleichmittel waren nämlich chemisch identisch. Die Produkte differenzierten sich nach Ansicht des *Supreme Court* alleine über Werbung.[182] Letztlich bestätigte der *Supreme Court* die Position der *FTC*, welche den Zusammenschluss stoppen wollte. Die Fusion verstärke die ohnehin schon führende Marktposition von Clorox und schränke den Wettbewerb wahrscheinlich substanziell ein.[183]

---

179 *Hylton,* Antitrust Law, S. 344-351.

180 *FTC v. Procter & Gamble,* 386 U.S. 568, 578 (1967); allerdings ist darauf hinzuweisen, dass der Supreme Court seine Entscheidung außerdem auf den Wegfall des potenziellen Wettbewerbs durch Procter & Gamble stützte (aaO).

181 Alle Zahlenangaben finden sich bei *FTC v. Procter & Gamble,* 386 U.S. 568, 570-573 (1967).

182 *FTC v. Procter & Gamble,* 386 U.S. 568, 572 (1967).

183 *FTC v. Procter & Gamble,* 386 U.S. 568, 578 (1967).

Nach der Rechtsprechung liegt eine *Entrenchment*-Situation unter folgenden Voraussetzungen vor:

- Der Zielmarkt der Übernahme ist hoch konzentriert.
- Das übernommene Unternehmen ist der Marktführer[184] oder doch wenigstens eines der führenden Unternehmen im Markt[185].
- Das eintretende Unternehmen verfügt im Vergleich zu dem übernommenen Unternehmen und dessen Wettbewerbern über wesentlich umfangreichere finanzielle Ressourcen.
- Aufgrund der Ressourcen des übernehmenden Unternehmens wird der Wettbewerb gefährdet, indem die Marktstellung des übernommenen Unternehmens konsolidiert oder sogar verbessert wird.

Für die notwendige Konzentration des Zielmarkts definierte die Rechtsprechung keine festen Richtgrößen. Der Zielmarkt musste allgemein oligopolistisch strukturiert sein. Inwieweit der Wettbewerb im fraglichen Markt funktionierte, war also schon vor dem Zusammenschluss fraglich.

Der *Supreme Court* verlangte anfangs noch eine Marktführerschaft des übernommenen Unternehmens, um eine *Entrenchment*-Situation zu bejahen.[186] Später änderte er seine Rechtsprechung dahingehend, dass nur eines der führenden Unternehmen im Markt übernommen werden musste.[187] Niemals genügte aber die Übernahme eines kleinen Marktteilnehmers. Ein derartiger Markteintritt förderte nach Ansicht des Gerichts den Wettbewerb.

Die Finanzkraft des übernehmenden Unternehmens musste sich nach dieser Theorie erheblich von der Finanzkraft der sonstigen Wettbewerber unterscheiden. Denn Tochtergesellschaften von Großkonzernen müssten nicht fürchten, dass die neue Unternehmenseinheit stets „den längeren Atem“ im Wettbewerb habe. Auch sonstige kleinere Wettbewerber seien in einer solchen Konstellation bereits an den Wettbewerb mit wesentlich größeren Unternehmen gewöhnt. Daher schrecke es die Wettbewerber nicht ab, wenn ein weiterer Industriegigant in diesen Markt eintrete.[188]

Letztlich musste die Fusion den Wettbewerb wahrscheinlich beschränken. Hier analysierten die Gerichte sämtliche Wirkungen des Zusammenschlusses.

---

184 *FTC v. Procter & Gamble,* 386 U.S. 568, 578 (1967).

185 *General Foods Corp. v. FTC,* 386 F.2d 936 (3d Cir. 1967), cert. denied, 391 U.S. 919 (1968) und außerdem die per Vergleich beigelegten Verfahren der *FTC*: *In re The Procter & Gamble Co.*, 71 F.T.C. 135 (1967) und *In re General Mills, Inc.*, 75 F.T.C. 394 (1969).

186 *FTC v. Procter & Gamble,* 386 U.S. 568, 578 (1967).

187 *General Foods Corp. v. FTC,* 386 F.2d 936 (3d Cir. 1967), cert. denied, 391 U.S. 919 (1968).

188 *United States v. Black & Decker Mf. Co.*, 430 F.Supp 729, 775, 776 (D. Md. 1976); *Missouri Portland Cement Co. v. Cargill, Inc.*, 498 F.2d 851, 865 (2d Cir. 1974).

Entscheidend war, dass das neue Unternehmen einen wesentlichen Wettbewerbsvorteil erhielt. Dieser konnte zum Beispiel auch in technologischem Potential, Nachfragemacht, Vorteilen der Absatzstrategie und sogar Skaleneffekten bestehen.[189]

b) Weitere Entwicklung

Nach der Entscheidung in *FTC v. Procter & Gamble Co.*, welche 1967 noch unter *Chief Justice* Warren gefällt wurde, wurden einige konglomerate Fusionen in Anwendung der *Entrenchment-Theorie* untersagt.[190] Doch bereits 1974, in der dargestellten Entscheidung *U.S. v. Marine Bancorporation, Inc.*, ging der *Supreme Court* auf sie nicht mehr ein. Derartige Effekte kämen in diesem Fall nicht in Betracht.[191] Schon diese betont kurze Abhandlung könnte als erste Abkehr von der *Entrenchment-Theorie* zu deuten sein. Später setzte sich der *Supreme Court* nie wieder mit der *Entrenchment*-Theorie auseinander. Einige niedrigere Gerichte diskutierten noch die Möglichkeit derartiger Situationen.[192] Doch haben sie die Theorie nicht fassbarer machen können. Sie wurde dann augenscheinlich fallen gelassen.

Auch in der Literatur begegnete die Theorie wachsender Skepsis. Die Zweckmäßigkeit von Preiswettbewerb durch das Konglomerat wurde angezweifelt. Erstens müsse man sich dafür absolut sicher sein, dass die eigenen Ressourcen denen der Wettbewerber überlegen seien, und zweitens müsse das angestrebte Monopol höchst profitabel sein. Sonst sei aus ökonomischer Perspektive *Predation*[193] nicht sinnvoll.[194] Wettbewerbsvorteile, die der jeweilige Zusammenschluss bewirkte, wurden fortan als Zeichen gesteigerter Effizienz gesehen. Der Wettbewerb solle sie gerade bewirken.[195] Die bisherige Rechtspraxis zu kong-

---

189 Vgl. *Möschel*, RabelsZ 48 (1984), 552, 556 ff., mit Einzelnachweisen.

190 Z.B. *Kennecott Copper Corp. v. FTC*, 467 F.2d 67, 78-79 (10th Cir. 1972); *U.S. Steel Corp. v. FTC*, 426 F.2d 592, 603-04 (6th Cir. 1970); *Allis-Chalmbers Mfg. Co. v. White Consol. Indus.*, 414 F.2d 506, 517 f. (3d Cir. 1969); *General Foods Corp. v. FTC*, 386 F.2d 936, 945 f. (3d Cir. 1967).

191 *U.S. v. Marine Bancorporation, Inc.*, 418 U.S. 602, 617, 641 (1974).

192 Vgl. *Bauer*, Boston U.L.Rev. 58 (1978), 199, 228 Fn. 133 mit zahlreichen Nachweisen.

193 *Predation* beschreibt vor allem die Eliminierung von Wettbewerbern durch Kampfpreisunterbietungen (auch *predatory pricing*); *Weston*, GRUR Int 1984, 125, 126.

194 So *Areeda/Turner,* Antitrust Law, S. 219-222; die sich damit entgegen ihrer früheren Ansicht der *Chicago School* zuwendeten.

195 *Emhart Corp. v. USM Corp.*, 527 F.2d 177, 181 (1st Cir. 1975); Missouri *Portland Cement Co. v. Cargill, Inc.*, 498 F.2d 851 (2d Cir. 1974).

lomeraten Zusammenschlüssen wurde folglich mit großer Vehemenz attakkiert.[196]

Auch die Kartellbehörden änderten ihre Position. Die United Vinters, Inc, die mit Wein handelte, sollte durch die Heublein, Inc., den fünftgrößten Hersteller von alkoholhaltigen Getränken in den USA, der hauptsächlich Bier und Spirituosen produzierte, übernommen werden.[197] Ein *Administrative Law Judge* (ALJ) hatte hier zunächst einen Fall von *Entrenchment* angenommen.[198] Doch die *Full Commission* der *FTC* stimmte nicht zu. Sie erlaubte die Fusion. Die Übernahme begründete ihrer Ansicht nach keinen Wettbewerbsvorteil, der den Wettbewerb beschränkte. Es lägen keine Anhaltspunkte dafür vor, dass die Wettbewerber gegenüber den größeren Ressourcen wehrlos seien.[199] Außerdem seien Effizienzgewinne positiv zu berücksichtigen.[200] Mit dem Fokus auf Effizienz orientierte sich die FTC in diesem Fall an der *Chicago School.*

Später setzten sich die Kartellbehörden mit der *Entrenchment*-Theorie nicht einmal mehr argumentativ auseinander. Schon in den *Merger Guidelines 1982* erwähnte das DOJ sie nicht mehr.[201] Auch die *FTC* wendete die *Entrenchment*-Theorie nie wieder an.

3. Reciprocity-Theorie

a) Die Entstehung der Reciprocity-Theorie

Die *Reciprocity-Theorie* greift Fälle auf, in denen durch eine Fusion wechselseitige Abnahme- und Belieferungssituationen entstehen. Der Käufer könnte dann seine Marktmacht auf Markt A nutzen, um den Verkäufer zu veranlassen, eines der eigenen Produkte auf Markt B zu kaufen. Umgangssprachlich lässt sich die

---

196 *Robert Bork* diagnostizierte den Abstieg des gesamten US-amerikanischen Kartellrechts, da die Kartellbehörden konglomerate Zusammenschlüsse verhindern könnten, ohne ein plausibles ökonomisches Argument vorbringen zu müssen, *Bork,* Antitrust Paradox, S. 246. Das Werk, in dem diese Kritik vorgebracht wird, gilt als wegweisend für den Aufstieg der *Chicago School*, vgl. *Weston*, GRUR Int 1984, 125, 127.

197 *Heublein, Inc.*, 96 F.T.C. 385 (1980).

198 Das Fusionskontrollverfahren der *FTC* beginnt mit den üblichen Untersuchungen des *FTC*. Sobald diese Untersuchungen abgeschlossen sind, kann die *FTC* ein *administrative complaint* vorbringen, welches dazu führt, dass eine Anhörung vor einem nicht an der Untersuchung beteiligten Mitglied der *FTC* erfolgt. Dies ist der *Administrative Law Judge*. Sofern dieser die in Frage stehende Fusion für wettbewerbswidrig erklärt, wird sie von der *Full Commission* (alle 5 *Commissioner* der *FTC*) in Augenschein genommen; vgl. *Broder,* US Antitrust Law, S. 179 ff.

199 *Heublein, Inc.*, 96 F.T.C. 385, 593 (1980).

200 *Heublein, Inc.*, 96 F.T.C. 385, 597 (1980).

201 Vgl. unten Teil 1, Kapitel C.III.2.

Konstellation folgendermaßen zusammenfassen: „Ich kaufe nur von dir, wenn du von mir kaufst.“[202] Die *Reciprocity-Theorie* soll derartige Wechselseitigkeitsgeschäfte verhindern, indem geeignete Marktkonstellationen vermieden werden.

Leitentscheidung ist der Fall *FTC v. Consolidated Foods Corp.* Consolidated: Ein Lebensmittelgroßhändler übernahm Gentry, welches getrocknete Zwiebel- und Knoblauchpulver herstellte. Gentry hatte in diesen beiden Märkten zusammen mit seinem Hauptkonkurrenten Basic Vegetable Product Inc. einen Marktanteil von 90 Prozent. Im Markt für Zwiebelpulver entfielen davon 32 Prozent, im Markt für Knoblauchpulver 45 Prozent auf Gentry.[203] Diese Produkte verkauften sie an Produzenten für Fertiglebensmittel, welche ihre Waren wiederum an Consolidated vertrieben. Ob Consolidated im Markt für Fertiglebensmittel über eine dominante Stellung als Abnehmer verfügte, wurde im Verfahren nicht konkretisiert. Der *Supreme Court* stellte nur fest, dass Consolidated ein *substantial purchaser* war.[204] Die *FTC* attackierte den Zusammenschluss, weil er die Lebensmittelproduzenten unter Druck setze, die in ihren Produkten verwendeten Knoblauch- oder Zwiebelpulver bei Gentry einzukaufen. Das schädige den Wettbewerb. Für sonstige Lieferanten von Knoblauch- oder Zwiebelpulver wäre der Markt versperrt.

Nicht mit höchstrichterlicher Autorität, aber auch nicht im Widerspruch zum *Supreme Court* hat der *District Court* des *Northern District of New York* in der vielzitierten Entscheidung *Crouse-Hinds Co. v. InterNorth, Inc.*[205] konkretisiert, wie ein Zusammenschluss nach der *Reciprocity-Theorie* zu prüfen ist:

- Der Zusammenschluss müsse die Gelegenheiten für wechselseitige Geschäfte auf dem Markt erheblich steigern, indem er eine Marktstruktur schafft, die solche Geschäfte besonders begünstigt.
- Es müsse wahrscheinlich sein, dass diese Gelegenheit tatsächlich genutzt werde.
- Sollten wechselseitige Geschäfte stattfinden, müssten diese den Wettbewerb tendenziell wesentlich verringern.

Letztlich sei das fusionierte Unternehmen nur dann in der Lage, Geschäftspartner zu Vertragsabschlüssen zu drängen, wenn es über erhebliche Nachfragemacht

202 So hat es ein Circuit Court auf den Punkt gebracht, vgl. *Brokerage Concepts, Inc. v. U.S. Healthcare, Inc.*, 140 F.3d 494, 511 (3d Cir. 1998).

203 *FTC v. Consolidated Foods Corp.*, 380 U.S. 592, 595 f. (1965).

204 *FTC v. Consolidated Foods Corp.*, 380 U.S. 592, 595 (1965).

205 *Crouse-Hinds Co. v. InterNorth, Inc.*, 1980-81 Trade Cases Nr. 63,763, S. 78,072 (N.D.N.Y. 1980).

verfügte. Nach Ansicht des Gerichts erfüllte die Fusion diese Voraussetzungen nicht. Es gab den Zusammenschluss daher frei. [206]

b) Weitere Entwicklung

Schon seit den 1970er Jahren griffen Vertreter der *Chicago School* die Reciprocity-Theorie an.[207] Es sei ökonomisch nicht erklärbar, wie Wechselseitigkeitsgeschäfte den Wettbewerb schwächen sollten. Kein Unternehmen könne bei effektivem Wettbewerb ein anderes zwingen, zu unvorteilhaften Bedingungen einzukaufen oder zu verkaufen. Die Unternehmen ließen sich auf solche Geschäfte nur solange ein, bis die höheren Kosten die Kosten für die Suche und Verhandlung mit anderen Partnern übersteigen. Dann wechselten sie den Geschäftspartner. Wahrscheinlicher sei deshalb, dass die wechselseitigen Geschäfte die Effizienz erhöhten. Allenfalls wenn der Abnehmer eine besondere Nachfrage-Marktmacht habe, könne es für ihn einen wirtschaftlichen Anreiz geben, Druck auf die eigenen Lieferanten aufzubauen. Dies sei aber nur dann der Fall, wenn man seine Marktmacht im jeweiligen Markt nicht komplett in Profit umzusetzen könne (zum Beispiel aufgrund von Regulierungen). Nur in diesem Fall schädigten Wechselseitigkeitsgeschäfte die Verbraucher.[208] Und dieser Fall sei nur bei extremen Marktverhältnissen vorstellbar.

Schon die Entscheidung *Crouse-Hinds Co. v. InterNorth Inc.* kam dieser Ansicht entgegen, indem sie die hohen Voraussetzungen der *Reciprocity-Theorie* statuierte. Weder *DOJ* noch *FTC* wendeten die *Reciprocity-Theorie* daraufhin noch einmal an. Schon in den *Merger Guidelines 1982* erwähnte das *DOJ* die *Reciprocity-Theorie* nicht mehr.[209]

Sofern Bedenken bezüglich wechselseitiger Geschäfte bestehen, sind diese nach heute in den USA herrschender Ansicht über das Kartellverbot zu lösen. Die Fusionskontrolle sei das falsche Instrument. Ihr Einsatz könne hohe Effizienzgewinne verhindern.[210]

---

206 *Crouse-Hinds Co. v. InterNorth, Inc.*, 1980-81 Trade Cases Nr. 63,763, S. 78,074 (N.D.N.Y. 1980).

207 *Lorie/Halpern*, J.L. & Econ. 13 (1970), 149, 150-155.

208 *Lorie/Halpern*, J.L. & Econ. 13 (1970), 149, 150-155.

209 Die Aufgabe dieser Position wurde begrüßt, *Baker/Blumenthal*, Cal.L.Rev. 71 (1983), 311, 339 f.

210 *Hovenkamp*, Antitrust, S. 294.

4. Aggregierte Konzentration

a) Entstehung der Theorie

Die *Antitrust Division* des *DOJ* verfolgte diesen Ansatz in den späten 1960er Jahren. Der Begriff „aggregierte Konzentration“ bezieht sich auf den Grad der Konzentration über verschiedene Märkte beziehungsweise die gesamte US-amerikanische Wirtschaft hinweg. Entscheidend ist also nicht die Analyse eines einzelnen Marktes. Stattdessen betrachtet diese Theorie verschiedene Märkte, in denen jeweils derselbe Konzern tätig ist. Das Merkmal „Wettbewerb“ in *Section 7 Clayton Act* sollte sich nicht auf einen einzelnen Markt beschränken, es sollte vielmehr auch mehrere Märkte betreffen.[211] Wettbewerb sei nämlich auch der wettbewerbliche Rahmen, der durch die Größe der Unternehmen und ihre Verteilung in der gesamten Wirtschaft bestimmt werde. Aggregierte Konzentration sei neben dem einzelnen Markt ein weiterer Aspekt des Wettbewerbs.[212] Die Berührungspunkte der Konzerne vervielfachten sich nämlich mit zunehmender Diversifizierung und Größe. Mit der steigenden Anzahl von Berührungspunkten könnten die Konzerne sich gegenseitig mit wettbewerblichen Vergeltungsmaßnahmen aber auch umso härter treffen. Deshalb vermieden sie wahrscheinlich aggressiven Wettbewerb. Es entstünde ein sich über mehrere Märkte erstreckendes Oligopol. Das damit einhergehende oligopolistische Verhalten und die wechselseitigen Geschäfte schädigten den Wettbewerb erheblich.[213]

In einer Reihe von Fällen folgte das *DOJ* dieser Argumentationslinie. Dies führte zu teilweise erheblichen Entflechtungen.[214]

b) Die weitere Entwicklung

Als die Gerichte die Gelegenheit hatten, sich mit der Theorie aggregierter Konzentration zu befassen, folgten sie ihr nicht.[215] Sie sahen sie nicht vom Wortlaut der *Section 7 Clayton Act* gedeckt. Die bloße Bildung von „Megakonzernen“ verstoße nicht gegen *Section 7 Clayton Act.* Nicht eine steigende gesamtwirtschaftliche Konzentration, sondern die fassbare Wahrscheinlichkeit einer erheb-

---

211 *U.S. v. Northwest Industries, Inc. and the B.F. Goodrich Co.*, Government's post-hearing brief in support of its motion for a preliminary injunction, June 20, 1969, S. 14 ff., im Volltext zitiert bei *Mueller,* The Celler-Kafauver Act, S. 103 ff.

212 *Donnem*, in: CCH Trade Regulation Reports (Hrsg.), 55,161-55,171, S. 55,170 ff.

213 *Mueller,* The Celler-Kafauver Act, S. 101 ff.

214 Auflistung bei *Shenefield*, Trade Regulation Reports 1978, 27, Fn. 32.

215 *United States v. Northwest Indus., Inc.*, 301 F.Supp. 1066, 1096 (N. D. Ill. 1969); *United States v. International Telephone & Telegraph*, 306 F.Supp. 766, 796 (D. Conn. 1969).

lichen Einschränkung des Wettbewerbs in einem konkreten Markt sei zu beweisen. Dieser Markt müsse dabei sowohl sachlich als auch geographisch definiert sein.[216] Es sei eine ökonomische Erklärung notwendig, warum aggregierte Konzentration den Wettbewerb einschränke. Sofern eine solche fehle, könne ein konglomerater Zusammenschluss nicht mit dem Hinweis auf allgemeine Konzentration untersagt werden.

Im Folgenden wendeten weder die Gerichte noch die Kartellbehörden die Theorie der aggregierten Konzentration jemals wieder an.

5. Aktuelle Rechtspraxis

Konglomerate Fusionen spielen in der aktuellen Rechtspraxis der USA derzeit, soweit ersichtlich, keine Rolle.

III. Die Merger Guidelines

1968 führte das *DOJ* erstmals *Merger Guidelines* ein. Die *Merger Guidelines,* die das *DOJ* und die *FTC* mittlerweile gemeinsam veröffentlichen, binden diese nicht. Sie geben jedoch einen hervorragenden Einblick in die jeweils aktuellen Überzeugungen und Prüfungsabläufe der Kartellbehörden. *Jonathan Baker*[217] stellte in einem Papier anlässlich des zwanzigsten Jubiläums der *Merger Guidelines 1982* dar, wie umfangreich die Planungen und Überlegungen sind, die in die *Merger Guidelines* jeweils einfließen.[218] Er betonte auch, dass sich das *DOJ* 1968 noch primär an *Supreme Court* Entscheidungen orientierte, während 1992 alleine die aktuelle ökonomische Diskussion für die *Guidelines* berücksichtigt

---

216 Vgl. *United States v. International Telephone & Telegraph,* 306 F.Supp. 766, 796 (D. Conn. 1969). In diesem Verfahren bezüglich einer einstweiligen Verfügung hatte das *DOJ* als Grund für seinen Eingriff noch alleine auf *economic concentration* im Allgemeinen verwiesen. Nachdem der *District Court* statuierte, dass das bloße Anführen von *economic concentration* nicht die Wahrscheinlichkeit einer konkreten Einschränkung des Wettbewerbs belege, passte das *DOJ* im Prozess seine Argumentation an: Aufgrund der dargelegten *economic concentration* seien wettbewerbsschädliche Konsequenzen *in numerous though undesignated individual lines of commerce* zu erwarten. Entschieden wies der *District Court* diese Wendung als zu einfach (*ingenious*) ab und verlangte die dargestellte genaue Bestimmung der betroffenen Märkte. Vgl. *United States v. International Telephone & Telegraph,* 324 F.Supp. 19, 52 (D. Conn. 1970).

217 *Jonathan Baker* war bei der Erstellung der *Merger Guidelines 1992* als *Deputy Assistant Attorney General for Economics* der *Antitrust Division* und 1997 als *Director des Bureau of Economics* der *FTC* bei der Überarbeitung der Effizienzanalysen beteiligt.

218 *Baker,* Entry in the Merger Guidelines.

wurde.[219] Anhand der *Merger Guidelines* lässt sich also nachvollziehen, wie sich die Positionen der *Antitrust Division* und der *FTC* entwickelt haben.[220] Da die US-amerikanische Regierung das leitende Personal beider Kartellbehörden einsetzt, veranschaulichen die Merger Guidelines auch die wettbewerbspolitische Ausrichtung der jeweiligen Regierung.

1. Merger Guidelines 1968

1968 erließ die *Antitrust Division* erstmals *Merger Guidelines*, um die Maßstäbe zu vermitteln, die das DOJ bei der Beurteilung von Zusammenschlüssen anlegte.[221] Allerdings betonte das *DOJ*, dass diese Guidelines lediglich die gegenwärtige Vorgehensweise darstellten. Diese könne sich ohne Ankündigung jederzeit ändern. Ausdrücklich riet das *DOJ*, *Business Reviews* zu beantragen, um Auskünfte zu konkreten Zusammenschlüssen zu erhalten.[222]

Zunächst führte das *DOJ* in den *Merger Guidelines 1968* allgemeine Aspekte seiner Politik aus. Demnach war die Grundlage jeder Zusammenschlusskontrolle die Marktstruktur. Sie entscheide über das Marktverhalten eines jeden Unternehmens. Deshalb sei sie besonders geeignet, um die Wahrscheinlichkeit einer Einschränkung des Wettbewerbs zu qualifizieren. Darüber hinaus biete der Maßstab der Marktstruktur eine hohe Rechtssicherheit. Er sei sowohl für *DOJ* als auch für die Wirtschaft handhabbar.[223]

Dieser Standard gelte allerdings nur beschränkt für konglomerate Zusammenschlüsse. Hier sei das Wissen noch lückenhaft. Deshalb sei eine rein marktstrukturbezogene Analyse hier nicht möglich. Die auf konglomerate Zusammenschlüsse abzielenden §§ 17-20 *Merger Guidelines 1968* seien daher nicht abschließend zu verstehen.[224] Auch andere konglomerate Zusammenschlüsse könnten den Wettbewerb schädigen.

In § 17 *Merger Guidelines 1968* nannte das *DOJ* dann zwei Konstellationen konglomerater Zusammenschlüsse, welche sowohl den Wettbewerb schädigten als auch spezifisch genug seien, um sie explizit in den Guidelines zu erfassen.

---

219 *Baker*, Entry in the Merger Guidelines, S. 2.

220 Vgl. § 1 *Horizontal Merger Guidelines* 2010.

221 § 1 *Merger Guidelines 1968*.

222 § 1 *Merger Guidelines 1968*. Diese *Business Reviews* können im Hinblick auf konkrete Zusammenschlüsse bei dem *DOJ* beantragt werden. In der Geschäftswelt sind sie jedoch wenig populär, da mit der Beantragung einerseits der konkrete Zusammenschluss bekannt gemacht wird und das *DOJ* andererseits keine Auskünfte über die voraussichtliche Dauer der Reviews gibt. Darüber hinaus ist das *DOJ* auch nicht an seine im Business Review abgegebene Einschätzung gebunden. Vgl. *Broder*, US Antitrust Law, S. 177.

223 § 2 *Merger Guidelines 1968*.

224 § 2 *Merger Guidelines 1968*.

Das waren Zusammenschlüsse potenzieller Wettbewerber und Fusionen, welche Wechselseitigkeitsgeschäfte ermöglichten.

Hinsichtlich der *Potential Competition* Theorie nannte das *DOJ* konkrete Konzentrationsgrade im Zielmarkt, oberhalb derer der Wettbewerb nach einem Zusammenschluss geschädigt werden könnte.[225] Effizienzgewinne könnten einen Zusammenschluss, der nach der *Potential Competition* Theorie den Wettbewerb einschränkt, nicht rechtfertigen. Gleichwertige Effizienzgewinne seien regelmäßig auch durch interne Expansion (also einen *de novo entry*) oder durch den Erwerb eines kleineren Wettbewerbers (also einen *toehold entry*) zu realisieren.

Wechselseitigkeitsgeschäfte adressierte das *DOJ* in § 19a *Merger Guidelines 1968*. Eine signifikante Gefahr von Wechselseitigkeitsgeschäften sei gegeben, wenn mehr als 15 Prozent der Abnehmer des Marktes, auf dem einer der Fusionsbeteiligten seine Produkte vertreibt, gleichzeitig an den anderen Fusionsbeteiligten ihre Produkte verkaufen. Der andere Fusionsbeteiligte müsse allerdings einer der wichtigsten Abnehmer in dem jeweiligen Markt sein. Außerdem wurde gemäß § 19b *Merger Guidelines 1968* gegen jede Fusion vorgegangen, bei der eine oder beide der beteiligten Firmen bereits für Wechselseitigkeitsgeschäfte bekannt waren. Auch hier konnten Effizienzgewinne den Zusammenschluss nicht rechtfertigen.[226]

In § 20 *Merger Guidelines 1968* formulierte das *DOJ* eine Art Auffangklausel. Es werde jede Fusion untersagen, welche in einem relativ konzentrierten oder sich schnell konzentrierenden Markt stattfinde und die Gefahr von *Entrenchment* mit sich bringe. Darüber hinaus sei generell festzuhalten, dass auch sonstige konglomerate Zusammenschlüsse problematisch sein könnten. Es sei insofern immer eine Einzelfallprüfung notwendig.

Das *DOJ* bezog sich also in den *Merger Guidelines 1968* hinsichtlich konglomerater Zusammenschlüsse immer wieder auf die Marktstruktur, insbesondere Marktanteile. Vertikale Verbindungen im Rahmen von Wechselseitigkeitsgeschäften wurden sehr kritisch gesehen. Effizienzgewinne sollten bei der Analyse eines Zusammenschlusses nicht berücksichtigt werden. Diese Aspekte verdeutlichen die damalige Nähe des DOJ zur *Harvard School.*

2. Merger Guidelines 1982

14 Jahre nach Einführung der ersten *Merger Guidelines* überarbeitete das *DOJ* diese weitgehend. Nunmehr folgten die *Guidelines* einer neuen Linie. Grundsätzlicher Bewertungsmaßstab für Unternehmenszusammenschlüsse war nunmehr

---

225 § 18 *Merger Guidelines 1968.*

226 § 19c *Merger Guidelines 1968.*

die Marktmacht.[227] Marktmacht führe zu einem Transfer von Reichtum von Käufer zu Verkäufer und damit zu einer Misallokation von Ressourcen. Sie müsse deshalb verhindert oder kontrolliert werden. Sie liege vor, sofern einzelne oder mehrere Firmen in der Lage seien, die Preise über dem Niveau zu halten, welches bei perfektem Wettbewerb bestünde. Der Preis war also einziger Indikator für Marktmacht.

Die *Merger Guidelines 1982* unterschieden nur noch horizontale und nichthorizontale Zusammenschlüsse. Konglomerate Zusammenschlüsse wurden nicht explizit erwähnt. Innerhalb der nichthorizontalen Zusammenschlüsse gab es in IV. A. *Merger Guidelines 1982* eine eigene Kategorie für Fälle der *elimination of specific potential entrants* als horizontalen Effekt nichthorizontaler Zusammenschlüsse. Darüber hinaus gab die *Antitrust Division* es auf, konglomerate Zusammenschlüsse zu kontrollieren. Die *Reciprocity-Theorie* wurde gestrichen.

Auch die Position zu Effizienzgewinnen ändert sich. Sie konnten zwar gemäß Abschnitt V. A. *Merger Guidelines 1982* regelmäßig nicht berücksichtigt werden, jedoch nur, weil sie schwierig zu beweisen und zu quantifizieren seien.

Das *DOJ* positionierte sich wettbewerbspolitisch also grundsätzlich neu. Ursache dafür war die Wahl 1980 von Ronald Reagan zum Präsidenten. Dieser setzte William Baxter, einen Anhänger der *Chicago School*, als Leiter der *Antitrust Division* des *DOJ* ein.[228] Das *DOJ* wechselte dann rasch von seiner primär strukturbezogenen zu einer preisbezogenen Sichtweise. Dies entspricht der Sichtweise der *Chicago School*. Die *Chicago School* hatte schließlich Effizienz stets als das Ziel des Wettbewerbs gesehen und hielt den Preis insoweit für den entscheidenden Indikator. Effizienz drücke sich in möglichst niedrigen Preisen für die Verbraucher aus.[229] Dieser Linie folgte das *DOJ* mit den *Merger Guidelines 1982*. Die Einflüsse der *Harvard School* schwanden.[230]

3. Non-Horizontal Merger Guidelines 1984

In den *Non-Horizontal Merger Guidelines 1984* verstärkte sich der Trend zu den Lehren der *Chicago School*. Auf den Preis bezogene Marktmacht blieb das be-

---

227 Abschnitt I *Merger Guidelines 1982*.

228 Auch bei der *FTC* setzte er mit Chairman James C. Miller und Commissioner George Douglas zwei bekennende Anhänger der *Chicago School* als neue Leiter ein.

229 *Bork*, Antitrust Paradox, S. 108.

230 *Weston*, GRUR Int 1984, 125, 127 hat dargestellt, dass diese Entwicklung auch durch Fortbildungen der Bundesrichter bedingt war. Diese fanden häufig am *Law and Economics Center* statt, dessen Seminare sich stark nach den Lehren der *Chicago School* richteten. Gleichzeitig ernannte die Regierung unter *Ronald Reagan* bewusst Richter, die den Lehren der *Chicago School* folgten; *Kauper*, in: Pitofsky (Hrsg.), S. 40, 44.

stimmende Kriterium der Zusammenschlusskontrolle. Effizienzgewinne sollten bei nichthorizontalen Zusammenschlüssen nunmehr berücksichtigt werden. Es wurden in *Section* 3.5 *Non-Horizontal Merger Guidelines 1984* sogar denkbare Formen von Effizienzen aufgelistet. Letztlich statuierten die Leitlinien ausdrücklich, dass nichthorizontale Zusammenschlüsse Effizienz generell förderten.[231]

Das DOJ hatte damit die weitgehend positive Haltung der *Chicago School* gegenüber nichthorizontalen Zusammenschlüssen übernommen.

4. Horizontal Merger Guidelines 1992 und 1997

Die *Horizontal Merger Guidelines 1992* und die *Horizontal Merger Guidelines 1997* betrafen ausschließlich horizontale Zusammenschlüsse. Hinsichtlich konglomerater Zusammenschlüsse gilt weiterhin *Section* 4 der *Merger Guidelines* 1984. Auch ansonsten änderten die neuen Guidelines die Kontrollpolitik der Kartellbehörden nicht gravierend.

5. Horizontal Merger Guidelines 2010

Am 19.08. 2010 veröffentlichten die Kartellbehörden die *Horizontal Merger Guidelines 2010*. Diese zielen zwar nur auf horizontale Zusammenschlüsse ab, da aber die neue Exekutive sie erließ, zeigen die *Guidelines* die grundsätzliche Position der Kartellbehörden in Wettbewerbsfragen.

Den *Horizontal Merger Guidelines 2010* zufolge soll *Section 7 Clayton Act* wettbewerbliche Probleme bereits im Entstehen bekämpfen. Gemäß § 1 *Horizontal Merger Guidelines 2010* könne allerdings nur selten unumstößlich bestimmt werden, was den Wettbewerb schädigt. Deshalb könnten Unternehmenszusammenschlüsse auch dann untersagt werden, wenn sie nicht mit Gewissheit den Wettbewerb schädigten.

Marktmacht ist weiterhin der wesentliche Anknüpfungspunkt der Guidelines. Die diesbezüglichen Indikatoren sind aber sehr weit gefasst. So indiziere ein Zusammenschluss Marktmacht, falls er Unternehmen anrege, Preise zu erhöhen, den Ausstoß, die Qualität oder den Service zu reduzieren, Innovation zu vernachlässigen oder Verbraucher anderweitig zu schädigen. Preiskontrolle ist damit das erste Mal ausdrücklich nur ein möglicher Indikator von Marktmacht. Die neuen *Horizontal Merger Guidelines* benutzen somit einen wesentlich flexibleren und offeneren Begriff von Marktmacht als die früheren Guidelines. Die Wettbewerbsparameter der Innovation, der Qualität und des Service drücken ein

---

231 *Section* 4.24 *Non-Horizontal Merger* 1984.

dynamisches Wettbewerbsverständnis aus, das der Sichtweise der Vertreter der *Post-Chicago*-Bewegung entspricht.

Außerdem betrachten die Kartellbehörden Marktmacht nunmehr langfristig. In *§§ 1 und 2.2.2. Horizontal Merger Guidelines 2010* wird erläutert, dass Marktmacht, die aus einer Fusion entsteht, anschließend genutzt werden kann, um profitabel und effektiv Wettbewerber zu verdrängen. Indem die Kartellbehörden Verdrängungsstrategien erwähnen, legitimieren sie auch komplexe, möglicherweise weit in die Zukunft reichende Prognosen, die spieltheoretische Erkenntnisse verwenden. Sie vertrauen auch bei längerfristiger Betrachtung nicht stets auf die Selbstheilungskräfte des Marktes.

Mit den *Horizontal Merger Guidelines 2010* orientieren sich die US-amerikanischen Kartellbehörden neu. Sie rücken von einer „orthodoxen" *Chicago School* ab. Allerdings erfassen diese Leitlinien konglomerate Zusammenschlüsse nicht. Die neue Position der Kartellbehörden bietet aber auch im Hinblick auf konglomerate Zusammenschlüsse Spielraum für neue und andere Argumentationsweisen. Da die Behörden nicht an die *Non-Horizontal Merger Guidelines 1984* gebunden sind, könnten sie zukünftig auch bezüglich konglomerater Zusammenschlüsse eine kritischere Haltung einnehmen.

IV. Sonstige neuere Entwicklungen in Praxis und Wissenschaft

1. Rechtsprechung

Die Theorie der aggregierten Konzentration wurde formell aufgehoben.[232] Für die *Reciprocity-Theorie* und die *Entrenchment-Theorie* gilt das nicht. Allerdings fehlte wohl einfach die Möglichkeit zu entsprechenden Entscheidungen. Denn die konservative Mehrheit des *Supreme Court* hat kürzlich eine der *Chicago School* entnommene Lehre gegen das liberale Minderheitsvotum durchgesetzt.[233] Dieses Urteil gilt als Ausdruck einer wettbewerbspolitischen Grundüberzeugung.[234] An dieser Grundüberzeugung werden sich auch die unteren Gerichte orientieren. Weil die Anhänger der *Chicago School* die *Reciprocity-Theorie* und

---

232 Siehe Fn. 215.

233 Der Supreme Court hat in *Leegin Creative Leather Products, Inc. v. PSKS, Inc.*, 551 U.S. 877 (2007) nämlich den bisher geltenden Präzedenzfall *Dr. Miles Medical Co. v. John D. Park & Sons Co.*, 220 U.S. 373 (1911) verworfen. Vertikale Preisbindungen sind nunmehr nicht mehr per se illegal. Stattdessen hat der *Supreme Court* eine *rule of reason* etabliert und vor allem die positiven Wirkungen vertikaler Vereinbarungen hervorgehoben.

234 *Fox*, in: Pitofsky (Hrsg.), S. 77, 82 und 86; *Sosnitza/Hoffmann*, AG 2008, 107, 108.

die *Entrenchment-Theorie* aber ablehnen, wird der *Supreme Court* sie nicht stützen.

Potenzieller Wettbewerb könnte theoretisch auch bei konglomeraten Zusammenschlüssen eine Rolle spielen. Doch hat es lange keine Gerichtsprozesse bezüglich konglomerater Zusammenschlüsse mehr gegeben. Auch hier ist mangels gegenteiliger Anhaltspunkte davon auszugehen, dass die Gerichte weiter der *Chicago School* folgen und konglomerate Fusionen für nicht problematisch erachten.

2. FTC und DOJ

Die Positionen von *FTC* und *DOJ* haben sich innerhalb des letzten Jahrzehnts klar verändert. Anlässlich der Fusion *GE/Honeywell* äußerten sich die damaligen Repräsentanten der Behörden zu konglomeraten Zusammenschlüssen.

Überwiegend kritisierten sie Untersagungen konglomerater Zusammenschlüsse am Beispiel der Fusion *GE/Honeywell* energisch.[235] Zweck des Kartellrechts und damit der Fusionskontrolle sei der Schutz des Wettbewerbs im Gegensatz zum Schutz der Wettbewerber.[236] Europa bestrafe *GE* alleine deshalb, weil es durch den Zusammenschluss mit Honeywell effizienter würde und einen Wettbewerbsvorteil (*competitive advantage*) hätte. Ziel des Kartellrechts sei es aber, Effizienzgewinne gerade zu fördern. Sie führten letztlich zu niedrigeren Preisen für die Verbraucher.[237] Die Theorien der Europäischen Kommission seien weder ökonomisch fundiert noch empirisch belegt.[238]

Teilweise wurde stärker differenziert. Ein konglomerater Zusammenschluss könne eine wettbewerbswidrige Kopplungs- oder Bündelungsstrategie ermöglichen, die den Markt abschotte. Eine diesbezügliche Prognose übersteige jedoch die Fähigkeit der Kartellbehörden. Es sei daher höchst spekulativ, konglomerate Fusionen zu untersagen, und würde dem Wettbewerb lediglich schaden.[239] Generell sei ein Zusammenschluss zu genehmigen, wenn seine Auswirkungen unsicher seien.[240]

---

235 *Choi*, in: Ghosal/Stennek (Hrsg.), S. 241, 249 ff. stellt die Reaktionen ausführlich dar.

236 *James,* International Antitrust, S. 6.

237 *Department of Justice,* Submission, S. 2; *James,* International Antitrust, S. 6; *Charles James* war *Assistant Attorney General* der *Antitrust Division*; *Kolasky*, Antitrust Bull. 49 (2004), 29, 35; *William Kolasky* war 2001-2002 *Deputy Assistant Attorney General* der *Antitrust Division.*

238 *James,* International Antitrust, S. 7.

239 *Department of Justice,* Submission, S. 4; *Kolasky*, Antitrust Magazine 20 (2006), 69, 73.

240 *Kolasky*, Antitrust Magazine 20 (2006), 69, S. 73; vgl. auch *Rosch,* Challenge, S. 8 f.; *Thomas Rosch* ist Commissioner der *Federal Trade Commission*, er stellt diese verbreitete Ansicht innerhalb der *FTC* jedoch lediglich dar, ohne sie ausdrücklich zu teilen.

Einzelne US-amerikanische Beamte machten Zugeständnisse an die Position der Europäischen Kommission. Ziel des Kartellrechts sei zwar nicht der Schutz der Wettbewerber, sondern der Schutz des Wettbewerbs. Doch könne natürlich die kurzfristige Eliminierung ineffizienter Marktteilnehmer langfristig den Wettbewerb beschränken.[241] Allerdings entsprach diese Aussage wohl nicht der Ansicht der Mehrheit der Mitarbeiter in den Kartellbehörden. Trotz der dargestellten Äußerungen hat der ehemalige Vorsitzende der *FTC*, *Robert Pitofsky*, noch 2005 einen Konsens in den USA festgestellt, dass konglomerate Unternehmenszusammenschlüsse generell wettbewerblich unbedenklich seien. Einzige Ausnahme könne der Wegfall potenziellen Wettbewerbs sein.[242]

Mit der Regierung wechselte 2009 dann auch das Führungspersonal der US-amerikanischen Kartellbehörden. Christine A. Varney wurde neue *Assistant Attorney General* der *Antitrust Division* des *DOJ* und Richard A. Feinstein neuer Leiter des *Bureau of Competition* der *FTC*. Sie stellten bei verschiedenen Gelegenheiten ihre Positionen zur Fusionskontrolle dar. Mehrfach äußerte Christine Varney dabei die Absicht, eine wesentlich rigidere Fusionskontrolle einzuführen.[243] Die Politik ihrer an der *Chicago School* orientierten Vorgänger sei zu freigiebig gewesen. Der Glaube an die Selbstheilungskräfte und Rationalität der Märkte habe den Wettbewerb nicht gefördert, sondern ihm geschadet.[244] Sie bezog dies ausdrücklich auch auf vertikale Zusammenschlüsse.[245] Zu konglomeraten Fusionen nahm sie jedoch nicht Stellung. Sie erwähnte aber wenigstens die Argumentationen der Hebelwirkung und der Verschließung von Märkten.[246] Diese können auch bei konglomeraten Zusammenschlüssen anwendbar sein. Auch faktisch distanzierte sie sich beinahe radikal von der Politik ihrer Vorgänger. In ihren ersten Wochen im Amt nahm sie sofort den alten *Commentary on the Horizontal Merger Guidelines* zurück, der erst 2006 veröffentlicht worden war und klar an der bisherigen Politik der Kartellbehörden festgehalten hatte. Auch anderes Personal der Kartellbehörden rückte von den ehemals vertretenen Positionen ab. Angesichts der Wirtschaftskrise wurden klassische Thesen zur Funktionsfähigkeit freier Märkte in Frage gestellt und eine striktere Fusionskontrolle angekündigt.[247] Sogar die neuen *Horizontal Merger Guidelines 2010* stehen bereits in

241 *Leary*, Merger Enforcement, Abschnitt II.
242 *Pitofsky*, U.Chi.L.Rev. 72 (2005), 209, 218.
243 *Varney*, Antitrust Enforcement, S. 16.
244 *Varney*, Antitrust Enforcement, S. 4 f.
245 *Varney*, Antitrust Enforcement, S. 16.
246 *Varney*, Antitrust Enforcement, S. 9 f.
247 *Rosch*, Terra Incognita, S. 2 f., *Thomas Rosch* ist ein *Commissioner* der FTC und hat aaO. auch eine striktere Kontrolle nichthorizontaler Zusammenschlüsse angedeutet, S. 13 f.

der Kritik aus den Reihen der FTC, weil sie immer noch zu sehr auf den Preis fokussiert seien.[248]

3. Wissenschaft

In der US-amerikanischen betriebswirtschaftlichen Literatur überwiegt die Überzeugung, dass stark diversifizierte Unternehmen weniger erfolgreich sind als ihre auf das Kerngeschäft konzentrierten Wettbewerber.[249] Das hat wohl die eher unkritische Haltung zu konglomeraten Zusammenschlüssen begünstigt. In der Kartellrechtsliteratur findet sich häufig nur die Aussage „*Conglomerate mergers (...) are no longer an object of antitrust concern*“[250]. Allerdings haben Vertreter der *Post-Chicago*-Lehre bereits Situationen identifiziert, in denen konglomerate Zusammenschlüsse den Wettbewerb schädigen.[251] Außerdem wird teilweise eine generell striktere Fusionskontrolle gefordert.[252]

V. Zusammenfassung

Bis Mitte der 1970er Jahre folgte die US-amerikanische Wettbewerbspolitik der *Harvard School.* Diese sah wirtschaftliche Konzentration kritisch. Das galt auch für konglomerate Zusammenschlüsse. Man entwickelte die *Potential Competition* Theorie, die *Entrenchment-Theorie*, die *Reciprocity-Theorie* sowie die Theorie der aggregierten Konzentration, anhand derer konglomerate Fusionen untersagt werden konnten. Die *Potential Competition* Theorie und die *Reciprocity-Theorie* fanden auch Eingang in die *Merger Guidelines 1968* des *DOJ*. Wegen dieser Theorien wurden diverse konglomerate Zusammenschlüsse untersagt.

Ab Mitte der 1970er orientierten sich die Kartellbehörden und die Gerichte neu. Die Theorie der aggregierten Konzentration wurde rasch aufgegeben. Personalwechsel im *Supreme Court* und den Kartellbehörden verstärkten den Trend zur *Chicago School*. Die *Merger Guidelines 1982* enthielten nur noch die *Poten-*

---

248 *Rosch,* Statement.

249 Vgl. z. B. die Studien *Berger/Ofek*, J.Fin.Econ. 1995, 39; *Lang/Stulz*, J.Pol.Econ. 102 (1994), 1248, *Mueller*, Rev.Econ. & Stat. 67 (1985), 259; *Porter*, Harvard Bus.Rev. 65 (1987), 43, 43; *Ravenscraft/Scherer,* Mergers, S. 192; und *Waldman*, Nebr.J.Econ. 22 (1983), 24, 42 f. Allerdings gibt es auch neuere Forschungsergebnisse, die die pauschale Aussage, diversifizierte Unternehmen seien wenig erfolgreich, relativieren, *Gomes/Livdan*, J.Fin. 59 (2004), 507; *Hyland*, J.Econ. & Fin. 32 (2008), 294.

250 *Posner,* Antitrust Law, S. 131 Fn. 30.

251 Vgl. hierzu ausführlich Teil 2, Kapitel A.

252 *Baker/Shapiro*, in: Pitofsky (Hrsg.), S. 235, 235 ff.

tial Competition Theorie als Ansatz, der auch auf konglomerate Zusammenschlüsse anwendbar war. In den *Non-Horizontal Merger Guidelines* 1984 werden konglomerate Zusammenschlüsse nur noch am Rande erwähnt, sie galten fortan als wettbewerblich unbedenklich.

Neueste Entwicklungen indizieren, dass die Kartellbehörden diese Position in Frage stellen. In der derzeitigen Fusionskontrollpolitik haben Elemente der *Post-Chicago*-Lehre an Bedeutung gewonnen. Ein Wechsel der Wettbewerbspolitik scheint möglich.

D. Beurteilung konglomerater Unternehmenszusammenschlüsse in Europa

Im Vergleich zur US-amerikanischen Fusionskontrolle ist das europäische Gegenstück noch jung. 1989 regelte die VO Nr. 4064/1989[253] die Fusionskontrolle auf europäischer Ebene erstmals umfassend. Am 01.05.2004 ersetzte die VO Nr. 139/2004, die aktuelle FKVO[254], die VO Nr. 4064/1989. Auch die meisten Leitentscheidungen für konglomerate Zusammenschlüsse[255] wurden erst in jüngerer Zeit getroffen.

Die Leitlinien der Kommission ergänzen diese Regelungen und Entscheidungen. 2004 veröffentlichte die Kommission die „Leitlinien zur Bewertung horizontaler Zusammenschlüsse gemäß der Ratsverordnung über die Kontrolle von Unternehmenszusammenschlüssen“ („Horizontalleitlinien“)[256]. Ende 2007 folgten die Nichthorizontalleitlinien[257].

I. Rechtsgrundlage Art. 2 FKVO

1. Entstehungsgeschichte

Der bis 2004 gültige Art. 2 Abs. 3 VO Nr. 4064/1989 untersagte Zusammenschlüsse, „die eine beherrschende Stellung begründen oder verstärken, durch die wirksamer Wettbewerb im Gemeinsamen Markt oder in einem wesentlichen Teil desselben erheblich behindert würde“.

---

253 ABl. 1990 L 257/13.

254 Im Folgenden wird nur noch die Bezeichnung „FKVO“ verwendet.

255 Vgl. diesbezüglich Teil 1, Kapitel D.II.

256 ABl. 2004 C 31/5.

257 ABl. 2008 C 265/6.

Mit wenigen Ausnahmen[258] war in der Praxis nur relevant, ob ein Zusammenschluss eine marktbeherrschende Stellung begründete oder verstärkte.[259] Dieser „Marktbeherrschungstest" orientierte sich stark an der Marktstruktur.[260] Es war äußerst streitig, ob die erhebliche Behinderung wirksamen Wettbewerbs neben ihm überhaupt ein eigenes Tatbestandsmerkmal war.[261] Formell gingen die europäischen Gerichte von zwei Tatbestandsmerkmalen aus. Allerdings prüften sie regelmäßig nur, ob eine marktbeherrschende Stellung begründet oder verstärkt wurde, so dass die Marktbeherrschung vielfach als das einzig gültige Kriterium galt.[262]

2000 regte die Kommission an, die gesamten materiell- und verfahrensrechtlichen Vorschriften der FKVO zu überprüfen.[263] Daraufhin wurden vielfältige Änderungen der europäischen Fusionskontrolle diskutiert. Großbritannien und Irland drängten darauf, den US-amerikanischen SLC-Test zu übernehmen und führten ihn selbst in ihren nationalen Fusionskontrollrechten ein.[264] Andere Länder, darunter auch Deutschland, wollten hingegen den etablierten und bekannten Standard des Marktbeherrschungstests nicht aufgeben.[265]

Am 01.05.2004 trat die aktuell gültige Fassung der FKVO in Kraft. Sie stellt einen Kompromiss zwischen den dargestellten Positionen dar. Art. 2 FKVO enthält in Abs. 2 und Abs. 3 den neuen „SIEC-Test". Nach Art. 2 Abs. 3 FKVO sind nun „Zusammenschlüsse, durch die wirksamer Wettbewerb im Gemeinsamen Markt oder in einem wesentlichen Teil desselben erheblich behindert würde, insbesondere durch Begründung oder Verstärkung einer beherrschenden Stellung (...), für mit dem Gemeinsamen Markt unvereinbar zu erklären". Art. 2 Abs. 2 FKVO enthält eine spiegelbildliche Regelung. Liegen die genannten Kriterien nicht vor, so ist der Zusammenschluss freizugeben.[266] Die Bezeichnung „SIEC-Test" stammt von den Anfangsbuchstaben des entscheidenden Teilsatzes der Vorschrift im englischen Wortlaut. Dieser lautet *„Significantly Impede Effective Competition"*.

Die Neufassung des Art. 2 FKVO verfolgte verschiedene Ziele. Erstens sollte eine in der Diskussion stehende Lücke der alten Vorschrift geschlossen werden.

---

258 EuG 19.05.1994, Rs. T-2/93, Slg. 1994, II-323, Tz. 78 f. – *Air France/Kommission.*

259 *Baron* in: Bunte, Art. 2 FKVO, Rn. 138.

260 *Immenga/Körber* in: IM Bd. I, Art. 2 FKVO, Rn. 3.

261 *Wagemann* in *Wiedemann* (Hrsg.), Handbuch des Kartellrechts, § 16 Rn. 81, Fn. 265 mit zahlreichen Nachweisen.

262 *Riesenkampff/Lehr* in: Lowenheim/Meessen/Riesenkampff, Art. 2 FKVO, Rn. 56.

263 *Europäische Kommission,* Grünbuch.

264 *Böge*, WuW 2004, 138, 143, *Hermann,* Untersagungskriterium, S. 40; *Immenga/Körber* in: IM Bd. I, Art. 2 FKVO, Rn. 29.

265 *Böge*, WuW 2004, 138, 143.

266 Im Folgenden wird jeweils nur noch auf einen der Absätze verwiesen.

Art. 2 Abs. 3 VO Nr. 4064/1989 erfasste nämlich nach teilweise vertretener Ansicht bestimmte wettbewerbsschädigende Zusammenschlüsse in oligopolistisch strukturierten Märkten nicht.[267] Zweitens sollte das Kriterium der Marktbeherrschung erhalten bleiben, um auf die etablierte Rechtsprechung zurückgreifen zu können.[268] Drittens sollte die neue Vorschrift es erleichtern, Effizienzgewinne zu berücksichtigen.[269]

Ursprünglich wollte man sich außerdem dem US-amerikanischen SLC-Test annähern.[270] Es ist jedoch unklar, ob dieser Gedanke bei der eigentlichen Reform noch eine Rolle spielte.[271]

Die Reaktionen auf die neue Regelung waren gemischt. Teilweise herrschte Unmut über die Gesetzesänderung.[272] Es sei ein „rechtliches Novum" ersonnen worden, welches Rechtsunsicherheit schaffe.[273] Die Gesetzesänderung gebe der Kommission zu viel Spielraum.[274] Die Gegenseite begrüßte die Änderung hingegen. Die neue Vorschrift lasse ein stärker ökonomisches Vorgehen der Kommission erwarten. Der SIEC-Test sei das „eindeutig klarere Konzept".[275]

2. Der SIEC-Test

Nach Art. 2 Abs. 2 FKVO ist entscheidend, ob ein Zusammenschluss den wirksamen Wettbewerb im Binnenmarkt oder in einem wesentlichen Teil desselben erheblich behindert. Die Begründung einer marktbeherrschenden Stellung ist diesem Kriterium untergeordnet. Deshalb bezeichnet die Lehre die Begründung einer marktbeherrschenden Stellung vielfach als „Regelbeispiel" eines Zusammenschlusses, der den wirksamen Wettbewerb erheblich einschränkt.[276]

Eine Fusion, die eine marktbeherrschende Stellung begründet oder verstärkt, ist jedoch kein bloßes „Regelbeispiel" einer erheblichen Behinderung des wirksamen Wettbewerbs. Sie ist eher ihr „Regelfall"[277]. Bei dem primär im Strafrecht

---

267 Erwägungsgrund 25 FKVO.

268 Erwägungsgrund 26 FKVO.

269 *Europäische Kommission,* Grünbuch, Tz. 160.

270 *Europäische Kommission,* Grünbuch, Tz. 168.

271 *Böge*, WuW 2004, 138, 143 f.

272 Vgl. nur die Kommentare von *Mestmäcker*, WuW 2004, 135, 135 und *Tilmann*, WuW 2004, 3, 3.

273 *Böge*, WuW 2004, 138, 143 f.; *Hermann,* Untersagungskriterium, S. 468.

274 *Böge*, WuW 2004, 138, 143 ff.; *Mestmäcker*, WuW 2004, 135, 135.

275 *Kerber/Schwalbe* in: MüKoEuWettbR, Einleitung H, Rn. 1334.

276 *Immenga/Körber* in: IM Bd. I, Art. 2 FKVO, Rn. 183; *Montag/v. Bonin* in: MüKoEuWettbR, Art. 2 FKVO, Rn. 23; *Kling/Thomas,* Kartellrecht, § 9 Rn. 104; *Rittner/Kulka,* Kartellrecht, § 13 Rn. 54.

277 Diesen Begriff verwendet *Baron* in: Bunte, Art. 2 FKVO, Rn. 11; *Emmerich,* Kartellrecht, § 16 Rn. 20 spricht ähnlich treffend von einem „Anwendungsfall".

verwendeten Begriff des Regelbeispiels ist nämlich nicht zwangsläufig der übergeordnete Tatbestand erfüllt, wenn das Regelbeispiel erfüllt ist.[278] Bei Art. 2 Abs. 2 und Abs. 3 FKVO trifft aber das Gegenteil zu. Begründet ein Zusammenschluss eine marktbeherrschende Stellung, so schränkt er den Wettbewerb ein. Dass zeigt schon das Wort „insbesondere". Die Wissenschaft kommt zu dem gleichen Ergebnis.[279] Die Kommission wendet Art. 2 Abs. 2 und Abs. 3 FKVO ebenfalls in diesem Sinn an.[280] Die Zusammenschlüsse, die eine marktbeherrschende Stellung begründen oder verstärken, sind eine Teilmenge der Zusammenschlüsse, die den wirksamen Wettbewerb erheblich behindern.

Art. 2 Abs. 2 FKVO lässt offen, welche Zusammenschlüsse den Wettbewerb erheblich behindern, obwohl sie keine marktbeherrschende Stellung begründen oder verstärken. Deshalb versuchte die Kommission, diese Fälle in den Erwägungsgründen 25 und 26 FKVO einzugrenzen. Nach Erwägungsgrund 25 FKVO soll der Begriff der erheblichen Behinderung des wirksamen Wettbewerbs sich „über das Konzept der Marktbeherrschung hinaus ausschließlich auf diejenigen wettbewerbsschädigenden Auswirkungen eines Zusammenschlusses" erstrecken, „die sich aus nicht koordiniertem Verhalten von Unternehmen ergeben, die auf dem jeweiligen Markt keine beherrschende Stellung haben würden". Das betrifft die genannten Zusammenschlüsse in oligopolistisch strukturierten Märkten, bei denen nach teilweise vertretener Ansicht der Marktbeherrschungstest versagte.[281] Zwar sind die Erwägungsgründe nicht Teil der FKVO, aber wenigstens im Rahmen einer teleologischen Auslegung sind sie von den Gerichten zu berücksichtigen.

Tatsächlich hat der Marktbeherrschungstest seitdem in den Entscheidungen der Kommission an Bedeutung verloren. *Säcker* hat die Fusionskontrollverfahren gemäß Art. 2 Abs. 2 FKVO bis 2010 ausgewertet.[282] In diesem Zeitraum untersagte die Kommission nur eine Fusion. Sie berief sich dabei auf den Marktbeherrschungstest.[283] Indessen wendete sie bei vielen Zusammenschlüssen, die sie unter Auflagen oder Bedingungen freigab, ausschließlich den SIEC-Test an. Die Frage, ob der jeweilige Zusammenschluss eine marktbeherrschende Stellung ver-

278 *Radtke* in: Joecks/Miebach, § 12, Rn. 16.

279 *Baron* in: Bunte, Art. 2 FKVO, Rn. 12; *Riesenkampff/Lehr* in: Lowenheim/Meessen/Riesenkampff, Art. 2 FKVO, Rn. 57; *Emmerich,* Kartellrecht § 16 Rn. 23 ff.; *Holscher,* Untersagungstatbestand, S. 184.

280 Horizontalleitlinien, ABl. 2004 C 31/5, Tz. 2: „Die Begründung oder Verstärkung einer beherrschenden Stellung ist die wichtigste Form einer solchen Schädigung des Wettbewerbs."

281 Insbesondere große Teil der deutschen Literatur sahen derartige Konstellationen allerdings auch vom Marktbeherrschungstest erfasst. *Bundeskartellamt,* Untersagungskriterium, S. 35; *Mestmäcker*, WuW 2004, 135, 135; *Monopolkommission,* Hauptgutachten XV, Rn. 232 ff.

282 *Säcker*, WuW 2010, 370, 370.

283 Kommission 27.06.2007, M.4439, WuW/E EU-V 1233, v.a. Tz. 540 – *Ryanair/Air Lingus.*

stärkte oder begründete, verfolgte sie nur, wenn die fusionierte Einheit einen weit höheren Marktanteil als die Wettbewerber hatte.[284]

Das SIEC-Kriterium hat damit eigenständige Bedeutung erlangt. Der Prüfungsmaßstab der europäischen Fusionskontrolle hat sich verändert.[285] Jedoch hat er soweit ersichtlich die Ergebnisse der Fusionskontrollverfahren noch nicht entscheidend beeinflusst.

Es werden jedoch bei gewissen Sachverhaltskonstellationen neue Ergebnisse für möglich gehalten. Das gilt vor allem für die genannten Zusammenschlüsse in oligopolisierten Märkten, für die eine Lücke der alten Vorschrift angenommen wurde. Auch für Portfolio- oder Markterweiterungsfälle wird ein gegenüber der alten Vorschrift erweiterter Anwendungsbereich angenommen.[286] In diesen Fällen könnten sich Möglichkeiten für Tying- oder Bundling ergeben, die den Wettbewerb erheblich schädigten, ohne dass auf einem Markt eine marktbeherrschende Stellung entstehe. Gerade diese Konstellation betrifft auch konglomerate Unternehmenszusammenschlüsse.[287]

Nominell steht fest, dass der Prüfungsmaßstab der europäischen Fusionskontrolle der SIEC-Test ist. Aber es ist noch offen, ob dieser Maßstab in einzelnen Fällen neue Ergebnisse bewirkt. Jedenfalls ist der Anwendungsbereich der europäischen Fusionskontrolle durch seine Einführung, falls er überhaupt verändert wurde, ausgeweitet worden.

3. Ökonomische Methoden

Der SIEC-Test wird teilweise als ein Ergebnis des *More Economic Approach* der Kommission gesehen.[288] Der SIEC-Test erleichtere es, diese ökonomischen Methoden in der Fusionskontrolle anzuwenden.[289]

Der *More Economic Approach* steht für ein stärker an der Ökonomie orientiertes Kartellrecht. Die Kommission löst sich mit ihm partiell von der ehemals vorherrschenden Strukturkontrolle. Sie versucht stattdessen zu bestimmen, wie

---

284 *Säcker*, WuW 2010, 370, 373 f.

285 *Säcker*, WuW 2010, 370, 371 f.

286 *Säcker*, WuW 2010, 370, 373.

287 Vergleiche dazu Teil 1 Kapitel D.IV.1 und Teil 2 Kapitel A.II.

288 Vgl. zu ökonomischen Methoden in der Anwendung des Kartellrechts und dem *More Economic Approach* ausführlich, *Bundeskartellamt,* Ökonomische Methoden; und *Schmidtchen*, WuW 2006, 6.

289 *Baron* in: Bunte, Art. 2 FKVO, Rn. 119; *Säcker*, WuW 2010, 370, 372 f.

sich eine Fusion faktisch auf den Wettbewerb und insbesondere die Verbraucher auswirkt.[290]

Seit der SIEC-Test eingeführt wurde, hat die Kommission ihre Entscheidungen tatsächlich ausführlich quantitativ begründet.[291] Allerdings verwendete die Kommission auch bereits im Rahmen des Marktbeherrschungstests nach Art. 2 VO Nr. 4064/1989 ökonomische Analysen und Modelle. Die Vorschrift schrieb keine bloße Strukturkontrolle vor. Der Marktbeherrschungstest wurde lediglich traditionell primär strukturbezogen ausgestaltet. Die Kommission verwendet nur deshalb verstärkt ökonomische Methoden, seit Art. 2 FKVO gilt, weil der *More Economic Approach* sich zeitgleich entwickelte. Die neue Rechtsgrundlage allein hat das nicht bewirkt. Art. 2 FKVO spiegelt den ökonomischen Ansatz der Kommission bloß stärker wider als Art. 2 VO Nr. 4064/1989 es tat.

Art. 2 FKVO ermöglicht es der Kommission also nicht, ökonomische Methoden zu verwenden, die ihr zuvor nicht offen standen. Nur der Prüfungsmaßstab wechselte. Die Kommission kann die Methoden, die sie früher nutzte, um die Entstehung einer marktbeherrschenden Stellung zu belegen, nun verwenden, um eine erhebliche Behinderung des wirksamen Wettbewerbs zu belegen. Natürlich kann sie auch neue wirtschaftswissenschaftliche Analysemethoden verwenden.

4. Relevanz für konglomerate Zusammenschlüsse

Aus dem Gesagten ergibt sich, dass das auf Grundlage der VO Nr. 4064/1989 entschiedene Fallmaterial für die Rechtspraxis nach VO Nr. 139/2004 relevant bleibt. Konglomerate Zusammenschlüsse, die nach dem Marktbeherrschungstest untersagt werden konnten, können auch nach dem SIEC-Test untersagt werden. Die in der Rechtspraxis verwendeten Argumentationen und Analysen bezüglich konglomerater Zusammenschlüsse sind weiterhin gültig. Es könnten sich allenfalls zusätzliche Argumentationslinien ergeben.

II. Fallpraxis in Europa

Verglichen mit den USA ist die europäische Fusionskontrolle noch relativ neu. Außerdem beschränkt Art. 1 FKVO deren Anwendungsbereich auf Zusammenschlüsse von gemeinschaftsweiter Bedeutung. Deshalb liegen in Europa weniger Entscheidungen zur Behandlung konglomerater Zusammenschlüsse vor als in

---

290 *Effects Based Approach*, vgl. auch *Albers,* More economic approach, S. 1; *Wagemann* in *Wiedemann* (Hrsg.), Handbuch des Kartellrechts, § 16 Rn. 4 ff.

291 *Säcker*, WuW 2010, 370, 373.

den USA. Es existiert für diverse Probleme keine geschlossene, höchstrichterlich bestätigte Lösungssystematik. Die Untersuchung der europäischen Rechtslage konzentriert sich demgemäß auf wenige Entscheidungen und beschreibt einen Entwicklungsstand.

Zwar spielten konglomerate Aspekte wenigstens am Rande in mehreren Fällen eine Rolle. Dann wurden aber regelmäßig konglomerate, vertikale sowie horizontale Argumentationsbündel in einer einzelnen Entscheidung kombiniert, ohne sie genau zu gewichten. Daher bleibt häufig unklar, welche Argumentationen die Gerichte billigen und welche nicht.[292]

1. Guinness/Grand Metropolitan[293]

Guinness und GrandMet waren zwei in Großbritannien niedergelassene Unternehmen, die vor allem Spirituosen herstellten und vertrieben. Guinness war darüber hinaus im Brauereiwesen tätig. Konglomerate Konstellationen ergaben sich aus der von der Kommission vorgenommenen Marktabgrenzung. Der sachlich relevante Markt beschränkte sich auf jeweils eine Spirituosensorte. [294]

Die Fusion vereinte die Produkt- und Markensortimente der Zusammenschlussparteien. Nach Ansicht der Kommission erwüchsen daraus in mehrfacher Hinsicht Vorteile. Die fusionierte Einheit könne ihren Käufern ganze Sortimente liefern. Ihre Waren würden dann wahrscheinlich einen größeren Anteil des Geschäftsvolumens dieser Abnehmer ausmachen, woraus sich eine besonders starke Verhandlungsmacht ergebe.[295] Das fusionierte Unternehmen könne die Preise flexibler gestalten und Produkte aneinander koppeln. Es ergäben sich auch Größen- und Diversifikationsvorteile bei Absatz und Marketing. Schließlich könnten die Parteien drohen, ihre Abnehmer nicht zu beliefern, was nach der Fusion voraussichtlich eine große Wirkung erziele.[296]

Letztendlich genehmigte die Kommission den Zusammenschluss unter Auflagen. Die Zusammenschlussparteien machten zuvor erhebliche Zugeständnisse und gaben einzelne Spirituosenmarken auf.

---

292 Ähnlich uneinheitlich ist die Rezeption der Entscheidungen durch die Wissenschaft. Sie verwendet sogar eine uneinheitliche Terminologie. So wurden mit dem Stichwort „Portolioeffekte" (*Portfolio Effects*) teilweise sämtliche Wirkungen konglomerater Zusammenschlüsse, (so *Emch*, Antitrust Bull. 49 (2004), 55) teilweise nur die aus einem breiten Produktsortiment resultierenden Effekte beschrieben Letztere werden in der vorliegenden Untersuchung „Sortimentseffekte" genannt. Vgl. zu den Sortiments-Effekten auch Teil 1, Kapitel D.IV.1.b) (3).

293 Kommission 15.10.1997, M.938, ABl. 1997 L 288/24 – *Guinness/Grand Metropolitan*.

294 Kommission, aaO, Tz. 23 und 29.

295 Kommission, aaO, Tz. 113.

296 Kommission, aaO, Tz. 40.

2. Boeing/McDonnell Douglas[297]

1997 planten Boeing und McDonnell Douglas (MDD) eine Fusion. Boeings Geschäftsbereiche lagen primär in der Rüstungs- und Raumfahrttechnik, es stellte außerdem Verkehrsflugzeuge her. MDD war in denselben Geschäftsbereichen tätig. Darüber hinaus bot MDD Finanzdienstleistungen an. Die Fusion hätte das weltgrößte Luft- und Raumfahrtunternehmen geschaffen.

Primär analysierte die Kommission die horizontalen Wirkungen des Zusammenschlusses. Sie diskutierte aber auch Aspekte, die für rein konglomerate Zusammenschlüsse relevant sind. So untersuchte die Kommission, ob der Zusammenschluss den Wettbewerb schädige, weil die Finanzkraft Boeings zunahm. Der Zusammenschluss ermögliche *predatory pricing*.[298] Die neue Einheit könne in den kompetitiven Geschäftsbereichen ihre Produkte unter Selbstkostenpreis verkaufen. Die dadurch entstehenden Verluste könne sie durch Gewinne in den Märkten für kleinste und größte Verkehrsflugzeuge gegenfinanzieren, die sie beinahe alleine kontrollierte.[299] Darüber hinaus böten sich durch den Zusammenschluss erweiterte Möglichkeiten für Kopplungsgeschäfte. Boeing könne Verkehrsflugzeuge mit von MDD produzierten Militärflugzeugen gemeinsam verkaufen.[300] Weiterhin resultierten aus der breiten Produktpalette der Zusammenschlussbeteiligten, verbunden mit den großen bereits bestehenden Luftflotten der Abnehmer, Vorteile. Die potenziellen Einsparungen der Airlines beispielsweise bei der Ersatzteilbevorratung und der Ausbildung der Crews seien erheblich. Diese könnten die Kaufentscheidung entscheidend beeinflussen, sogar wenn ein Konkurrenzmodell billiger sei.[301]

Die Kommission hat den Zusammenschluss letztlich unter erheblichen Auflagen genehmigt. Unter anderem verpflichtete Boeing sich dazu, keine Exklusivbelieferungsverträge mit Airlines zu schließen sowie seinen Konkurrenten Lizenzen für die Patente einzuräumen, die es durch Regierungsprojekte erwarb.[302]

297 Kommission 30.07.1997, M.877, ABl. 1997 L 336/16, Tz. 80-81 – *Boeing/McDonnell Douglas*.
298 Kommission, aaO, Tz. 80-81.
299 Kommission, aaO, Tz. 76.
300 Kommission, aaO, Tz. 112.
301 Kommission, aaO, Tz. 41.
302 Kommission, aaO, Tz. 119 ff.

3. Coca-Cola/Carlsberg[303]

Der Coca-Cola Konzern und Carlsberg planten ein Joint Venture. Carlsberg produzierte und vertrieb Bier. Es betrieb außerdem die größte Abfüllgesellschaft kohlesäurehaltiger Erfrischungsgetränke in Dänemark, Dadeko. In das Joint Venture sollte Carlsberg Dadeko und Coca-Cola ein schwedisches Tochterunternehmen, eine Abfüllgesellschaft, einbringen. Das Joint Venture sollte diverse Lizenzen und eine Vertriebsgesellschaft in Schweden erhalten.

Schon vor dem Zusammenschluss waren nach Ansicht der Kommission Coca-Cola als Marke für Getränke und Dadeko bei der Abfüllung von Flaschen marktbeherrschend.

Die Kommission hielt das Sortiment des Joint Venture für problematisch. Das breite Getränkeangebot, welches sich über mehrere sachlich verschiedene Märkte erstreckte, begründe große Marktmacht. Mangels eines gleichwertigen Sortiments könne kein anderer Anbieter wirksam damit konkurrieren.[304] Weil das Joint Venture die Marktanteile, das Markenportfolio, das Vertriebssystem und Anteile an Brauereien kombiniere, könne kein Wettbewerber es in seinem Marktverhalten kontrollieren.[305]

Die Kommission genehmigte das Joint Venture letztlich unter Auflagen. Carlsberg musste ein Abfüllunternehmen und die Marke Dansk Coladrik (Jolly Cola) verkaufen.

4. Boeing/Hughes[306]

Der Boeing-Konzern plante, eine Tochtergesellschaft von General Motors, die Hughes Electronics, zu übernehmen. Hughes stellte Satelliten her und bot satellitengestützte Dienstleistungen an. Boeing produzierte ebenfalls Satelliten und transportierte Satelliten außerdem in den Orbit. Horizontale Überschneidungen ergaben sich aus dem Zusammenschluss nicht, da sich die Satelliten der Zusammenschlussparteien an unterschiedliche Abnehmerkreise richteten.

Neben vertikalen Bedenken widmete sich die Kommission vor allem den konglomeraten Aspekten des Zusammenschlusses. Insbesondere weil komplementäre Güter vorlagen, entstanden Bedenken.[307] Die Kommission analysierte

---

303 Kommission 11.09.1997, M.833, ABl. 1998 L 145/41 – *The Coca-Cola Company/Carlsberg A/S.*

304 Kommission, aaO, Tz. 67.

305 Kommission, aaO, Tz. 71.

306 Kommission 27.09.2000, M. 1879, ABl. 2004 L 63/53 – *Boeing/Hughes.*

307 Kommission, aaO, Tz. 61.

den Markt für Satellitenstartdienste.[308] Hughes lieferte die meisten der Satelliten, die Boeing in den Weltraum transporierte. [309] Die Kommission fürchtete, dass Hughes nach dem Zusammenschluss die eigenen Kunden veranlassen könne, ihre Satelliten nur durch Boeing starten zu lassen. Boeing könne so eine marktbeherrschende Stellung im Markt für Satellitenstartdienste erringen. [310]

Die Kommission prüfte den Zusammenschluss bezüglich sechs Varianten der Marktmachtübertragung. Vor allem untersuchte sie, ob die Parteien ihre Produkte technisch aneinander koppeln oder Wettbewerbern wichtige Informationen vorenthalten könnten.[311] Letztlich genehmigte sie den Zusammenschluss jedoch, da nach ihrer Meinung keine der Varianten Erfolg versprach.

5. Schneider /Legrand[312]

Schneider Electric produzierte Erzeugnisse und Systeme der Elektrizitätsverteilung und war außerdem in der industriellen Prozesssteuerung und der Automatisation tätig. Legrand SA, das Ziel der Übernahme, stellte Elektrogeräte für Niederspannungsanlagen her.

a) Die Entscheidung der Kommission

Die Kommission untersagte den Zusammenschluss. Sie begründete das mit der führenden Position der fusionierten Einheit auf sämtlichen Niederspannungs-Betriebsmittel-Märkten.[313] So hätten die am Zusammenschluss beteiligten Parteien schon vor dem Zusammenschluss über eine sehr breite Produktpalette im Bereich der Niederspannungs-Betriebsmittel verfügt. Die Kombination der starken Präsenz Schneiders bei allen Arten von Verteilungsanlagen mit der starken Präsenz Legrands bei allen nachgeschalteten Produkten würde diese noch wesentlich ausbauen.[314] Keiner der Konkurrenten von Schneider-Legrand verfüge über ein solches Produkt- und Markensortiment sowie über eine derartige geografische Ausdehnung kombiniert mit einer starken Stellung in den relevanten Märkten für Niederspannungs-Betriebsmittel.[315] Hinsichtlich elektrischer End-

---

308 Also der Transport von Satelliten in die Umlaufbahn mittels Trägerraketen.

309 Kommission 27.09.2000, M. 1879, ABl. 2004 L 63/53, Tz. 61 – *Boeing/Hughes*.

310 Kommission, aaO, Tz. 81.

311 Kommission, aaO, Tz. 82.

312 Kommission 10.10.2001, M.2283, ABl. 2004 L 101/1 – *Schneider/Legrand*; EuG 22.10.2002, Rs. T-310/01, Slg. 2002, II-4071 – *Schneider/Kommission*.

313 Kommission 10.10.2001, M.2283, ABl. 2004 L 101/1, Tz. 551 – *Schneider/Legrand*.

314 Kommission, aaO, Tz. 550.

315 Kommission, aaO, Tz. 552.

einrichtungen könne das fusionierte Unternehmen im Gegensatz zu seinen Wettbewerbern sogar ein vollständiges Produktsortiment anbieten.[316]

b) Die Entscheidung des EuG

Das EuG folgte den Begründungen der Kommission nicht. Die Kommission habe dem Sortiment von Niederspannungs-Betriebsmitteln zu viel Bedeutung zugemessen. Zwar könne es theoretisch ein Faktor für den Erfolg sein, doch sei dies nicht ausreichend belegt.[317]

Hinsichtlich des Markensortiments stellte das Gericht ähnliche Maßstäbe auf. Die Kommission habe selbst erkannt, dass die Stärke einer Marke auf der Stärke ihrer einzelnen Bestandteile beruhe.[318] Dem Markensortiment an sich dürfe daher nicht zu viel Bedeutung beigemessen werden.[319]

6. Tetra Laval/Sidel[320]

Die Tetra Laval Gruppe („Tetra") plante, die Gesellschaft Sidel S.A. („Sidel") zu übernehmen. Der Fall entwickelte sich rasch zu einem der meistdiskutierten und zitierten Fälle des europäischen Kartellrechts. Er ist nicht nur rechtlich sondern auch technisch sehr komplex. Die Darstellung beschränkt sich auf die für die vorliegende Untersuchung relevanten Aspekte der Fusion.

Tetra war weltweit führender Hersteller von Maschinen und Hilfsgütern für die Verarbeitung, die Verpackung und den Vertrieb von Flüssignahrungsmitteln in Kartonverpackungen. Außerdem bot Tetra diesbezügliche Serviceleistungen und die für die Produktion notwendigen Kartonverpackungen an. In diesen Märkten war Tetra jeweils beherrschend. In begrenztem Umfang stellte Tetra auch Produktionsanlagen für Kunststoffverpackungen her.

Sidel war Hersteller und Verkäufer von Verpackungsanlagen und -systemen für PET-Plastikflaschen, insbesondere Stretch-Blow-Moulding-Maschinen (SBM-Maschinen). Die SBM-Maschinen ließen sich dabei in die Märkte für Hochfrequenz-Maschinen und solche mit niedrigerer Frequenz aufteilen. Sämtliche Maschinentypen wurden wenigstens von der Kommission zusätzlich in

---

316 Kommission, aaO, Tz. 654.

317 EuG 22.10.2002, Rs. T-310/01, Slg. 2002, II-4071, Tz. 247 f. – *Schneider/Kommission*.

318 EuG, aaO, Tz. 260.

319 EuG, aaO, Tz. 261.

320 Kommission 30.10.2001, M. 2416, ABl. 2004 L 43/13 – *Tetra Laval/Sidel*; EuG 25.10.2002, Rs. *T-5/02,* Slg. 2002, II-4381 – *Tetra/Kommission*; EuGH 15.02.2005, Rs. C-12/03, Slg. 2005, I-987 – *Kommission/Tetra*.

aseptische und septische Verpackungsanlagen unterschieden. Die Marktabgrenzung blieb allerdings streitig.

a) Die Entscheidung der Kommission

Die Kommission untersagte die Übernahme. Diverse strukturelle Selbstverpflichtungen der Zusammenschlussparteien genügten ihr nicht, um die wettbewerblichen Bedenken zu zerstreuen.[321] Sie diagnostizierte zwei Kernprobleme.

Erstens gebe der Zusammenschluss dem neuen Unternehmen die Mittel und den Anreiz, die führende Stellung auf dem Markt für PET-Verpackungsausrüstungen, insbesondere bei SBM-Maschinen, zu einer marktbeherrschenden Stellung auszubauen.[322] Tetra könne nämlich seine beherrschende Stellung auf dem Gebiet keimfreier Kartonverpackungen ausnutzen, um Wettbewerber vom PET-Markt zu verdrängen.[323] Die Kundenkreise beider Märkte waren weitgehend identisch. Tetra sei mit den eigenen Kunden besonders eng verbunden, weil man sich im Rahmen der Lieferbeziehung fortwährend abstimmen müsse. Deshalb könne Tetra diese Kunden intensiv begleiten, wenn sie ihre Produktion partiell auf PET-Verpackungen umstellten. Dieser Wechsel sei angesichts des prognostizierten Wachstums des Marktes für PET-Verpackungen sicher zu erwarten. Da die Kunden im Markt für Kartonverpackungen aber auf absehbare Zeit von Tetra abhängig blieben, hätte Tetra diverse Möglichkeiten, diese Marktmacht zu Ungunsten der Wettbewerber auf dem Markt für PET-Verpackungen auszunutzen.[324] Die Kommission nennt Kopplungsangebote, Kampfpreise und Loyalitätsrabatte sowie die Ausübung von Druck auf abhängige Abnehmer als mögliche Hebelmechanismen.[325] Da weder die Wettbewerber noch die Abnehmer über eine vergleichbare Stellung verfügten, könnten sie das neue Unternehmen im Wettbewerb nicht kontrollieren.[326]

Zweitens verstärke der Zusammenschluss die ohnehin schon beherrschenden Stellungen Tetras auf den Märkten für keimfreie Kartonverpackungsausrüstungen und keimfreie Kartonverpackungen. Sidel werde hier als potenzieller Wett-

---

321 Kommission 30.10.2001, M. 2416, ABl. 2004 L 43/13, Tz. 424 – *Tetra Laval/Sidel*; Tetra hatte sich, um horizontale Überschneidungen zu vermeiden, zum Verkauf der eigenen PET-Sparte bereit erklärt (Tz. 411 f.). Darüber hinaus sollte Sidel zunächst eine juristisch selbstständige Einheit bleiben, so dass auch keine Paketangebote beider Firmen möglich wären (Tz. 417 ff.). Sidel wollte sich verpflichten, einer dritten Partei eine Lizenz hinsichtlich der eigenen SBM-Maschinen einzuräumen (Tz. 421).

322 Kommission 30.10.2001, M. 2416, ABl. 2004 L 43/13, Tz. 389 – *Tetra Laval/Sidel*.

323 Kommission, aaO, Tz. 361-365.

324 Kommission, aaO, Tz. 361-363.

325 Kommission, aaO, Tz. 364.

326 Kommission 30.10.2001, M. 2416, ABl. 2004 L 43/13, Tz. 371 – *Tetra Laval/Sidel*.

bewerber ausgeschaltet.[327] Die Stellung Sidels als potenzieller Wettbewerber ergebe sich aus der absehbaren Marktentwicklung. Es sei zu erwarten, dass sich die Märkte für Kartonverpackungen und Plastikverpackungen wesentlich annähern. Der große gemeinsame Kundenkreis werde sich noch vergrößern, und sogar eine wenigstens partielle echte Konkurrenz der beiden Verpackungsarten sei absehbar.[328] Demnach werde der Markt für PET-Verpackungen zwangsläufig einen Teil des Marktes für Kartonverpackungen kannibalisieren, wenn er sich ausweite.[329] Von Sidel gehe also Wettbewerbsdruck auf die Tetra-Gruppe aus. Dieser zwinge Tetra zu fortwährender Innovation und kontrolliere auch die Preise.[330]

Letztlich hielt die Kommission auch die Produktpalette und die Finanzkraft der neuen Unternehmenseinheit für problematisch. Diese verstärkten das identifizierte Ungleichgewicht im Markt noch.[331]

b) Die Entscheidung des EuG

Das EuG äußerte sich zunächst grundsätzlich zu konglomeraten Zusammenschlüssen. Sie verursachten generell keine wettbewerblichen Bedenken. Unter gewissen Umständen könnten allerdings auch sie den Wettbewerb beschränken.[332] Es gelte jedoch die Generalklausel in Art. 2 Abs. 3 FKVO. Es müsse eine erhebliche Behinderung des Wettbewerbs vorliegen, um eine Untersagung zu rechtfertigen.[333] Eine solche erhebliche Behinderung des Wettbewerbs könne insbesondere aus einer Marktmachtübertragung resultieren. Waren die an der Fusion beteiligten Unternehmen zuvor in eng benachbarten Märkten aktiv, könne der Zusammenschluss unmittelbar die Möglichkeit eröffnen, die Marktmacht des einen Marktes auf den anderen zu übertragen. So könne das fusionierte Unternehmen in relativ naher Zukunft eine beherrschende Stellung auch auf dem anderen Markt begründen. Dies sei beispielsweise dann der Fall, wenn die fraglichen Märkte sich annäherten, die eine Partei des Zusammenschlusses bereits eine marktbeherrschende Stellung innehabe und die andere Partei bereits Marktführer

---

327 Kommission, aaO, Tz. 401.

328 Kommission, aaO, Tz. 328 f., 331, 336 ff.

329 Kommission 30.10.2001, M. 2416, ABl. 2004 L 43/13, Tz. 393 – *Tetra Laval/Sidel.* Aufgrund technischer Hindernisse war zum damaligen Zeitpunkt die aseptische Verpackung von Flüssigkeiten in PET-Verpackungen noch nicht im gleichen Maße möglich wie in Kartonverpackungen.

330 Kommission, aaO, Tz. 398.

331 Kommission, aaO, Tz. 345, 387.

332 EuG 25.10.2002, Rs. *T-5/02,* Slg. 2002, II-4381, Tz. 142 – *Tetra/Kommission.*

333 EuG, aaO, Tz. 146.

sei.[334] Demnach könne die Kommission auch konglomerate Zusammenschlüsse gemäß Art. 2 Abs. 3 FKVO prüfen.[335]

Generell werde ein konglomerater Zusammenschluss aber häufig als neutral oder positiv für den Wettbewerb eingestuft.[336] Deshalb müsse die Kommission überzeugende Beweise dafür liefern, dass der Zusammenschluss in absehbarer Zeit eine beherrschende Stellung begründe oder verstärke.[337] Dabei dürfe prinzipiell auch rechtswidriges Verhalten in die Analyse mit einbezogen werden. Allerdings müssten dann auch abschreckende Faktoren, wie die Wahrscheinlichkeit, entdeckt zu werden, und die zu erwartenden Strafen bedacht werden.[338] Ebenso sei die Kommission verpflichtet, auch verhaltensbezogene Selbstverpflichtungen der Zusammenschlussparteien zu berücksichtigen.[339] Die Argumentation der Kommission könne nur insoweit Bestand haben, als sie sich an diesen Maßstäben orientiere.[340]

Nach diesen allgemeinen Ausführungen setzte sich das EuG mit den Einzelheiten der Kommissionsentscheidung auseinander. Es folgte grundsätzlich der Ansicht der Kommission, dass auch bei technischen Substituten Marktmacht durch eine Hebelwirkung von einem Markt auf den anderen übertragen werden könne.[341] Es genüge prinzipiell, dass die beiden Märkte sich zukünftig voraussichtlich erheblich überschneiden würden, sie müssten es nicht bereits im Zeitpunkt der Entscheidung tun.[342] Ein Anreiz zur Marktmachtübertragung könne aufgrund des prognostizierten Wachstums der PET-Märkte tatsächlich nicht ausgeschlossen werden.[343] Doch sei die Argumentation der Kommission nicht legitim. Sie dürfe kein Verhalten annehmen, das den Missbrauch einer marktbeherrschenden Stellung darstelle. Eine solche liege aber vor, wenn Tetra Druck auf langfristig gebundene Kunden ausübe. Folglich seien nur die Möglichkeiten der

334 EuG, aaO, Tz. 151.

335 EuG, aaO, Tz. 152.

336 EuG 25.10.2002, Rs. *T-5/02,* Slg. 2002, II-4381, Tz. 155 – *Tetra/Kommission;* hier verweist das EuG auf die Entscheidung Airtours/Kommission hinsichtlich analoger Beweisanforderungen.

337 Im englischen Wortlaut spricht das Gericht von *„convincing evidence"*, EuG 25.10.2002, Rs. *T-5/02,* Slg. 2002, II-4381, Tz. 155 – *Tetra/Kommission.* Unglücklicherweise wurde *„convincing evidence"* in der offiziellen (aber nicht bindenden) deutschen Übersetzung des englischsprachigen Urteils mit „eindeutige Beweise" statt mit „überzeugende Beweise" übersetzt. Dies ist irreführend und wurde in der deutschen Literatur teilweise – z.B. *Feddersen,* WuW 2003, 15, 18 und *Frenz,* Handbuch Europarecht, Rn. 1803 – übernommen; vgl. dazu ausführlich u. Teil 1, Kapitel D.IV.2.

338 EuG 25.10.2002, Rs. *T-5/02,* Slg. 2002, II-4381, Tz. 159 – *Tetra/Kommission.*

339 EuG, aaO, Tz. 161.

340 EuG, aaO, Tz. 162.

341 EuG, aaO, Tz. 196.

342 EuG 25.10.2002, Rs. *T-5/02,* Slg. 2002, II-4381, Tz. 198 – *Tetra/Kommission.*

343 EuG, aaO, Tz. 216.

Marktmachtübertragung durch Treuerabatte, Bündelungs- oder Kopplungsgeschäfte und günstige Preise zu berücksichtigen. [344] Bei dieser Bewertung seien außerdem Verpflichtungen Tetras aus früheren Kartellverfahren einzubeziehen.[345] Die wettbewerbliche Analyse beschränke sich auf die übrigen Möglichkeiten.[346]

Daher hielt das Gericht die Untersuchungen und Schlussfolgerungen der Kommission für mangelhaft. Sie hätte weder bei keimfreien noch bei nicht keimfreien PET-Befüllungsanlagen (außer SBM-Maschinen) überzeugend dargelegt, dass die neue Unternehmenseinheit hier gegenüber den bestehenden Wettbewerbern konkret eine Hebelwirkung ausüben werde, um eine marktbeherrschende Stellung zu erreichen.[347]

Hinsichtlich SBM-Maschinen mit niedriger Kapazität sei zwar von einer relativ starken Position der neuen Einheit im Markt auszugehen, doch bestünde im Markt trotzdem erheblicher Wettbewerb.[348] Daher sei nicht zu befürchten, dass eine marktbeherrschende Stellung durch Hebelwirkung errungen werde.[349]

Im Markt für SBM-Maschinen mit hoher Kapazität seien schon die Wettbewerber nicht genügend analysiert worden.[350] Auch habe die Kommission nicht beachtet, dass laut Prognosen insbesondere Bier das Wachstum des Marktes treiben werde. Bei diesem könne jedoch gerade keine Hebelwirkung von Tetra ausgeübt werden, weil Bierproduzenten nicht zu Tetras Kunden zählten. Im Gegenteil könnten hier lediglich Wettbewerber ihre Marktmacht übertragen.[351] Insgesamt habe die Kommission also auch für diesen Markt keine überzeugenden Beweise für eine mögliche Marktmachtübertragung vorgelegt.[352] Der Entscheidung der Kommission könne demnach nicht gefolgt werden.[353]

Im Anschluss setzte sich das Gericht mit der zweiten Argumentationslinie auseinander, wonach der Zusammenschluss potenziellen Wettbewerb auf dem Kartonmarkt eliminiere. Das Gericht stellte klar, dass auch die Stärkung einer

---

344 EuG, aaO, Tz. 218.

345 EuG, aaO, Tz. 219. Diese Verpflichtungen beschränkten Tetras Möglichkeiten, Kopplungsangebote abzugeben und Mengenrabatte einzuräumen.

346 EuG 25.10.2002, Rs. *T-5/02,* Slg. 2002, II-4381, Tz. 223 – *Tetra/Kommission.*

347 EuG, aaO, Tz. 254.

348 EuG, aaO, Tz. 280.

349 EuG, aaO, Tz. 281.

350 EuG 25.10.2002, Rs. *T-5/02,* Slg. 2002, II-4381, Tz. 294 f. – *Tetra/Kommission.*

351 EuG, aaO, Tz. 299-301.

352 EuG, aaO, Tz. 307.

353 EuG, aaO, Tz. 308 f.

bereits bestehenden marktbeherrschenden Stellung[354] durch überzeugende Beweise belegt werden müsse. Die Tatsache, dass potenzieller Wettbewerb eliminiert wird, sei aber noch kein überzeugender Beweis dafür, dass eine marktbeherrschende Stellung gestärkt wird.[355] Auch überzeuge die Behauptung nicht, dass der Preis- und Innovationsdruck wesentlich gemindert werde. Die sonstigen PET-Produzenten könnten auch nach dem Zusammenschluss weiterhin Wettbewerbsdruck auf Tetra ausüben.[356] Ohnehin könne der Druck zur Innovation nicht entfallen. Es sei nämlich im Prozess einhellig festgestellt worden, dass dieser Druck nicht vom potenziellen Wettbewerb herrühre, sondern vielmehr von den Kunden ausgehe. Die Kommission habe keine Belege dafür gefunden, dass sich das ändern werde.[357] Das EuG hob die Entscheidung der Kommission aus diesen Gründen auf.

c) Die Entscheidung des EuGH

Der EuGH stimmte dem EuG im Wesentlichen zu. Allerdings korrigierte er das Urteil auch in einem wichtigen Punkt. Teilweise beachte das Urteil nämlich nicht den Präventionszweck der FKVO. Die Kommission könne nicht bei jedem geplanten Zusammenschluss prüfen, ob die Anreize, sich wettbewerbswidrig zu verhalten, durch die Rechtswidrigkeit der fraglichen Verhaltensweisen, die Wahrscheinlichkeit ihrer Entdeckung und mögliche finanzielle Sanktionen verringert würden. Diese Prüfung sei zu umfangreich. Sie sei der Kommission im Rahmen der präventiven und zeitlich limitierten Fusionskontrolle nicht zuzumuten.[358]

7. GE/Honeywell[359]

Honeywell International Inc. („Honeywell“) sollte von General Electric Company („GE“) übernommen werden. GE ist ein diversifiziertes Hightechunternehmen. Die Geschäftsbereiche umfassten im Wesentlichen Flugzeugtriebwerke, Elektrogeräte, Informationsdienste, Antriebssysteme, Lichtsysteme, Industriesys-

---

354 Zwar bezieht sich diese Formulierung noch auf den alten Prüfungsstandard der marktbeherrschenden Stellung, doch kann diese Argumentation auch bezüglich einer wesentlichen Einschränkung des effektiven Wettbewerbs angewendet werden.

355 EuG 25.10.2002, Rs. *T-5/02*, Slg. 2002, II-4381, Tz. 310-312, 323 – *Tetra/Kommission.*

356 EuG, aaO, Tz. 328.

357 EuG, aaO, Tz. 329.

358 EuGH 15.02.2005, Rs. C-12/03, Slg. 2005, I-987, Tz. 75 – *Kommission/Tetra.*

359 Kommission 03.07.2001, M.2220, ABl. 2004 L 48/1 – *GE/Honeywell;* EuG 14.12.2005, Rs. T-210/01, Slg. 2005, II-5575 – *GE/Kommission.*

teme, medizinische Systeme, Kunststoffe, Rundfunk, Finanzdienstleistungen und Transportausrüstungen. Honeywells Geschäftsbereiche umfassten u.a. Luftfahrtsystemlösungen, industrielle Automatisierung, und Elektronik sowie Energie- und Transportprodukte.

a) Die Kommissionsentscheidung

Die Kommission untersagte den Zusammenschluss wegen horizontaler, vertikaler und konglomerater Bedenken. Sie stellte ihre konglomeraten Bedenken ausführlich dar. GE habe eine marktbeherrschende Stellung im Markt für Triebwerke für große Verkehrsflugzeuge und Honeywell habe eine führende Stellung in den Märkten für Avionikprodukte. Der Begriff Avionikprodukte umfasst sämtliche Flugzeugsysteme. Diese Produkte seien komplementär, die Kunden seien teilweise identisch. Wettbewerbliche Bedenken ergäben sich aus der Gesamtschau verschiedener konglomerater Aspekte. So sei GE vertikal in den Kauf, die Finanzierung und das Leasing von Flugzeugen über die GE Capital Aviation Services („GECAS“) integriert.[360] GECAS als weltweit größter Käufer von Flugzeugen und eines der beiden führenden Leasingunternehmen könne Flugzeughersteller erheblich beeinflussen, wenn sie Flugzeugtriebwerke und -systeme auswählten.[361] Dieser Einfluss werde sich nach dem Zusammenschluss auch auf die von Honeywell angebotenen Produkte ausdehnen. Darüber hinaus könne der neue Konzern durch Paketangebote sowohl bei Hersteller-Ausrüstungen[362] für Avionikprodukte, als auch bei Käufer-Ausrüstungen[363] für Avionikprodukte eine beherrschende Stellung erringen.[364] Käufer-Ausrüstungen werden von den Fluggesellschaften erworben, Hersteller-Ausrüstungen von den Flugzeugherstellern.[365] Da die Wettbewerber diese Paketangebote nicht nachahmen könnten, würden sie voraussichtlich aus dem Markt verdrängt.[366]

---

360 Kommission 03.07.2001, M.2220, ABl. 2004 L 48/1, Tz. 121 – *GE/Honeywell.*

361 Kommission 03.07.2001, M.2220, ABl. 2004 L 48/1, Tz. 126 – *GE/Honeywell*; es handelt sich dabei um konglomerate Bedenken, weil die Fusion in dieser Hinsicht nicht zu einer vertikalen Integration in einen vor- oder nachgelagerten Markt führte.

362 Mit Hersteller-Ausrüstungen übersetzt die Kommission den englischen Begriff *Supplier-Furnished Equipment*, Kommission 03.07.2001, M.2220, ABl. 2004 L 48/1, Tz. 236 – *GE/Honeywell.*

363 Mit Käufer-Ausrüstungen übersetzt die Kommission den englischen Begriff *Buyer-Furnished Equipment*, Kommission 03.07.2001, M.2220, ABl. 2004 L 48/1, Tz. 236 – *GE/Honeywell.*

364 Kommission, aaO, Tz. 341-411.

365 Kommission, aaO, Tz. 236.

366 Kommission, aaO, Tz. 349, 404.

b) Die Entscheidung des EuG

Das EuG fasste zunächst die aufgrund der Entscheidung *Tetra/Sidel* seiner Ansicht nach für konglomerate Zusammenschlüsse geltenden Beweisanforderungen zusammen.[367] Wenn ein mögliches zukünftiges Verhalten der fusionierten Einheit die wettbewerblichen Bedenken verursache, müsse die Kommission die Wahrscheinlichkeit des jeweiligen Verhaltens stets umfassend untersuchen. Das vorhergesagte Verhalten sei mit hinreichend überzeugenden Beweisen zu belegen.[368] Dabei spiele prinzipiell auch die Illegalität des Verhaltens eine Rolle.[369] Wegen des präventiven Charakters der Fusionskontrolle könne die Kommission aber diese Illegalität und die Wahrscheinlichkeit ihrer Entdeckung sowie potenzielle Gegenmaßnahmen nicht umfassend prüfen. Sie müsse also die Illegalität nur summarisch berücksichtigen.[370] Die konkreten Argumentationen der Kommission hinsichtlich der konglomeraten und vertikalen Aspekte des Sachverhalts lehnte das Gericht dann jedoch ab.[371]

Die Kommission habe nicht mit hinreichender Wahrscheinlichkeit belegt, dass die Zusammenschlussparteien die entstehende Marktverkettung tatsächlich dazu nutzen würden, um die Kaufentscheidungen der Fluglinien zu beeinflussen. Es genüge nicht, nachzuweisen, dass Wettbewerber theoretisch durch Finanzkraft und Marktverkettung verdrängt werden könnten. Es müsse auch die Wahrscheinlichkeit dieses Verhaltens belegt werden.[372] Insoweit berufe sich die Kommission alleine darauf, dass GE diese Strategie bereits auf anderen Märkten verfolgt habe.[373] Es reiche jedoch nicht aus, auf vergangenes Verhalten zu verweisen, um zukünftiges Verhalten vorherzusagen.[374] Die Kommission hätte auch ökonomisch beweisen müssen, dass dieses Verhalten Gewinn verspräche. Ohne eine solche Analyse sei eine seriöse Prognose des zukünftigen Verhaltens unmöglich.[375]

Ebenso wenig habe die Kommission nachgewiesen, dass es im Interesse des fusionierten Unternehmens liege, den Flugzeugherstellern Produktbündel anzubieten. Es sei auch eine kurzfristige Gewinnmaximierung hinsichtlich jedes ein-

367 EuG 14.12.2005, Rs. T-210/01, Slg. 2005, II-5575, Tz. 65-76 – *GE/Kommission*.
368 EuG, aaO, Tz. 76.
369 EuG, aaO, Tz. 71.
370 EuG, aaO, Tz. 73 f.
371 EuG 14.12.2005, Rs. T-210/01, Slg. 2005, II-5575, Tz. 733 – *GE/Kommission*.
372 EuG, aaO, Tz. 325-327.
373 EuG, aaO, Tz. 326.
374 EuG, aaO, Tz. 332 f.
375 EuG 14.12.2005, Rs. T-210/01, Slg. 2005, II-5575, Tz. 339 – *GE/Kommission*.

zelnen Produkts möglich.[376] Einen ökonomischen Vorteil des von ihr vorhergesagten Verhaltens habe die Kommission aber auch hier nicht dargelegt. Daher wären weitergehende Beweise, z. B. Interne Papiere, für eine zukünftige Verdrängungsstrategie nötig gewesen.[377] Letztlich belege sie auch nicht, dass durch eine Produktbündelung tatsächlich eine marktbeherrschende Stellung auf dem Markt für Avionikprodukte entstanden wäre.[378]

Schließlich kritisierte das Gericht grundlegend die ungenaue Argumentation der Kommission. Diese erschöpfe sich teilweise darin, verschiedene Märkte zu definieren, ohne im Anschluss die Wirkungen der Fusion auf sie zu analysieren.[379] Es hätte aber jeweils auch belegt werden müssen, dass das behauptete Verhalten in den zuvor definierten Märkten eine marktbeherrschende Stellung begründe.[380]

Aus diesen Gründen lehnte das Gericht die Prognose, dass dem Zusammenschluss eine Marktmachtübertragung folgen werde, ab. Die in konglomerater Hinsicht einzig verbleibende Tatsache, dass die neue Einheit ein weiteres Produktsortiment als die Konkurrenz habe, wies nach Ansicht des Gerichts nicht überzeugend nach, dass eine marktbeherrschende Stellung begründet werde.[381]

Trotz dieser weitreichenden Kritik hielt das EuG letztlich die Entscheidung der Kommission aber aufrecht. Es begründete dieses Urteil mit den horizontalen Überschneidungen auf verschiedenen Märkten.[382]

8. GE/Amersham[383]

GE besitzt neben seinen sonstigen Geschäftszweigen auch ein Unternehmen, GE Medical Systems, das medizinische Diagnosegeräte, verbundene Serviceleistungen und Gesundheitsprodukte anbietet. Zu Amersham gehörte unter anderem Amersham Health, welches diagnostische Pharmazeutika (z.B. Kontrastmittel) produzierte. Abnehmer für beide Unternehmen waren Krankenhäuser, es handelte sich um Komplementärprodukte.

Die Kommission prüfte, inwiefern sich dem Unternehmen nach einer Fusion die Möglichkeit und der Anreiz bieten würde, die Marktmacht von dem einen

---

376 EuG, aaO, Tz. 465.
377 EuG, aaO, Tz. 466.
378 EuG, aaO, Tz. 466.
379 EuG 14.12.2005, Rs. T-210/01, Slg. 2005, II-5575, Tz. 357-363 – *GE/Kommission*.
380 EuG, aaO, Tz. 362 f..
381 EuG, aaO, Tz. 470.
382 EuG, aaO, Tz. 583 f., 620.
383 Kommission 21.01.2004, M.3304 – *GE/Amersham*.

Markt auf den anderen zu übertragen und so den Markt abzuschotten.[384] Sie untersuchte verschiedene Möglichkeiten der Kopplung und Bündlung und stellte fest, dass diese praktisch schwierig zu realisieren wären.[385] Auch einen wirtschaftlichen Anreiz für diese Strategie konnte sie nicht identifizieren.[386] Sie gab den Zusammenschluss daher frei.

9. Sony/BMG

Der Sache nach lag ein horizontaler Zusammenschluss vor. Sony und BMG wollten ihre Musiklabels in einem Joint Venture zusammenlegen. Aufgrund der Klage eines konkurrierenden Labels, Impala, kam der Zusammenschluss letztlich vor den EuGH.

Dessen Ausführungen zum Beweismaßstab sind auch für konglomerate Zusammenschlüsse relevant. Der EuGH prüfte, ob eine kollektive marktbeherrschende Stellung vorlag. Er setzte sich dabei mit dem Verfahren *Tetra/Sidel* auseinander. In dem Verfahren sei lediglich die essentielle Funktion einer Beweisführung betont worden. Sie müsse bei der Zusammenschlusskontrolle die Schlussfolgerungen der Kommission überzeugend stützen.[387] Dabei seien verschiedene Ereignisketten zu prüfen.[388] Gewisse Zusammenschlüsse erforderten insoweit besonders komplexe Beweisführungen. Aber aus dieser Komplexität alleine resultierten keine erhöhten Beweisanforderungen.[389] Die Kommission müsse vielmehr das wahrscheinlichste Ergebnis bestimmen. Es beständen daher die gleichen Beweisanforderungen für die Freigabe eines Zusammenschlusses wie für dessen Untersagung.[390]

10. IBM/Telelogic[391]

IBM übernahm bei diesem Zusammenschluss das schwedische Unternehmen Telelogic, welches Programme für die Softwareentwicklung anbot.

Die Kommission prüfte unter anderem, ob der Zusammenschluss die Innovation im Markt mindern könnte. Sie verneinte dies jedoch. Der Druck zu Innovation gehe vor allem von den Abnehmern aus.[392]

---

384 Kommission, aaO, Tz. 31.
385 Kommission, aaO, Tz. 33-58.
386 Kommission, aaO, Tz. 59.
387 EuGH 10.07.2008, Rs. C-413/06, Slg. 2008, I-4951, Tz. 51 – *Sony-BMG/Impala.*
388 EuGH, aaO, Tz. 47.
389 EuGH, aaO, Tz. 51.
390 EuGH, aaO, Tz. 52.
391 Kommission 05.03.2008, M.4747 – *IBM/Telelogic.*
392 Kommission, aaO, Tz. 231-243.

Außerdem prüfte die Kommission die Möglichkeit, den Markt abzuschotten, indem Marktmacht zwischen zwei aneinander grenzenden IT-Märkten übertragen würde.[393] Konkret untersuchte sie, ob das fusionierte Unternehmen Schnittstelleninformationen zurückhalten werde, um der eigenen Software Vorteile zu verschaffen. Die Kommission stellte nach einer gründlichen Analyse fest, dass die beiden Produkte aneinander gebunden werden könnten, doch die zu erwartenden Mehreinnahmen nicht die zu erwartenden Kosten überstiegen.[394] Daher gab sie den Zusammenschluss frei.

11. Philips/Saeco[395]

Philips plante, Saeco zu übernehmen. Philips stellte unter anderem diverse Elektronikartikel, Leuchtmittel und medizinische Systeme her. Es bot auch Kaffeemaschinen für den privaten Gebrauch an. Saeco produzierte Espressomaschinen für den privaten und den professionellen Gebrauch sowie Automaten für warme und kalte Getränke und Lebensmittel.

Die Kommission leitete ihre Prüfung mit allgemeinen Ausführungen ein, dabei setzte sie Portfolio-Effekte mit konglomeraten Effekten im Allgemeinen gleich.[396] So stellte sie klar, dass der Begriff „Portfolio-Effekte" nicht nur die dargestellten Sortimentseffekte[397] beschreibt. Als Portfolio-Effekt sei primär eine mögliche Marktverschließung zu prüfen. Unter gewissen Umständen schädigten insbesondere Bindung und Kopplung oder ähnliche Formen der Marktmachtübertragung den Wettbewerb. Trotzdem seien Portfolio-Effekte nur ausnahmsweise bedenklich.[398]

Dann analysierte die Kommission zunächst, wie sich die zukünftige Präsenz von Philips auf diversen benachbarten Märkten für *Consumer Lifestyle* auswirke.[399] Sie sah jedoch keinen Anlass für Wettbewerbsbedenken. Die bloße Präsenz auf verschiedenen benachbarten Märkten könne Philips nicht nutzen, um den Wettbewerb zu schädigen. Philips dominiere keinen der wesentlichen Märkte.[400]

393 Kommission, aaO, Tz. 244 ff.

394 Kommission, aaO, *Tz. 269.*

395 Kommission 17.07.2009, M. 5547 – *Philips/Saeco.*

396 Kommission, aaO, Tz. 99.

397 Vgl. zu diesbezüglichen Fällen oben Teil 1, Kapitel D.II.1 und D.II.3, sowie zu der Argumentationslinie selbst unten, Teil 1, Kapitel D.IV.1.b)(3).

398 Kommission 17.07.2009, M. 5547, Tz. 100 – *Philips/Saeco.*

399 Dies waren in erster Linie Märkte für Elektronikgeräte, wie Rasierer Kaffeemaschinen, Depilatoren u.ä.

400 Kommission 17.07.2009, M. 5547, Tz. 104-110 – *Philips/Saeco.*

Auch bezüglich der Märkte für verschiedene Formen von Kaffeemaschinen sei nicht zu erwarten, dass der Zusammenschluss den Wettbewerb schädigen werde. Die Marktmacht auf dem Markt der Systeme für Kaffeepads könne nicht auf Märkte für andere Kaffeemaschinen übertragen werden. Es bestehe dafür keine praktisch umsetzbare Möglichkeit. Nur wenige Käufer auf beiden Märkten seien nämlich identisch. Außerdem kauften die Kunden die beiden Produkte nicht gleichzeitig.[401]

12. Oracle/Sun[402]

In diesem Fall übernahm die Oracle Corporation Sun Microsystems, Inc. Oracle entwickelt und handelt mit Unternehmenssoftware und ähnlichen Produkten, wie beispielsweise Datenbanken. Sun bot Hardware und Software, einschließlich Betriebssystemen sowie ähnliche Produkte, die gleichfalls auch Datenbanken umfassten, an.

In konglomerater Hinsicht befürchteten Wettbewerber, dass Marktmacht zwischen den verschiedenen Technologiemärkten übertragen würde. Die Kommission folgte dieser Argumentation nicht. Für eine Marktmachtübertragung aus dem Markt für Betriebssysteme sei der Marktanteil zu niedrig. Der einzige Markt, auf dem das fusionierte Unternehmen über einen erheblichen Marktanteil verfüge, sei der Markt für Datenbanken. Dieser sei gleichzeitig aber auch ein höchst profitabler Markt. Er sei daher für eine Marktmachtübertragung nicht geeignet. Die aus ihr resultierenden Gewinneinbußen schlössen die Wirtschaftlichkeit einer solchen Strategie aus.[403]

III. Die Leitlinien der Kommission

Im Jahr 2004 erließ die Kommission die Horizontalleitlinien[404] und Ende 2007 die Nichthorizontalleitlinien[405].

Die Leitlinien sollen den analytischen Ansatz erklären, den die Kommission in der Fusionskontrolle verfolgt. Sie sind nicht bindend.[406] Die Kommission betont, dass sie stets die Gegebenheiten des Einzelfalles abwäge.[407]

---

401 Kommission, aaO, Tz. 111-120.

402 Kommission 21.01.2010, M.5529 – *Oracle/Sun*.

403 Kommission 21.01.2010, M.5529, Tz. 959-963 – *Oracle/Sun*.

404 ABl. 2004 C 31/5.

405 ABl. 2008 C 265/6.

406 Horizontalleitlinien, ABl. 2004 C 31/5, Tz. 7.

407 Horizontalleitlinien, ABl. 2004 C 31/5, Tz. 5 bzw. Nichthorizontalleitlinien, ABl. 2008 C 265/6, Tz. 8.

1. Leitlinien zur Bewertung horizontaler Zusammenschlüsse

Die Horizontalleitlinien enthalten auch Regelungen zum Wegfall potenziellen Wettbewerbs. Generell stellt die Kommission Zusammenschlüsse mit potenziellen Wettbewerbern horizontalen Zusammenschlüssen gleich.[408] Potenzielle Wettbewerber steigern nach Ansicht der Kommission vor allem dann den Wettbewerbsdruck, wenn sie ohne signifikante irreversible Kosten in den jeweiligen Markt eintreten können. Es seien außerdem diejenigen Firmen als potenzielle Wettbewerber zu sehen, die die irreversiblen Kosten in naher Zukunft sehr wahrscheinlich auf sich nehmen würden.[409]

Die Horizontalleitlinien enthalten zwei Grundvoraussetzungen, wann eine Fusion den Wettbewerb erheblich einschränkt, indem sie potenziellen Wettbewerb vermindert. Erstens muss der potenzielle Wettbewerber vor dem Zusammenschluss das Marktverhalten der Marktteilnehmer spürbar gemäßigt haben, oder es gibt Anhaltspunkte, dass er es bald gemäßigt hätte. Pläne des Unternehmens, in den Markt in großem Umfang einzutreten, können diesen baldigen Einfluss belegen. Zweitens dürfen nicht genügend andere potenzielle Wettbewerber existieren, welche auch nach dem Zusammenschluss einen ausreichenden Wettbewerbsdruck aufrechterhalten können.[410]

2. Leitlinien zur Bewertung nichthorizontaler Zusammenschlüsse

Bevor die Kommission die Nichthorizontalleitlinien erlassen hat, veröffentlichte sie deren Entwurf. Zu diesem konnte in einem Diskussionsprozess Stellung genommen werden. Zweiunddreißig Stellungnahmen gingen bei der europäischen Kommission ein.[411] Schon dies verdeutlicht die Vielzahl unterschiedlicher Positionen, die die Kommission zu bedenken hatte, als sie die Leitlinien entwarf.[412]

Wegen der Misserfolge vor den europäischen Gerichten bei der Fusionskontrolle konglomerater Zusammenschlüsse war unklar, welche Position die Kommission nunmehr in dieser Frage einnahm. Die Leitlinien sollten den Unternehmen nach den Worten der Wettbewerbskommissarin Neelie Kroes *„clear and*

408 Horizontalleitlinien, ABl. 2004 C 31/5, Tz. 58.

409 Horizontalleitlinien, ABl. 2004 C 31/5, Tz. 59.

410 Horizontalleitlinien, ABl. 2004 C 31/5, Tz. 60.

411 Abrufbar unter: http://ec.europa.eu/competition/mergers/legislation/non_horizontal_consultation.html (letzter Abruf: 26.08.2012).

412 Nichthorizontalleitlinien, ABl. 2008 C 265/6, Tz. 9.

predictable guidance“[413] verschaffen. Die Kommission strebte mehr Transparenz und Rechtssicherheit an.

a) Prüfungsmaßstab

Am Anfang der Nichthorizontalleitlinien erläutert die Kommission allgemeine Maßstäbe ihrer Beurteilungspraxis. Wettbewerb ermögliche niedrige Preise, qualitativ hochwertige Produkte und eine breite Auswahl an Waren, Dienstleistungen und Innovationen.[414] Marktmacht[415] im Sinne des Art. 2 Abs. 2 FKVO beziehe sich auf die Fähigkeit eines Unternehmens, die Preise gewinnbringend zu erhöhen, den Ausstoß von Waren und Dienstleistungen oder ihre Auswahl und Qualität zu verringern, Innovation einzuschränken oder die Umstände des Wettbewerbs auf andere Weise negativ zu beeinflussen.

Für konglomerate Fusionen legt die Kommission dar, dass die Nichthorizontalleitlinien in erster Linie konglomerate Fusionen zwischen eng verwandten Märkten betreffen. Das seien beispielsweise Fusionen zwischen Anbietern von Komplementärprodukten oder Produkten, die zur gleichen Produktpalette gehören.[416] Die Formulierung „in erster Linie“ zeigt, dass die Kommission auch andere konglomerate Zusammenschlüsse näher prüfen könnte.

Im folgenden Überblick bewertet die Kommission nichthorizontale Zusammenschlüsse grundsätzlich. Diese gäben in der Regel weniger Anlass zu Wettbewerbsbedenken als horizontale Fusionen,[417] weil sie nicht zu einem Verlust direkten Wettbewerbs führten[418] und erheblichen Spielraum für Effizienzgewinne böten[419]. Die Aussage, dass nichthorizontale Zusammenschlüsse nur ausnahmsweise wettbewerblich bedenklich seien, wird nicht getroffen.

Im Hinblick auf die beständige US-amerikanische Kritik betont die Kommission, dass das Wettbewerbsrecht den wirksamen Wettbewerb und nicht die Wettbewerber schütze. Auch Zwischenverbraucher, die Teil einer Wertschöpfungskette sind, schütze das Wettbewerbsrecht nicht.[420]

---

413 Kommission, Pressemitteilung IP/07/1780 v. 28.11.2007, abrufbar unter http://europa.eu/rapid/pressReleasesAction.do?reference=IP/07/1780, zuletzt geprüft: 21.04.2013.

414 Nichthorizontalleitlinien, ABl. 2008 C 265/6, Tz.5.

415 „Marktmacht“ ist nicht zu verwechseln mit dem in Art. 2 Abs. 2 FKVO nun als Regelfall verwendeten Begriff der „Marktbeherrschung“. Marktbeherrschung liegt vor, wenn ein gewisses Maß an Marktmacht überschritten wird, vgl. *Bundeskartellamt*; Konglomerate Zusammenschlüsse, S. 4.

416 Nichthorizontalleitlinien, ABl. 2008 C 265/6, Tz. 5.

417 Nichthorizontalleitlinien, ABl. 2008 C 265/6, Tz. 11.

418 Nichthorizontalleitlinien, ABl. 2008 C 265/6, Tz. 12.

419 Nichthorizontalleitlinien, ABl. 2008 C 265/6, Tz. 13-14.

420 Nichthorizontalleitlinien, ABl. 2008 C 265/6, Tz. 16.

Die Wirkungen einer Fusion bestimmt ein Vergleich des zu erwartenden zukünftigen Zustands mit den Wettbewerbsbedingungen, die zum Zeitpunkt der Fusion bestanden. Die Kommission berücksichtigt dabei auch Entwicklungen des Marktes, die mit einiger Sicherheit vorhersehbar sind. Ausdrücklich führt sie den Markteintritt oder –austritt eines Wettbewerbers als Beispiel an.[421]

Marktanteilen und Konzentrationshöhen hat die Kommission einen eigenen Teil III gewidmet. Ein nichthorizontaler Zusammenschluss könne den wirksamen Wettbewerb nur beeinträchtigen, wenn das fusionierte Unternehmen in einem der betroffenen Märkte über ein deutliches Maß an Marktmacht verfügt.[422] Die Kommission nennt keine absoluten Grenzwerte, anhand derer sie diese Marktmacht bestimmt. Es stellten sich allerdings kaum Wettbewerbsbedenken, wenn der Marktanteil der neuen Einheit in jedem der betroffenen Märkte unterhalb von 30% und der Herfindahl-Hirschman Index unterhalb von 2000 liegt;[423] zwischen vertikalen und konglomeraten Zusammenschlüssen differenziert die Kommission nicht. Unter besonderen Umständen prüft sie eine Fusion auch unterhalb der genannten Schwellenwerte eingehend. Solche besonderen Umstände liegen beispielsweise vor, wenn eines der fusionierenden Unternehmen aufgrund jüngst erfolgter Innovationen voraussichtlich stark wachsen wird.[424] Ebenfalls ausdrücklich als Ausnahmen von den Schwellenwerten sieht die Kommission:

- Fälle beträchtlicher Überkreuz-Beteiligungen,[425]
- Fälle, in denen eines der beteiligten Unternehmen dazu neigt, koordiniertes Marktverhalten zu stören,[426] sowie
- Fälle, in denen Anzeichen für vergangene oder andauernde Koordinierung oder die spätere Koordinierung erleichternde Verhaltensweisen vorliegen.[427]

Auch Unternehmen, welche die genannten Marktanteilsschwellen nicht erreichen, müssen demnach vor einer Fusion diverse Kriterien bedenken. Wiederum sind die Kriterien nur Anhaltspunkte. Die Kommission stellt klar, dass keine Rechtsvermutung gelten solle, wenn die Werte unterschritten werden.[428]

Im letzten Abschnitt V der Leitlinien erörtert die Kommission, wie sie speziell konglomerate Zusammenschlüsse beurteilt. Sie räumt ein, dass konglomerate Zusammenschlüsse grundsätzlich keine Wettbewerbsprobleme aufwerfen. Trotz-

421 Nichthorizontalleitlinien, ABl. 2008 C 265/6, Tz. 20.
422 Nichthorizontalleitlinien, ABl. 2008 C 265/6, Tz. 23.
423 Nichthorizontalleitlinien, ABl. 2008 C 265/6, Tz. 25.
424 Nichthorizontalleitlinien, ABl. 2008 C 265/6, Tz. 26a.
425 Nichthorizontalleitlinien, ABl. 2008 C 265/6, Tz. 26b.
426 Nichthorizontalleitlinien, ABl. 2008 C 265/6, Tz. 26c.
427 Nichthorizontalleitlinien, ABl. 2008 C 265/6, Tz. 26d.
428 Nichthorizontalleitlinien, ABl. 2008 C 265/6, Tz. 27.

dem könnten sie aber den Wettbewerb schädigen. In die diesbezügliche Abwägung seien dann auch Effizienzgewinne mit einzubeziehen.[429]

b) Unkoordinierte Effekte konglomerater Zusammenschlüsse

Die Kommission hält bei konglomeraten Fusionen am häufigsten Fälle der Abschottung für problematisch. Ein solcher läge vor, wenn das fusionierte Unternehmen die starke Stellung in einem Markt ausnutze, um diese mittels einer Hebelwirkung auf den anderen Markt zu übertragen und diesen so abzuschotten.[430] Das könne durch Bindung oder Kopplung geschehen.[431] Kopplung erfolgt in reiner oder gemischter Form.[432] Bei der reinen Kopplung werden Produkte ausschließlich gemeinsam in einem festgelegten Verhältnis angeboten. Bei der gemischten Kopplung sind die Produkte hingegen auch separat erhältlich. Die Summe der Einzelpreise ist aber höher als der Paketpreis. Bei der Bindung muss der Käufer des einen Produkts in diesem Moment und zukünftig auch das andere kaufen.[433] Typischerweise ist dabei das andere Produkt ein Verbrauchsgut, welches notwendig ist, um das erste Produkt zu nutzen. Die Bindung kann vertraglich oder technisch begründet sein. Ob es wahrscheinlich ist, dass ein Markt nach der Fusion durch Bindung oder Kopplung abgeschottet wird und die Fusion deshalb zu untersagen ist, bestimmt ein dreiteiliger Test. Erstens muss die fusionierte Einheit die Fähigkeit zur Abschottung haben, zweitens muss ein wirtschaftlicher Anreiz dazu bestehen, und drittens muss die Abschottungsstrategie den Wettbewerb spürbar schädigen.[434]

Die Fähigkeit zur Abschottung resultiert nach den Leitlinien aus der faktischen Fähigkeit zur Bindung oder Kopplung. Dafür muss das fusionierte Unternehmen Bindung und Kopplung praktisch durchführen können. So müssten für Fälle der reinen Kopplung Produkte im Allgemeinen gleichzeitig und von denselben Kunden gekauft werden. Auch technische Bindung sei nur in gewissen

---

429 Nichthorizontalleitlinien, ABl. 2008 C 265/6, Tz. 92.

430 Nichthorizontalleitlinien, ABl. 2008 C 265/6, Tz. 93.

431 Leider werden die englischen Begriffe *Bundling und Tying* häufig nicht einheitlich übersetzt. Auch die im Amtsblatt der Europäischen Union veröffentlichte Übersetzung weist einen Fehler auf, indem sie in Tz. 98 „*Bundling*" mit „Bindung" übersetzt und nicht mit Kopplung. Beide Varianten, zwei Güter zu verbinden, wirken sich auf den Wettbewerb praktisch gleich aus. Daher werden im deutschen Recht regelmäßig beide Formen als „Kopplung" bezeichnet, z.B. von *Burkert,* Kopplungsgeschäfte, S. 31 ff. Auch in dieser Untersuchung umfasst der Begriff „Kopplung" sowohl *Bundling* als auch *Tying*, falls nicht explizit differenziert wird.

432 Nichthorizontalleitlinien, ABl. 2008 C 265/6, Tz. 96.

433 Nichthorizontalleitlinien, ABl. 2008 C 265/6, Tz. 97.

434 Nichthorizontalleitlinien, ABl. 2008 C 265/6, Tz. 94.

Märkten möglich.[435] Darüber hinaus müsse das Unternehmen in einem der Märkte über deutliche Marktmacht verfügen. Es müsse den Markt jedoch nicht beherrschen. Weiterhin müsse eines der angebotenen Produkte von den Kunden als besonders wichtig und alternativlos gesehen werden.[436] Letztlich sei ein großer gemeinsamer Kundenstamm entscheidend, um einen Markt abschotten zu können.[437] Die Kommission quantifiziert keine dieser Aussagen. Sie stellt allerdings klar, dass sie bloße Sortimentseffekte, also eine gesteigerte Attraktivität für Kunden durch ein erweitertes Produktsortiment,[438] nicht für bedenklich hält.[439]

Ein Anreiz zur Abschottung besteht den Leitlinien zufolge, sofern es gewinnbringend ist, den Markt abzuschotten. Es seien die Verluste und Gewinne zu vergleichen, die aus der Hebelstrategie resultieren.[440] Allerdings reagiert die Kommission auch auf die bereits diskutierte Rechtsprechung.[441] Gewisse andere Faktoren, die die Marktstrategie beeinflussen, würden in der Verhaltensprognose berücksichtigt. Dazu gehöre die Illegalität des in Rede stehenden Verhaltens.[442] Jedoch würden diese Faktoren nur summarisch geprüft.[443]

Das Verhalten schädige den Wettbewerb vor allem dann spürbar, wenn die fusionierte Einheit eine beherrschende Stellung erringe. Konkurrenten könnten durch die Hebelwirkung verdrängt und Marktzutrittsschranken erhöht werden. Auch könne ein komplizierter Markteintritt potenzielle Wettbewerber abschrecken.[444]

Unproblematisch sei der Zusammenschluss allerdings, wenn genügend Einproduktunternehmer in beiden Märkten bestehen blieben.[445] Eine große Nachfragemacht könne die Marktmacht ebenfalls begrenzen.[446] Hier betont die Kommission erneut, dass Effizienzen, insbesondere der „Cournot-Effekt", Einschränkun-

---

435 Nichthorizontalleitlinien, ABl. 2008 C 265/6, Tz. 98; um eine technische Bindung zu realisieren, ist eine Spezifizierung der beiden Produkte notwendig, um auszuschließen, dass diese mit anderen Produkten funktionieren.

436 Nichthorizontalleitlinien, ABl. 2008 C 265/6, Tz. 99.

437 Nichthorizontalleitlinien, ABl. 2008 C 265/6, Tz. 100.

438 Vgl. insoweit zur teilweise anders verwendeten Terminologie Teil 1, Kapitel D.II in der Eröffnung.

439 Nichthorizontalleitlinien, ABl. 2008 C 265/6, Tz. 104.

440 Nichthorizontalleitlinien, ABl. 2008 C 265/6, Tz. 105.

441 Vgl. Teil 1, Kapitel D.II.

442 Nichthorizontalleitlinien, ABl. 2008 C 265/6, Tz. 110.

443 Nichthorizontalleitlinien, ABl. 2008 C 265/6, Tz. 110 iVm Fn. 3, Tz 43.

444 Nichthorizontalleitlinien, ABl. 2008 C 265/6, Tz. 111 u. 112.

445 Nichthorizontalleitlinien, ABl. 2008 C 265/6, Tz. 113.

446 Nichthorizontalleitlinien, ABl. 2008 C 265/6, Tz. 114.

gen des Wettbewerbs ausgleichen könnten.[447] Die Kommission quantifiziert ihre Aussagen nicht.

c) Koordinierte Effekte konglomerater Unternehmenszusammenschlüsse

Die Kommission erläutert in Tz. 119 der Nichthorizontalleitlinien die grundsätzliche Bewertung koordinierter Effekte[448] konglomerater Unternehmenszusammenschlüsse. Diversifizierende Fusionen könnten manchmal eine wettbewerbsschädliche Koordinierung, welche noch keine Vereinbarung iSd Art. 101 AEUV darstellt, fördern.[449] Nach Tz. 119 S. 2 der Nichthorizontalleitlinien im deutschen Wortlaut soll in diesem Zusammenhang pauschal auch Abschnitt IV der Horizontalleitlinien gelten. Das verwundert zunächst. Abschnitt IV Horizontalleitlinien, beispielsweise die dortige Tz. 39, betrifft in Teilen ausdrücklich nur Konstellationen, in denen ein Zusammenschluss in demselben Markt vorliegt. Es erscheint verfehlt, den Abschnitt pauschal auf konglomerate Fusionen zu übertragen. Ein Abgleich mit dem englischen Wortlaut räumt Unsicherheiten aus. Der Verweis bezieht sich nicht generell auf Abschnitt IV, sondern nur auf das dort dargestellte *Framework*. Relevant ist also die Methodik, mit deren Hilfe die Märkte identifiziert werden sollen, die zu stillschweigender Koordinierung neigen.

Die Tz. 41 bis 57 der Horizontalleitlinien nennen vier Voraussetzungen, die eine Koordinierung begünstigen. Erstens müsse es in dem fraglichen Markt möglich sein, die Modalitäten der Koordinierung zu erkennen.[450] Das sei umso eher der Fall, je weniger komplex und je stabiler das wirtschaftliche Umfeld ist. Ein stabiles wirtschaftliches Umfeld liege vor, wenn wenige Wettbewerber am Marktgeschehen teilnehmen und ein einzelnes, homogenes Gut gehandelt wird. Außerdem seien konstante Nachfrage- und Angebotsbedingungen hilfreich.[451] Um sich zu koordinieren sei es auch hilfreich, wenn Kunden anhand eindeutiger Merkmale aufgeteilt werden könnten.[452] Zweitens sollten die sich koordinierenden Unternehmen erkennen können, wenn ein Unternehmen von den Modalitäten der Koordinierung abweicht. Das sei umso eher der Fall, je transparenter der

447 Nichthorizontalleitlinien, ABl. 2008 C 265/6, Tz. 115-117. Vgl. zum Cournot-Effekt auch *Riesenkampff/Lehr* in: Lowenheim/Meessen/Riesenkampff, Art. 2 FKVO, Rn. 135 sowie Teil 2, Kapitel A.II.

448 Koordinierte Effekte eines Zusammenschlusses sind solche Wirkungen, die aus dem Verhalten mehrerer Wettbewerber entstehen.

449 Nichthorizontalleitlinien, ABl. 2008 C 265/6, Tz. 119 S. 1.

450 Horizontalleitlinien, ABl. 2004 C 31/5, Tz. 44.

451 Horizontalleitlinien, ABl. 2004 C 31/5, Tz. 45.

452 Horizontalleitlinien, ABl. 2004 C 31/5, Tz. 46.

Markt sei.[453] Derartige Abweichungen müssten drittens wirksam und zeitnah vergolten werden können.[454] Sie könnten auch in einem anderen Markt vergolten werden, in dem die Unternehmen sich gegenüberstehen.[455] Viertens dürfen Unternehmen, die an der Koordinierung nicht teilnehmen, die Koordinierung nicht gefährden.[456] Die Kriterien der Kommission ermöglichen eine graduelle Wertung. Letztlich entscheidet eine Gesamtschau der verschiedenen Kriterien. Keines der Kriterien ist absolut formuliert. Daher können außergewöhnliche Umstände in die Wertung einbezogen werden.

Insbesondere für derartige Märke nennt die Kommission zwei Varianten konglomerater Unternehmenszusammenschlüsse, die den Wettbewerb schädigen könnten, weil sie eine Koordinierung begünstigen.

So könne ein Unternehmen Wettbewerber verdrängen, nachdem eine konglomerate Fusion seine Marktmacht erhöht hat.[457] Dadurch steige die Konzentration im Markt. Das könne es wahrscheinlicher machen, dass sich die verbliebenen Wettbewerber koordinieren.[458] Auch wenn keine Wettbewerber verdrängt würden, könnten sie sich trotzdem nach der Fusion in einer verwundbareren Lage befinden.[459] Das könnte sie veranlassen, im Wettbewerb nicht aggressiv zu agieren, sondern die durch die Koordinierung bewirkten hohen Preise auszunutzen.[460]

Außerdem könnten konglomerate Fusionen das Ausmaß und die Bedeutung von Situationen erhöhen, in denen Unternehmen gleichzeitig in mehreren Märkten konkurrieren.[461] Daher könnten sie sich nach dem Zusammenschluss gegenseitig stärker beeinflussen. Das begünstige ebenfalls eine Koordinierung.[462]

3. Wettbewerbspolitisches Leitbild und Perspektive der Leitlinien

Die Kommission verwendet in ihren Leitlinien vielfältige Parameter für Wettbewerb und Marktmacht, insbesondere betont sie die Innovation. Damit distanziert sie sich von der *Chicago School*. Sie orientiert sich stattdessen an einem dynamischen, offenen Verständnis des Wettbewerbs. Andererseits beurteilt sie Zusammenschlüsse danach, wie sie sich auf den Endverbraucher auswirken und be-

453 Horizontalleitlinien, ABl. 2004 C 31/5, Tz. 49.
454 Horizontalleitlinien, ABl. 2004 C 31/5, Tz. 52.
455 Horizontalleitlinien, ABl. 2004 C 31/5, Tz. 52.
456 Horizontalleitlinien, ABl. 2004 C 31/5, Tz. 56 f.
457 Nichthorizontalleitlinien, ABl. 2008 C 265/6, Tz. 120.
458 Nichthorizontalleitlinien, ABl. 2008 C 265/6, Tz. 120 S. 1.
459 Nichthorizontalleitlinien, ABl. 2008 C 265/6, Tz. 120 S. 2.
460 Nichthorizontalleitlinien, ABl. 2008 C 265/6, Tz. 120 S. 3.
461 Nichthorizontalleitlinien, ABl. 2008 C 265/6, Tz. 121.
462 Nichthorizontalleitlinien, ABl. 2008 C 265/6, Tz. 121,

rücksichtigt dabei auch potenzielle Effizienzgewinne. Dieser Bewertungsmaßstab steht den Lehren der *Chicago School* recht nah.[463]

Die Verbindung zum Ordoliberalismus ist schon dadurch zu erkennen, dass die Kommission Fusionen umfassend regelt.[464] Insoweit vertraut sie nicht auf den freien Wettbewerb, sondern gibt ihm einen rechtlichen Rahmen. Diesen rechtlichen Rahmen versucht sie möglichst eindeutig zu definieren, so dass sich der Wettbewerb in diesen Grenzen entfalten kann.

Die Kommission behält sich mit ihren Nichthorizontalleitlinien prinzipiell vor, auch gegen vertikale und konglomerate Fusionen vorzugehen. Dies widerspricht, ebenso wie die langfristigen Prognosen, die die Kommission für möglich hält, der Position der traditionellen *Chicago School*.

Bei ihren Analysen von Zusammenschlüssen und diesbezüglichen Regelungen knüpft die Kommission an Marktanteilsschwellen oder andere Aspekte der Marktstruktur an. Von der Marktstruktur schließt sie auf mögliche Wirkungen des Zusammenschlusses. Auf dieser Basis prüft sie den Einzelfall. Sie nutzt also den Ansatz der *Harvard School*, soweit sie von der Marktstruktur ausgeht. Sie modifiziert den Ansatz jedoch entscheidend. Rückkoppelungen sind möglich.[465] So können sich Verhalten und Ergebnis wiederum auf die Marktstruktur auswirken.[466] Die einseitige Kausalkette des Struktur-Verhalten-Ergebnis Paradigmas wird aufgegeben. Die Kommission formuliert beinahe keine ihrer Regelungen absolut. Sie lässt ausdrücklich Raum, um neue Konstellationen zu entdecken, in denen der Wettbewerb geschädigt wird.[467] Das erinnert ein Stück weit an die Lehre Hayeks.

Die Post-Chicago-Lehre spiegelt sich stark darin wider, dass die Kommission die Dynamik des Wettbewerbs betont.[468] Innovation ist für sie ein Ziel des Wettbewerbs, das niedrigen Preisen gleichwertig ist. Um sie zu schützen verwendet die Kommission typische *Post-Chicago*-Methoden, insbesondere die Spieltheo-

---

463 MüKo, Bd. 1, Kerber/Schwalbe, Einl., Rn. 1038.

464 Es wird häufig betont, dass das europäische Kartellrecht besonders in seinen Ursprüngen eng mit dem Ordoliberalismus verbunden sei. *Hildebrand,* Economic Analysis, S. 159 ff.; *Kerber/ Schwalbe* in: MüKoEuWettbR, Einleitung H, Rn. 1034.

465 Vgl. dazu ausführlich *Hildebrand,* Economic Analysis, S. 170.

466 *Hildebrand,* Economic Analysis, S. 170, sieht diese angepasste Methodik als einen integralen Bestandteil einer *European School*.

467 Was naturgemäß die Rechtssicherheit beeinträchtigt. Vgl. zur Kritik insbesondere der Leitlinien Teil 2, Kapitel A.

468 Dabei wird die Effizienz des Ergebnisses nicht statisch für einen gegeb enen Zeitpunkt sondern über einen längeren Zeitraum bewertet. So können kurzfristige allokative Effizienzverluste durch Marktmacht ausgeglichen werden, wenn gerade diese Marktmacht langfristig Innovation stimuliert und so neue und bessere Produkte bewirkt, s. *Hildebrand,* Economic Analysis, S. 172 f.

rie. Diese Perspektive spielt bei konglomeraten Zusammenschlüssen eine wichtige Rolle. Deren Auswirkungen bestimmt die Kommission, indem sie den Markt langfristig betrachtet und Anreize für die Wettbewerber bestimmt.

Die Kommission folgt in ihren Leitlinien also keinem geschlossenen wettbewerbspolitischen Leitbild. Ebenso scheint die Haltung der Kommission gegenüber konglomeraten Zusammenschlüssen offen. Spezielle weitere Konstellationen konglomerater Zusammenschlüsse, die die dynamische Effizienz mindern, könnten jederzeit identifiziert und von ihr adressiert werden.

IV. Zusammenfassung des Rechtszustands in Europa

1. Materielle Behandlung

a) Grundsätzliche wettbewerbliche Beurteilung

Konglomerate Zusammenschlüsse gelten in der europäischen Rechtspraxis als weniger problematisch als horizontale oder vertikale Zusammenschlüsse. Allerdings glauben sowohl die europäischen Gerichte als auch die Europäische Kommission, dass sie unter gewissen Umständen den Wettbewerb schädigen können.

b) Fallgruppen

(1) Potenzieller Wettbewerb

Die Europäische Kommission führt häufig an, dass ein Zusammenschluss den potenziellen Wettbewerb beschränke.[469] Ihre Argumentation entspricht im Kern der aus dem US-amerikanischen Recht bekannten Logik. Potenzieller Wettbewerb kann nach Ansicht der Kommission auch dann bestehen, wenn zwei Märkte absehbar zusammenwachsen.[470] Der Wettbewerbsdruck muss dabei nicht notwendigerweise die Preise beeinflussen. Der potenzielle Wettbewerb kann auch die Innovation antreiben.

469 Schon in Kommission 02.10.1991, M.53, ABl. 1992 L 204/1, Tz. 31 – *Aerospatiale-Alenia/de Havilland*; auch in Kommission 30.10.2001, M. 2416, ABl. 2004 L 43/13, Tz. 401 – *Tetra Laval/Sidel*. Vgl. Zu diesem Themenkomplex ausführlich (nicht auf konglomerate Zusammenschlüsse beschränkt): *Gey*, Potentieller Wettbewerb.

470 Kommission 30.10.2001, M. 2416, ABl. 2004 L 43/13, Tz. 328 f., 331, 336 ff. – *Tetra Laval/Sidel*.

Grundsätzlich erkennen die europäischen Gerichte das Argument des Wegfalls potenziellen Wettbewerbs an. Allerdings muss dieser Wegfall tatsächlich die Marktsituation verschlechtern. Auch sonstige Umstände können nämlich nach Ansicht der Gerichtsbarkeit das Marktverhalten der Wettbewerber kontrollieren.[471]

In die Leitlinien hat die Kommission die von den Gerichten erhobenen Einwände zur Kausalitätsprüfung integriert und zu einer zweistufigen Prüfung konkretisiert. Erstens muss der potenzielle Wettbewerber vor dem Zusammenschluss entweder einen erheblichen mäßigenden Einfluss auf den anderen Markt ausgeübt haben oder einen solchen zukünftig wahrscheinlich entwickeln. Zweitens darf kein ausreichender Wettbewerbsdruck von sonstigen potenziellen Wettbewerbern ausgehen.[472]

(2) Marktmachtübertragung und Marktverschließung

Die Kommission verwendete diesen Analyseansatz sowohl in *GE/Honeywell* als auch in *Tetra/Sidel*. Sie stellte auf ein Zusammenspiel verschiedener Faktoren ab, definierte aber kein klares Prüfungsschema. Das führte zu grundsätzlicher Kritik des EuG an der Argumentation der Kommission.[473] Das Gericht akzeptierte zwar, dass in gewissen Fällen nach einer konglomeraten Fusion Marktmacht übertragen werden kann, doch sei insoweit eine überzeugende Beweisführung hinsichtlich der einzelnen Komponenten notwendig.

Die Kommission hat diese Kritik aufgenommen und daraus in den Leitlinien konkrete Prüfungsschemata geschaffen. Die einzelnen Prüfungsschritte wurden von der Gerichtsbarkeit praktisch vorgegeben. Unklar ist nur, inwieweit die von der Kommission definierten konkreten Grenzwerte und problematischen Fälle richterliche Anerkennung finden werden. Auch hat die Kommission die neue Prüfung noch nicht praktisch auf einen konglomeraten Zusammenschluss angewendet.

---

471 EuG 25.10.2002, Rs. *T-5/02,* Slg. 2002, II-4381, Tz. 329 – *Tetra/Kommission*, vgl. auch Teil 1, Kapitel D.II.6.b).

472 Die Kommission hat damit der bereits dargestellten Kritik des EuG nachgegeben und sie in ihren Leitlinien ausdrücklich umgesetzt, s. EuG 25.10.2002, Rs. *T-5/02,* Slg. 2002, II-4381, Tz. 310 ff., insbesondere Tz. 328 – *Tetra/Kommission.* Vgl. auch Teil 1, Kapitel D.II.6.b).

473 EuG 25.10.2002, Rs. *T-5/02,* Slg. 2002, II-4381, Tz. 154 ff. – *Tetra/Kommission;* vgl. Teil 1, Kapitel D.II.6 und D.II.7.

(3) Sortimentseffekte[474]

Die Kommission befürchtete in diversen Fällen, dass eine Fusion den Wettbewerb schädigen werde, weil sie die Sortimente der Unternehmen kombiniere.[475] Die europäischen Gerichte haben dieses Argument, soweit ersichtlich, nie grundsätzlich abgelehnt. Sie lehnten es aber mehrfach als im konkreten Fall zu weitgehend ab.[476] Die Kommission hat diese Argumentation daraufhin in ihren Nichthorizontalleitlinien ausdrücklich aufgegeben.[477] Sie ist damit hinfällig.[478]

(4) Finanzkraft

Regelmäßig versucht die Kommission zu belegen, dass eine Fusion die Marktposition einer Zusammenschlusspartei stärkt, indem sie unterstützend auf die Finanzkraft der fusionierten Einheit verweist.[479] Die vermehrte Finanzkraft räume dem Unternehmen größeren Spielraum im Wettbewerb ein. Allerdings war große Finanzkraft noch nie der einzige oder auch nur der entscheidende Grund für die Untersagung eines Zusammenschlusses.

Die europäischen Gerichte scheinen Finanzkraft grundsätzlich als wettbewerblich relevant zu akzeptieren.[480] Mangels einschlägiger Fälle ist allerdings

---

474 In Deutschland wird die Sortimentstheorie überwiegend Portfolio-Theorie genannt (vgl. z.B. *Denzel*, WuW 2007, 566, 575). Dies sollte, um Verwechslungen zu vermeiden, unterlassen werden. Die Kommission hat beispielsweise in der Entscheidung *Philips/Saeco* Portfolioeffekte einfach mit konglomeraten Zusammenschlüssen gleichgesetzt (man mag von Portfolioeffekten i.w.S. sprechen), in englischsprachigen Artikeln werden *Portfolio Effects* auch eher als Synonym für konglomerate Effekte verstanden, *Hewitt*, OECD J.Comp.L. & Pol. 4 (2002), 66, 71; *Organisation for Economic Cooperation and Development / Committee on Competition Law and Policy*, OECD J.Comp.L. & Pol. 4 (2002), 60, 61.

475 Vgl. Teil 1, Kapitel D.II.1, D.II.3 und D.II.5.

476 EuG 22.10.2002, Rs. T-310/01, Slg. 2002, II-4071, Tz. 247 f. – *Schneider/Kommission*, vgl. Teil 1, Kapitel D.II.5; EuG 14.12.2005, Rs. T-210/01, Slg. 2005, II-5575, Tz. 470 – *GE/Kommission*, vgl. Teil 1, Kapitel D.II.7.

477 Nichthorizontalleitlinien, ABl. 2008 C 265/6, Tz. 104; vgl. auch Teil 1, Kapitel D.III.2.

478 Aus ökonomischer Sicht überzeugte das Argument ohnehin nicht. Tatsächlich mag es Kunden geben, die ein komplettes Sortiment „aus einer Hand" erwerben möchten. Der Käufer kann so Transaktionskosten sparen, die entstehen, wenn er die verschiedenen Teile des Sortiments separat erwirbt. Allerdings ist nicht ersichtlich, warum das den Wettbewerb schädigen soll.

479 Z.B. im oben erwähnten Fall Kommission 30.07.1997, M.877, ABl. 1997 L 336/16, Tz. 80-81 – *Boeing/McDonnell Douglas*.

480 EuG 14.12.2005, Rs. T-210/01, Slg. 2005, II-5575, Tz. 325 – 327 *GE/Kommission*, zwar wird hier der Verweis auf GE's Finanzkraft als im konkreten Fall ungenügend zurückgewiesen, doch wird das Argument nicht grundsätzlich abgelehnt.

nicht klar, ob ein Zusammenschluss alleine deshalb untersagt werden kann, weil er die Finanzkraft steigert.

In ihren Leitlinien erwähnt die Kommission Finanzkraft bei konglomeraten Zusammenschlüssen nicht. Allerdings beschränken sich die Leitlinien auch nur auf die „Hauptbedenken“[481] der wettbewerblichen Analyse. Die Kommission kann also weitere Gesichtspunkte prüfen. Außerdem hat die Kommission das Argument der Finanzkraft nicht ausdrücklich aufgegeben, anders als sie es bei der Sortimentstheorie getan hat. Letztlich nennt Art. 2 Abs. 1 S. 2 b) FKVO die Finanzkraft explizit als einen Faktor, der bei der Fusionskontrolle berücksichtigt werden soll.[482]

Die Finanzkraft der fusionierten Einheit behält also wenigstens als unterstützendes Kriterium in der Fusionskontrolle ihre Bedeutung. Die Kommission könnte auf die Finanzkraft der Zusammenschlussparteien verweisen, um einen Zusammenschluss beispielsweise wegen möglicher Marktmachtübertragung zu untersagen. Die Finanzkraft könnte dann zusammen mit anderen Punkten belegen, dass die fusionierte Einheit ihre Marktmacht übertragen kann.

(5) Koordinierte Effekte: Stillschweigende Kooperation und mehrfacher Wettbewerb

Soweit ersichtlich hat die Kommission noch nie einen Zusammenschluss untersagt, weil sie koordinierte Effekte befürchtete. Daher haben die Gerichte zu diesen Effekten noch nie Stellung genommen.

Gemäß der Nichthorizontalleitlinien kann allerdings ein konglomerater Zusammenschluss, der letztlich die Zahl der Wettbewerber verringert, die Wettbewerber verstärkt zu koordiniertem Verhalten verleiten.[483]

Ein weiterer möglicher koordinierter Effekt konglomerater Fusionen könnte nach der Kommission in Fällen auftreten, in denen durch eine Fusion eine neue Wettbewerbssituation zwischen Unternehmen geschaffen wird, die schon in anderen Märkten konkurrieren.[484]

---

481 Nichthorizontalleitlinien, ABl. 2008 C 265/6, Tz. 93.

482 Folglich ist die Schlussfolgerung, die Kommission könne das Argument der Finanzkraft nicht wieder aufgreifen (so *Petrasincu,* Zusammenschlüsse, S. 312), verfehlt. Im Gegensatz dazu bezeichnen *Immenga/Körber* in: IM Bd. I, Art. 2 FKVO, Rn. 515, „Finanzkraft“ oder wirtschaftliche Macht sogar als Hauptanknüpfungspunkt für die Prüfung konglomerater Zusammenschlüsse.

483 Nichthorizontalleitlinien, ABl. 2008 C 265/6, Tz. 119.

484 Nichthorizontalleitlinien, ABl. 2008 C 265/6, Tz. 121.

c) Wettbewerbspolitisches Leitbild

Die Kommission folgt keinem klar definierten wettbewerbspolitischen Leitbild. Sie verwendet Methoden und Ideen sämtlicher Wettbewerbsschulen. Diese zeichnen sich allerdings durch ein dynamisches Verständnis von Wettbewerb aus, weshalb in der Fusionskontrolle auch dynamische Effizienz relevant ist. Bezüglich der Beurteilung konglomerater Zusammenschlüsse bleibt daher Raum für neue Analyseansätze. Diese können auf einer langfristigen Betrachtung der betroffenen Märkte beruhen.

Die europäischen Gerichte scheinen sich darauf zu beschränken, die Position der Kommission hinsichtlich ihrer ökonomischen Grundlagen und der Stringenz der Argumentationen zu überprüfen. Auch sie folgen also nicht einem spezifischen wettbewerbspolitischen Leitbild.

2. Beweismaßstab

Die Beweisführung bei der Fusionskontrolle konglomerater Zusammenschlüsse wurde in Europa ausgiebig diskutiert.[485] Die detaillierte Analyse der europäischen Leitentscheidungen hat jedoch gezeigt, dass im Zusammenhang mit konglomeraten Zusammenschlüssen kein unerreichbarer Beweismaßstab[486] gilt. Die europäische Gerichtsbarkeit hat lediglich zu ungenaue Beweisführungen der Europäischen Kommission verworfen. Sie fordert ökonomisch überzeugende Argumentationen.[487]

Interne Papiere können ein geplantes Verhalten, welches den Wettbewerb schädigen wird, belegen. Alternativ verlangen die Gerichte einen mehrstufigen ökonomischen Beweis. Zunächst muss die Kommission zeigen, dass das von ihr vorhergesagte Verhalten Gewinn verspricht. Soweit Daten fehlen, kann sie ihren Rechnungen vernünftige Annahmen zugrunde legen. Wenn Daten verfügbar sind, muss die Kommission diese nutzen. Darüber hinaus fordert die Gerichtsbarkeit konkrete Ausführungen dazu, wie das behauptete Verhalten (zum Beispiel eine Kopplung) faktisch von dem fusionierten Unternehmen umgesetzt werden kann.

---

485 Vgl. nur *Brei*, WuW 2003, 585; *Neven*, in: Buccirossi (Hrsg.), S. 183; *Nothdurft*, ZWeR 2006, 306; *Scheffler*, EuZW 2005, 751; *Vesterdorf*, Eur.Comp.J. 2005, 3; *Weidenbach/Leupold*, EWS 2006, 154.

486 In diese Richtung äußerten sich *Körber*, WuW 2008, 522, 532 und *Schwaderer*, ZWeR 2007, 482, 510.

487 v. *Bonin*, WuW 2006, 466, 10; *Vesterdorf*, Eur.Comp.J. 2005, 3, 21 ff.

Letztlich erwartet die europäische Gerichtsbarkeit damit einen „Business Case“, der die höhere Profitabilität des vorhergesagten, wettbewerbsschädigenden Verhaltens gegenüber dem alternativen Verhalten belegt. Abschreckende Faktoren, wie die Illegalität des Verhaltens, muss die Kommission nur summarisch berücksichtigen.

Irritationen hat insoweit vor allem die Formulierung „eindeutige Beweise“ hervorgerufen, die die deutsche Übersetzung des Urteils *Tetra/Kommission* enthielt. Das allein verbindliche, englische Urteil spricht dagegen von *„convincing evidence“*.[488] Die Übersetzung „eindeutig“ für *„convincing“* ist zu weitgehend. Die Entscheidung *Airtours/Commission*[489], auf die sich das EuG in Tetra/Kommission bezieht, bestätigt diese Auslegung. In ihr war die Formulierung *„convincing evidence“* das erste Mal verwendet worden. Das EuG verlangt dort lediglich eine besonders intensive Analyse der Marktverhältnisse. Gleiches gilt für die Entscheidung des EuGH in *Kali und Salz*[490], auf die das EuG an derselben Stelle verweist.[491]

Der EuGH hat dieses Ergebnis mit seinem Urteil zum Zusammenschluss *Sony/BMG* bestätigt. Erhöhten Beweisanforderungen erteilte er dort eindeutig eine Absage. Es kann dahinstehen, ob er damit die Rechtsprechung des EuG korrigierte oder lediglich ein missverständliches Urteil klarstellte.

E. Vergleich des Rechtszustands in Europa und den USA

I. Grundsätzliche Beurteilung konglomerater Unternehmenszusammenschlüsse

In beiden Jurisdiktionen ist anerkannt, dass konglomerate Fusionen den Wettbewerb seltener schädigen als andere Fusionen. In den USA gelten konglomerate Zusammenschlüsse, die den Wettbewerb schädigen, allerdings tendenziell als beinahe unmöglich. Grundlegend für diese Position ist die Überzeugung, dass Märkte sich langfristig selber heilen. Die Prognosen bezüglich konglomerater Zusammenschlüsse, die aufgrund zukünftiger Marktentwicklungen gerade langfristig eine Schädigung des Wettbewerbs vorhersagen, widersprechen dieser Überzeugung. In Europa hingegen ist einerseits der Glauben an die Selbsthei-

488 EuG 25.10.2002, Rs. *T-5/02*, Slg. 2002, II-4381, Tz. 155 – *Tetra/Kommission*; siehe auch oben Fn. 337.

489 EuG 06.06.2002, Rs. *T-342/99*, Slg. 2002, II-2585, Tz. 63 – *Airtours/Kommission*.

490 EuGH 31.03.1998, Rs.C-68/94 u. 30/95, Slg. 1998, I-1375, Tz. 222 – *Kali und Salz*.

491 EuG 25.10.2002, Rs. *T-5/02*, Slg. 2002, II-4381, Tz. 155 – *Tetra/Kommission*.

lungskräfte der Märkte weniger ausgeprägt, und andererseits scheint ein dynamischeres Verständnis des Wettbewerbs zu bestehen. Daher ist anerkannt, dass gewisse konglomerate Fusionen den Wettbewerb schädigen. Allerdings fällt es sowohl der Kommission als auch den Gerichten schwer, eindeutig zu identifizieren, welche das sind.

II. Die einzelnen Fallgruppen

1. Potenzieller Wettbewerb

Ein konglomerater Zusammenschluss, der potenziellen Wettbewerb einschränkt, kann sowohl in den USA als auch in Europa untersagt werden.

Die *Actual Potential Entrant* Theorie ist aber überholt. Unter dem Wegfall potenziellen Wettbewerbs werden immer Konstellationen der früheren *Perceived Potential Entrant* Theorie verstanden. In Europa muss der Wettbewerbsdruck, den der Zusammenschluss beseitigt, nicht unbedingt Preisdruck sein. Insbesondere Innovation spielt hier auch eine bedeutende Rolle. In den USA ist die Kontrolle des Preises hingegen bislang der weitgehend dominante Indikator für Wettbewerbsdruck.

2. Marktverschließung und Marktmachtübertragung

In Europa ist anerkannt, dass ein konglomerater Unternehmenszusammenschluss es ermöglichen kann, einen Markt durch Marktmachtübertragung abzuschotten. Das gilt auch für die Gerichte.

In den USA wird diese Konstellation teilweise schon theoretisch abgelehnt. Andere Stimmen räumen zwar ein, dass eine derartige Marktmachtübertragung theoretisch möglich ist. Doch zweifeln sie an der Fähigkeit der Kartellbehörden, derartige Situationen zu identifizieren.

Es ist unklar, wie weit der Reformwille der US-amerikanischen Kartellbehörden hier geht. Generell widmen sie denkbaren einseitigen Verhaltensweisen, die den Wettbewerb beschränken, neuerdings erhöhte Aufmerksamkeit. Es bleibt daher abzuwarten, ob ein konglomerater Zusammenschluss nunmehr auch wegen künftiger Marktmachtübertragung untersagt werden kann. Jedoch ist zu bezweifeln, dass eine derartige Entscheidung vor dem derzeit konservativ besetzten *Supreme Court* Bestand hätte.

3. Finanzkraft und Entrenchment

In den USA ist nicht mehr relevant, ob ein konglomerater Unternehmenszusammenschluss die Finanzkraft des übernommenen Unternehmens steigert.

In Europa hingegen ist die Finanzkraft der fusionierten Einheit auch in neueren Entscheidungen der Kommission als unterstützendes Argument relevant. Die Kommission wird aber einen konglomeraten Zusammenschlusses wohl nicht nur wegen gewonnener Finanzkraft untersagen. Nach den gesetzlichen Vorgaben ist die Finanzkraft jedoch stets bei der Bewertung einer Fusion zu berücksichtigen.

4. Koordinierte Effekte

Vom Argument der *Reciprocity*, also von wechselseitigen Geschäften, ist die US-amerikanische Rechtspraxis im Hinblick auf Fusionen abgerückt. Auch das Argument der aggregierten Konzentration ist hinfällig.

In Europa verwendet die Kommission dagegen Aspekte beider Argumente. Durch eine konglomerate Fusion könne sich die Zahl der Märkte erhöhen, in denen sich zwei Unternehmen im Wettbewerb befänden. Dadurch könne sich der Einfluss und die Wirksamkeit von Disziplinierungsmechanismen für die Durchsetzung einer Koordinierung erhöhen. Die Kommission prüft also die Wettbewerbssituation zwischen zwei Unternehmen. Dies unterscheidet dieses Argument von der Theorie der aggregierten Konzentration. Es handelt sich um kein abstraktes Argument. Andererseits geht es nicht ausschließlich um wechselseitige Geschäfte sondern um ein sich über verschiedene Märkte erstreckendes Oligopol. Daher ist dieser Ansatz auch nicht mit der *Reciprocity-Theorie* vergleichbar. Es bleibt jedoch abzuwarten, wie die Kommission diese Argumentationslinie im konkreten Fall verwenden wird.

In Europa wird ein verstärkter Hang zur Koordinierung problematisiert, der durch die Verdrängung von Wettbewerbern im Anschluss an eine konglomerate Fusion entsteht. In den USA wird schon bezweifelt, dass eine konglomerate Fusion es ermöglichen kann, Wettbewerber zu verdrängen. Sofern diese Möglichkeit akzeptiert wird, wird bezweifelt, dass eine derartige Situation vorhergesagt werden kann. Eine darüber noch hinausgehende Prognose wird dort wohl keine Unterstützung finden.

III. Ergebnis und Prognose

Derzeit ist nicht zu erwarten, dass ein konglomerater Zusammenschluss in den USA erfolgreich untersagt wird. Die Kartellbehörden in den USA stellen zwar einige der Grundannahmen der *Chicago School*, wie die Rationalität und die Selbstheilungskräfte der Märkte, in Frage. Es wäre jedoch verfrüht, einen Wechsel der Beurteilung konglomerater Unternehmenszusammenschlüsse zu konstatieren.

In Europa hingegen existieren mehrere Argumentationslinien, die zu der Untersagung eines konglomeraten Zusammenschlusses führen können. Die Kommission hat den Spielraum genutzt, den die europäischen Gerichte ihr gaben. Eine Untersagung ist aufgrund dynamischer Betrachtungen des Wettbewerbs und recht weit in die Zukunft reichender Prognosen möglich.

Indem die US-amerikanische Fusionskontrollpolitik von den Lehren der Chicago School zusehends abrückt, scheint sie sich erstmals in Richtung der europäischen Fusionskontrollpolitik zu bewegen.[492] Dieser Prozess hat allerdings erst kürzlich begonnen und sein Ausgang ist ungewiss.

---

492 Tatsächlich wurde in den USA die These aufgestellt, dass Europa in der Beurteilung nichthorizontaler Zusammenschlüsse einen Vorsprung gewonnen hat; *Langenfeld*, Geo. Mason L.Rev. 16 (2009), 851, 879 f.

Teil 2: Kritik der Beurteilung konglomerater Zusammenschlüsse in Europa und den USA

A. Europäische Rechtspraxis

I. Potenzieller Wettbewerb

Nicht nur aktive Marktteilnehmer können Wettbewerbsdruck in einem Markt erzeugen. Vielmehr beeinflussen häufig auch Unternehmen, die außerhalb des Marktes stehen, das Verhalten im Markt. Das ist der Fall, wenn sie aus dem Markt heraus als eintrittswillig wahrgenommen werden. Je wahrscheinlicher und leichter der Markteintritt ist, desto größer ist der von ihnen ausgehende Wettbewerbsdruck.

Diesen Wettbewerbsdruck veranschaulicht das Denkmodell der *Contestable Markets.*[493] Voraussetzungen im Modellmarkt sind ein zeitlich, rechtlich und unter sonstigen Aspekten freier Marktzutritt, die Abwesenheit von irreversiblen Kosten, vollständige Information sowie keine Wechselkosten seitens der Abnehmer. Wenn die Preise in diesem Markt über den Wettbewerbspreis steigen, treten unmittelbar neue Wettbewerber in den Markt ein und unterbieten den Preis. Die Abnehmer wanderten unmittelbar zur Konkurrenz ab. In einem derartigen Markt ist also auch ein Monopolist gezwungen, die Preise auf Wettbewerbsniveau zu halten.

Die limitierende Wirkung potenzieller Wettbewerber lässt sich auch außerhalb des Modells der *contestable markets* theoretisch genau berechnen. Erreichen die Preise im Markt ein Niveau, welches Gewinn verspricht, erfolgt der Markteintritt. Der Gewinn lässt sich dabei beispielsweise mit dem *Net Present Value („NPV")*[494] des Markteintritts beschreiben. Der *NPV* eines Projekts ist der mit den Kapitalkosten abgezinste Wert aller zukünftigen *Cash Flows* eines Projekts.[495] In diese Rechnung sind außer dem Preis viele weitere Faktoren einzubeziehen. Irreversible Kosten im Rahmen des Markteintritts werden vom NPV

---

493 Grundlegend *Baumol/Panzar,* Contestable Markets; ausführliche Darstellung und Auseinandersetzung bei *Jickeli,* Marktzutrittsschranken, S. 41 ff.; mit weiteren Nachweisen.

494 Im Folgenden werden primär englische betriebswirtschaftliche Begriffe verwendet, weil diese in der Praxis gebräuchlich sind und sich weitgehend als Standard etabliert haben.

495 Vgl. zur Berechnung des NPV ausführlich *Brealey/Myers/Allen,* Corporate Finance, S. 15 ff.; *Lere,* J.Bus.Fin. & Acc. 7 (1980), 245.

subtrahiert. Darüber hinaus erfolgen Risikoabschläge bezüglich der zukünftigen *Cash Flows*. Beispielsweise beeinflusst die Unsicherheit, welche Kosten oder Preise zu erwarten sind, die Analyse. Außerdem existieren natürlich diverse andere unsichere Größen in der Rechnung.[496] Die theoretisch klare Marktzutrittsanalyse ist praktisch also sehr komplex.[497] Teilweise erfordert sie weitgehende Schätzungen. Trotzdem kann die Berechnung des NPV eines Markteintritts theoretisch den Zeitpunkt, an dem potenzielle Wettbewerber in einen Markt eintreten, genau beschreiben.[498]

Ein Unternehmen tritt also in einen Markt ein, wenn das mit Rücksicht auf die eigenen Kapitalkosten profitabel ist. Das bedeutet, dass der *Net Present Value* des Markteintritts größer Null sein muss. Der NPV ist größer Null, sofern der *Discounted Present Value* („DPV") aller zukünftigen Cashflows, die der Markteintritt schafft[499], abzüglich der Anfangsinvestition größer Null ist. Der DPV für einen einzelnen zukünftigen *Cash Flow* errechnet sich folgendermaßen:

$$DPV = \frac{FV}{(1+i)^n}$$

FV = *Future Value* (erwarteter *Cash Flow*)
i = Zinsrate
n = Zeit in Jahren vor Zufluss des FV

Also gilt für den DPV eines Markteintritts im Hinblick auf alle zukünftigen Cash Flows:

$$DPV = \frac{FV_1}{(1+i)^1} + \frac{FV_2}{(1+i)^2} + \frac{FV_3}{(1+i)^3} + \frac{FV_4}{(1+i)^4} + \ldots$$

496 Vgl. dazu ausführlich unten Teil 2, Kapitel A.III.2.a).

497 Weshalb praktisch auch nur selten eine detaillierte Berechnung des NPV des Markteintritts durchgeführt werden kann. Die Betriebswirtschaft hat daher unterschiedlichste andere Methoden entwickelt, die den Erfolg eines Markteintritts vorhersagen sollen. Vgl. zu Markteintrittsstrategien *Kühn*, in: Verlagsgruppe Handelsblatt (Hrsg.), S. 3799, 3799 ff.

498 Jedenfalls bestimmen Unternehmen stets den Gewinn, den sie von einem Projekt erwarten, bevor sie investieren. Diesen vergleichen sie mit sonstigen Möglichkeiten, das Geld zu verwenden. Letztlich beschreibt die Berechnung des NPV diese Überlegungen abstrakt und treffend. Insbesondere ermöglicht ihr rein quantitativer Charakter, zu zeigen, mit welcher Tendenz sich bestimmte Umstände auf die Analyse des Markteintritts auswirken. Daher geht die vorliegende Untersuchung von dieser Methode aus. Auch sonstige betriebswirtschaftliche Verfahren, eine Investition zu bewerten, bauen auf diesem Prinzip auf. Vgl. dazu *Domschke/Scholl*, Betriebswirtschaftslehre, S. 240 ff.

499 Also der Erträge in dem neuen Markt.

Der zukünftige Cash Flow resultiert dabei, vereinfacht gesprochen, aus den zukünftigen Gewinnen des Unternehmens,[500] wobei der Gewinn dem Umsatz abzüglich der Kosten („C") entspricht. Der Umsatz wiederum ist das Produkt von Menge und Preis. Es gilt also: FV = P*Q – C. Daraus ergibt sich:

$$DPV = \frac{P_1 * Q_1 - C_1}{(1+i)^1} + \frac{P_2 * Q_2 - C_2}{(1+i)^2} + \frac{P_3 * Q_3 - C_3}{(1+i)^3} + \frac{P_4 * Q_4 - C_4}{(1+i)^4} + \ldots$$

Die niedrig gestellte Zahl steht für den jeweiligen Zeitraum. Also bestimmt folgende Formel den gegenwärtigen Wert eines Markteintritts:

$$NPV = \sum_{t=0}^{n} \frac{FV_t}{(1+i)^t} - I_0$$

t= Zeitpunkt

I_0= Anfangsinvestition

Ab einem gewissen Marktpreis ist demnach der Markteintritt für potenzielle Wettbewerber gewinnträchtig. Die Marktteilnehmer müssen den Marktpreis niedriger halten, um zu verhindern, dass das fragliche Unternehmen in den Markt eintritt. Umgekehrt gesprochen sind alle Unternehmen, für die ein Markteintritt zum Marktpreis oder nahe am Marktpreis einen positiven NPV hat, potenzielle Wettbewerber.

Die Theorie potenziellen Wettbewerbs steht also auf einem stabilen ökonomischen Fundament. Auch Unternehmen, die außerhalb des Marktes stehen, beobachten, wie er sich entwickelt. Sie prüfen den Wert eines Markteintritts genauso wie den Wert anderer Projekte. So kontrollieren sie den Markt, ohne auf ihm aktiv zu sein. Die Theorie ist nicht von „künstlichen" Bedingungen abhängig. Fügt man in das Modell beispielsweise irreversible Kosten für den Markteintritt ein, verschiebt sich lediglich die Höhe des Marktpreises, ab der potenzielle Wettbewerber in den Markt eintreten.[501]

Aus wettbewerblicher Sicht stehen die Zusammenschlüsse mit potenziellen Wettbewerbern daher den horizontalen Zusammenschlüssen nahe.[502] Der Zu-

---

500 Der Cash Flow entspricht tatsächlich nicht den Gewinnen eines Unternehmens, vielmehr den tatsächlichen Kapitalflüssen, welche aus einem Projekt für den gegebenen Zeitraum generiert werden. Beispielsweise ginge die bloße Entstehung einer Forderung nicht ein. *Koller/Goedhardt/Wessels,* Valuation, S. 154 ff.

501 Bei der Analyse der durchschnittlichen Gesamtkosten werden die irreversiblen Kosten die Gesamtkosten mit eingerechnet, bei der Cash Flow Analyse sind sie Teil der Anfangsinvestitionen.

502 *Möschel*, RabelsZ 44 (1980), 203, 227.

sammenschluss eliminiert einen bereits im Markt wirkenden Wettbewerbsdruck. Der potenzielle Wettbewerber beeinflusste schon vor der Fusion das Marktgeschehen. Demnach gelten auch die sonstigen Überlegungen bezüglich horizontaler Unternehmenszusammenschlüsse. Sofern der Wettbewerbsdruck durch andere (potenzielle) Marktteilnehmer sichergestellt wird, ist der Zusammenschluss unschädlich.

Folglich ist es sinnvoll, dass untersucht wird, ob ein konglomerater Zusammenschluss potenziellen Wettbewerb eliminiert. Bei konglomeraten Zusammenschlüssen ist allerdings die Wahrscheinlichkeit, als potenzieller Wettbewerber wahrgenommen zu werden, weniger hoch als bei vertikalen Zusammenschlüssen. Es entstehen nämlich regelmäßig erhebliche Kosten und Risiken, sofern ein Unternehmen in einen Markt eintritt, der nicht mit den eigenen Märkten verbunden ist.[503] Unternehmen, die nur in einen Markt eintreten können, indem sie sich diversifizieren, werden daher häufig nicht als potenzielle Wettbewerber wahrgenommen. Besondere Umstände können diese Wertung ändern. Das ist zum Beispiel der Fall, wenn die beiden Märkte zusammenwachsen oder besonders eng verwandt sind und daher ein Eintritt leicht möglich ist.[504]

II. Marktverschließung und Marktmachtübertragung

Marktverschließung durch Marktmachtübertragung gilt in Europa als eine mögliche Auswirkung eines klassischen konglomeraten Zusammenschlusses.[505] Das fusionierte Unternehmen nutzt seine Marktmacht in einem Markt, um den Wettbewerb in einem anderen Markt zu beeinträchtigen. Die betroffenen Produkte sind dabei komplementär oder wenigstens verwandt.

Die klassischen Formen der Marktmachtübertragung sind Bindung und Kopplung.[506] Das fusionierte Unternehmen bietet fortan gewisse Produkte ausschließlich gemeinsam oder gemeinsam zu einem erheblichen Rabatt an. Wenn es den Markt für das koppelnde oder bindende Produkt bereits vor der Fusion beherrschte und das Produkt für die Kunden essenziell ist, entstehen Probleme. Die Kunden kaufen dann auch das gekoppelte Produkt nur beim fusionierten

---

503 Vgl. Teil 3, Kapitel A.III.2.a).

504 Insbesondere wenn Märkte wegen der Kundenpräferenzen eng abgegrenzt werden, kann ein derartiger Eintritt nahe liegen. Ein Beispiel ist der Eintritt des BMW-Konzerns, der ursprünglich nur Limousinen und luxuriösere Kfz produzierte, in den Markt für kleinere Mittelklassewagen durch die Einführung des 1er BMW.

505 Vgl. Teil 1, Kapitel D.IV.1.b)(2).

506 Grundlegend zu Kopplungsgeschäften *Burkert,* Kopplungsgeschäfte.

Unternehmen. Die Wettbewerber werden dadurch bezüglich der Anteile, die auf sie entfallen wären,[507] aus dem Markt verdrängt.

Das soll an einem Beispiel erläutert werden: Unternehmen A, welches den Markt der Betriebssysteme für Computer beherrscht, übernimmt Unternehmen B, einen Anbieter einer Software, die DVDs abspielt. Fortan bietet A sein Betriebssystem nur noch mit einer vorinstallierten Version der DVD-Software an. Der Markt für DVD-Software wird dadurch erheblich beeinflusst. Die Nutzer des Betriebssystems werden regelmäßig keine weitere DVD-Software erwerben.

1. Position der Chicago School[508]

Die klassische *Chicago School* sieht Marktmachtübertragung positiv. Der Monopolist sei nämlich nicht in der Lage, eine zweite Monopolrente zu erzielen.[509] Kopplungen seien vielmehr ein Zeichen von Effizienz.[510] Verschiedene Argumente sollen dieses Ergebnis belegen.

Häufig wird folgender, auch als „Cournot-Effekt“[511] bezeichneter, Effekt angeführt. Dieser bezieht sich auf das Angebot zweier Komplementärprodukte. Sofern ein Unternehmen in beiden Märkten Monopolist ist, steigt mit der Nachfrage auf dem einen Markt automatisch die Nachfrage nach dem anderen Produkt des Unternehmens. Demnach erzielt das Unternehmen höhere Gewinne, indem es die Preise senkt. Die Kopplung senkt folglich die Preise und steigert trotzdem den Gewinn des Unternehmens.

Die Wirkweise gleicht derjenigen einer Vertikalintegration.[512] Durch den Zusammenschluss berücksichtigt das Unternehmen nunmehr beide Märkte, wenn es die Preise festsetzt. Das internalisiert Teile der zweiten Gewinnmarge und steigert die Konsumentenwohlfahrt.

Nach der *Chicago School* ist nicht zu befürchten, dass die Verbraucherpreise steigen. Der Preis der gekoppelten Güter könne die Summe der Preise beider Güter nicht übersteigen. Der Monopolist erziele auch nach der Kopplung keine

---

507 *Burkert,* Kopplungsgeschäfte, S. 223 f.

508 Nicht alle der im Folgenden zitierten Personen sind zwangsläufig einer Schule zuzurechnen. Lediglich ihre im Hinblick auf Marktabschottung und Marktmachtübertragung dargestellten Gedanken stehen in der Tradition der *Chicago School.*

509 *Ahlborn/Evans/Padilla,* Antitrust Bull. 49 (2004), 287, 323; *Alesi,* Federal Antitrust, S. 230; *Bork,* Antitrust Paradox, S. 374 f.; siehe auch *Burkert,* Kopplungsgeschäfte, S. 167 f. mit ausführlicher Erklärung.

510 *Bork,* Antitrust Paradox, S. 376 ff.; *Bowman, JR.*, Yale L.J. 67 (1957), 19, 21 ff.; *Posner,* Antitrust Law, S. 171 ff.

511 Der Namensgeber, der französische Mathematiker Antoine-Augustin Cournot hat in *Cournot,* Recherches sur les principes mathématiques, S. 99 ff. diesen Effekt erstmals aufgezeigt.

512 *Schwalbe/Zimmer,* Kartellrecht, S. 496.

höhere Monopolrente als zuvor. Sobald der Monopolist die Preise auf dem Markt für das gekoppelte Produkt unangemessen[513] steigere, träten nämlich Wettbewerber in den Markt ein. Halte der Monopolist dann an der Kopplung und dem Preis fest, verlöre er Marktanteile an die Wettbewerber. Senke er jedoch den Preis für die Kopplung, so realisiere er nicht mehr den gesamten Monopolgewinn aus dem monopolisierten Markt. Die Kopplung eliminiere dann den Gewinn und steigere sogar die Verbraucherwohlfahrt.[514]

Auch die Verbindung zweier Güter in flexiblen Verhältnissen soll die Wohlfahrt steigern. Durch eine auf die Kopplung folgende Preisdiskriminierung seien nämlich derart Abnehmer zu erreichen, welche sonst nicht am Markt nicht teilnähmen.[515] Der Anbieter erhöhe so seinen Umsatz und die Zahl der erreichten Kunden. Demnach steige die Gesamtwohlfahrt.[516]

Auch dieser Wirkzusammenhang kann an einem Beispiel verdeutlicht werden: Unternehmen A produziert Laserdrucker. In diesem Markt hat es ein Monopol. Sofern im Markt für die entsprechenden Toner wirksamer Wettbewerb herrscht, etablieren sich die Marktpreise P_T für die Toner und P_D für die Drucker. Einige Abnehmer, die Drucker und Toner intensiv nutzen, wären bereit, mehr für diese Kombination zu zahlen. Andere Abnehmer, die Drucker und Toner weniger intensiv nutzen, sind nicht bereit, zum Marktpreis zu kaufen. A stellt nunmehr technisch sicher, dass nur die eigenen Toner für seine Drucker verwendet werden können. Dadurch kann er die Preise auf beiden Märkten kontrollieren. Dann senkt A gleichzeitig P_D zu P_{DN} und erhöht im Gegenzug P_T zu P_{TH}. Dabei gilt $P_{TH}+P_{DN}<P_T+P_D$. Die Intensivnutzer kaufen die Drucker nunmehr zwar günstiger, müssen aber einen höheren Preis bei den Tonern hinnehmen. Die Nutzer, denen der Drucker vorher zu teuer war, kaufen ihn nunmehr, da er zusammen mit einem Toner günstiger geworden ist. Die Kombination von Drucker und Toner erreicht also Abnehmer, die zum alten Preis nicht gekauft hätten. Gleichzeitig steigt der Gewinn aus den Intensivnutzern. Der höhere Preis der Toner gleicht bei diesen den niedrigeren Preis der Drucker aus. Insgesamt können mehr Abnehmer am Markt teilnehmen, wodurch die Wohlfahrt steigen soll.

Die Verbindung von Produkten könne auch unter anderen Gesichtspunkten die Effizienz steigern. So spare sie Transaktionskosten, weil nur eine Transaktion nötig sei. Ebenfalls seien *economies of scope* sowie *economies of scale* bei dem Unternehmen möglich, das die Produkte produziert.[517] Wenn man ein Pro-

513 Das heißt über das Niveau hinaus, welches aufgrund der gesparten Transaktionskosten und sonstiger Vorteile, die die Kopplung für die Abnehmer bewirkt, angemessen ist.

514 *Ahlborn/Evans/Padilla*, Antitrust Bull. 49 (2004), 287, 324.

515 *Elhauge,* Antitrust Law, S. 351 f.

516 *Bork,* Antitrust Paradox, S. 376.

517 *Ahlborn/Evans/Padilla*, Antitrust Bull. 49 (2004), 287, 319.

dukt herstelle, entständen nämlich häufig Fixkosten, welche nicht wesentlich stiegen, wenn man ein weiteres Produkt herstelle. Es senke also die Durchschnittskosten, die beiden Produkte zu bündeln.[518] Auch könne ein Hersteller eine Mindestqualität aller Produktkomponenten oder mit der eigenen Marke verbundenen Angebote sicherstellen, indem er mehrere Produkte verbinde.[519] Letztlich soll konglomerate Bündlung auch Innovation fördern.[520]

2. Gegenposition zur Chicago School

Die *Chicago School* hat mit ihrem Wettbewerbsmodell viele Wirkungszusammenhänge des freien Wettbewerbs ihrer Komplexität entkleidet und dadurch ihren Kern erstmals aufgezeigt. Obwohl diese Vereinfachung hilft, Zusammenhänge zu veranschaulichen, kann sie aber auch Ergebnisse verfälschen. Die Ergebnisse der Analysen *Chicago School* zur Marktmachtübertragung hängen nämlich von ihren Grundannahmen ab. In den angeführten Beispielen herrscht im Markt für das gekoppelte Produkt perfekter Wettbewerb. Außerdem existieren keine Marktschranken. Es erhöht deshalb niemals den Gewinn, Wettbewerber zu verdrängen. Falls ein Wettbewerber durch einen niedrigen Preis verdrängt wurde, kann er nämlich sofort erneut in den Markt eintreten, wenn das Unternehmen den Marktpreis auf das alte oder ein höheres Preisniveau anhebt. Die Preise für die Verbraucher wären also insgesamt gesenkt worden, indem die beiden Güter verbunden wurden.

Die Resultate ändern sich, wenn die dargestellten Grundannahmen hin zu wirklichkeitsnahen Märkten angepasst werden. Die Ökonomie hat auf diese Weise inzwischen diverse Konstellationen identifiziert, in denen ein konglomerater Unternehmenszusammenschluss den Wettbewerb schädigt, wenn anschließend die Produkte gekoppelt werden.[521]

In diversen schädigenden Varianten muss die Verbindung der beiden Produkte glaubhaft gemacht werden, um Wettbewerber erfolgreich zu verdrängen und den Markt dauerhaft zu monopolisieren.[522] Eine glaubhafte Verbindung liegt vor, wenn zu erwarten ist, dass das Unternehmen auch unter Druck an ihr festhalten wird. Das ist der Fall, wenn es Kosten verursacht, die Verbindung aufzulösen.

518 *Evans/Padilla/Salinger*, in: Ehlermann/Atanasiu (Hrsg.), S. 557, 562.

519 *Klein/Saft*, J.L. & Econ. 28 (1985), 345, 359 f.; *Schwartz/Werden*, Antitrust L.J. 64 (1996), 387, 388 f.

520 *Ahlborn/Evans/Padilla*, Antitrust Bull. 49 (2004), 287, 320 f.; *Bishop/Lofaro/Rosati u. a.*, Non-Horizontal Mergers, §§ 4.4.2-4.4.3 ; *Bork,* Antitrust Paradox, S. 249; *Church*, Iss.Comp.L. & Pol. 2 (2008), 1503, 1524.

521 *Church*, Iss.Comp.L. & Pol. 2 (2008), 1503; *Choi*, J.Ind.Econ. 56 (2008), 553.

522 *Church*, Iss.Comp.L. & Pol. 2 (2008), 1503, 1525.

Derartige Kosten kann beispielsweise eine technische Verbindung bewirken, wenn zwei komplementäre Produkte ausnahmslos miteinander funktionieren und erhebliche Investitionen in Produktionsmittel notwendig sind, um sie zu entkoppeln. Tritt nun ein Wettbewerber in einen der beiden Märkte ein, führt jede Senkung der Nachfrage zu unverhältnismäßig höheren Kosten beim konglomeraten Unternehmen. Es büßt nämlich stets hinsichtlich zweier Produkte Umsatz ein. Allerdings wird es die beiden Güter nicht entkoppeln, weil das Kosten verursacht. Das Unternehmen muss deshalb mit aggressivem Preiswettbewerb reagieren. Weil potenzielle Wettbewerber diese Reaktion des Konglomerats erwarten, wird der Markt für sie unattraktiver, als es das gegebene Preisniveau alleine indiziert.

Das Unternehmen hat sich in den eigenen strategischen Möglichkeiten limitiert. Es legt den aggressiven Preiswettbewerb als Reaktion auf einen Markteintritt fest. Die potenziellen Wettbewerber erkennen das bei der Analyse des Marktes. Deshalb treten sie nicht (wieder) in den Markt ein.[523] Folglich ist es möglich und profitabel, Wettbewerber aus dem zweiten Markt zu verdrängen und ihn anschließend abzuschotten. Der Zusammenschluss mindert so die angebotene Produktmenge auf dem Markt und erhöht die Preise. Er schädigt also die Verbraucher.

Auch der Cournot-Effekt entsteht nur unter gewissen Umständen. Das koppelnde Unternehmen kann nämlich über Preisdiskriminierung oder individuelle Preisverhandlungen den Gewinn der Konsumentenwohlfahrt internalisieren, wenn es die entsprechende Verhandlungsmacht hat.[524]

Im Falle regulierter Güter kann eine Kopplungsstrategie ebenfalls den Gewinn erhöhen. Falls ein Unternehmen auf einem Markt über ein Monopol verfügt, aber der Markt reguliert ist, kann es dort die eigene Marktmacht nicht in Gewinn umsetzen. Wenn es aber ein anderes Gut an das regulierte Gut koppelt, kann es über den Preis für das gekoppelte gut doch eine Monopolrente erzielen.[525]

Diese und andere, sehr spezifische Konstellationen[526] widerlegen die zentrale These der *Chicago School*, dass es den Wettbewerb nicht schädige beziehungsweise nicht profitabel sei, zwei Märkte nach einem konglomeraten Zusammen-

---

523 *Alesi*, Federal Antitrust, S. 232 f.

524 *Church*, Iss.Comp.L. & Pol. 2 (2008), 1503, 1521 f.

525 *Salop*, in: Pitofsky (Hrsg.), S. 141, 147.

526 Beispielsweise hat *Choi*, J.Ind.Econ. 56 (2008), 553 für schwache Substitute Wohlfahrtsminderungen durch konglomerate Zusammenschlüsse identifiziert.

schluss zu verbinden. Ausführliche ökonomische Beweise für einzelne Konstellationen wurden insoweit bereits erbracht.[527]

Allerdings haben beinahe alle identifizierten Konstellationen einige Aspekte gemeinsam, dank derer es profitabel ist, den Wettbewerb zu schädigen. Demnach lassen sich die Voraussetzungen konkretisieren, um einen konglomeraten Zusammenschluss wegen möglicher Marktmachtübertragung und Marktabschottung zu untersagen.

Je größer Anteil der Abnehmer im Markt für das gekoppelte Produkt ist, der auch das koppelnde Produkt nachfragt, desto leichter kann Marktmacht übertragen werden. Also wird Marktmacht eher von einem größeren auf einen kleineren Markt übertragen. Ein kleinerer Anteil der Abnehmer auf dem größeren Markt kann nämlich schon einen großen Anteil auf dem Markt für das gekoppelte Gut darstellen.

Außerdem muss das Unternehmen, welches seine Marktmacht überträgt, über erhebliche Marktmacht im Markt für das koppelnde Gut verfügen. Andernfalls können die Abnehmer die Kopplung leicht umgehen. Teilweise wird vertreten, dass das Unternehmen nur den Teil des Marktes für das koppelnde Produkt beherrschen müsse, der die Abnehmer umfasst, die gleichzeitig Abnehmer auf dem Markt für das gekoppelte Produkt sind.[528] Nur diese Abnehmer seien auch für den Markt des gekoppelten Produkts entscheidend. Diese Argumentation verkennt jedoch, dass die Abnehmer innerhalb eines Marktes zwischen den verschiedenen Anbietern regelmäßig leicht wechseln können. Schließlich wird ein Markt im Kartellrecht gerade dadurch definiert, dass die Produkte den gleichen Bedarf der gleichen Abnehmer befriedigen.[529] Wechseln die Abnehmer nicht zwischen den Teilmärkten, liegen verschiedene Märkte vor. Die Abnehmer wären also gerade nicht gezwungen, die Kopplung des fusionierten Unternehmens zu akzeptieren. Auch könnten Wettbewerber die Kopplungsstrategie kopieren, indem sie mit Unternehmen aus dem jeweils anderen Markt kooperieren. Die Verdrängungsstrategie schädigte den Wettbewerb dann nicht, sondern regte ihn an. Das fusionierte Unternehmen hätte keinen wirtschaftlichen Anreiz, diese Strategie zu verfolgen.

527 Von besonderer Bedeutung sind dabei: *Bishop/Lofaro/Rosati u. a.,* Non-Horizontal Mergers; *Carbajo/de Meza/Seidmann*, J.Ind.Econ. 38 (1990), 283; *Carlton/Waldmann*, Rand J.Econ. 33 (2002), 194; *Nalebuff*, Quart.J.Econ. 119 (2004), 159; *Whinston*, Am.Econ.Rev. 80 (1990), 837.

528 *Burkert,* Kopplungsgeschäfte, S. 227 ff.

529 S. statt vieler *de Bronett* in Wiedemann, Handbuch, 2. Aufl., § 22, Rn. 12 ff.

3. Zwischenergebnis

Ein konglomerater Zusammenschluss, der Marktverschließung und Marktmachtübertragung ermöglicht, kann sowohl den Wettbewerb schädigen, als auch die Verbraucherwohlfahrt steigern. Welches Ergebnis zu erwarten ist, hängt von den genauen Umständen der Fusion ab. Die Wissenschaft diskutiert einzelne Konstellationen, die nicht mehr sinnvoll reguliert werden können. Gemeinsam ist ihnen jedoch, dass eine Schädigung des Wettbewerbs auf diese Weise nur dann zu befürchten ist, wenn das fusionierte Unternehmen im Markt für das koppelnde Produkt über erhebliche Marktmacht verfügt. Außerdem muss ein großer Anteil der Abnehmer im Markt für das gekoppelte Produkt auch Abnehmer im Markt für das koppelnde Produkt sein. Ebenfalls unentbehrlich ist eine konkrete Möglichkeit der Marktmachtübertragung.

An diesen Punkten sollte die wettbewerbliche Prüfung anknüpfen. Der Großteil aller konglomeraten Unternehmenszusammenschlüsse weist sie nicht auf. Nur die Fusionen, die sie aufweisen, müssen eingehend geprüft werden. Es erfordert dann eine komplexe Analyse, die genauen Wirkungen der Fusion zu bestimmen. Sofern es aber aus Sicht des Unternehmens Gewinn verspricht, den Wettbewerb zu schädigen[530], sollte es auch der Kommission möglich sein, das zu identifizieren.

III. Finanzkraft

Die Finanzkraft eines Unternehmens wird meist anhand des freien Kapitals eines Unternehmens definiert. Die absolute Größe des Unternehmens ist also nicht entscheidend.[531] Das überzeugt, da nur das Kapital, welches tatsächlich verfügbar ist, um Strategien umzusetzen, von Bedeutung ist.[532] Nur dieses Kapital bestimmt die Handlungsmöglichkeiten eines Unternehmens im Wettbewerb.

Die Empirie konnte bislang keinen eindeutigen Zusammenhang zwischen Finanzkraft und Markterfolg belegen.[533] Deshalb wird Finanzkraft als Kriterium in

530 Insbesondere der wirtschaftliche Anreiz zur Marktmachtübertragung bedarf jeweils einer sehr genauen Prüfung, s. *Bishop/Walker*, Economics of EC Competition Law, S. 456ff; *Dethmers/Dodoo/Morfey*, Eur.Comp.J. 2005, 265, 289 f.

531 *Bright/Schmidt*, Eur.Comp.J. 2005, 293, 297.

532 *Richter*, in: Wiedemann (Hrsg.), § 20, Rn. 58; *Zeise*, in: Schulte (Hrsg.), S. 340, Rn. 1329.

533 Vgl. z.B. *Markert*, AG 1986, 173, 177; *Department of Justice*, Submission, S. 15-19 mit dem Beispiel des Wettbewerbs zwischen Microsoft und IBM um einen Nachfolger für das Betriebssystem DOS; *Bühner*, WuW 1989, 277, 283 f., er sieht eine schwache Korrelation zwischen Finanzkraft und Konzentration im Zielmarkt im Anschluss an eine diversifizierende Übernahme.

der Fusionskontrolle häufig kritisiert.[534] Das gilt insbesondere in den USA.[535] Vereinzelt wird gar vertreten, dass finanzstarke Unternehmen aus rein populistischen, politischen Motiven diskreditiert werden.[536]

Tatsächlich stellen große finanzielle Ressourcen ohne weitere Faktoren keinen Wettbewerbsvorteil dar.[537] Ein fehlender allgemeingültiger Zusammenhang beweist aber nicht, dass große Finanzkraft nicht unter bestimmten Umständen den Wettbewerb einschränkt.[538] Empirie ist immer auch Resultat der zuvor festgelegten Parameter der jeweiligen Erhebung. Demnach könnten spezielle Umstände im Markt die wettbewerbliche Bedeutung großer Finanzkraft begründen. Der größere Spielraum, den der Zusammenschluss eröffnet, muss also tatsächlich auch erweiterte Freiheiten begründen und so den Wettbewerb einschränken.

Für verschiedene Konstellationen wird ein solcher Wirkungszusammenhang behauptet. So gebe finanzielle Stärke Finanzierungsmöglichkeiten, die schwächeren Wettbewerbern verwehrt blieben, insbesondere die interne Quersubventionierung.[539] Das ermögliche Kampfpreisstrategien.[540] Für den Wettbewerb bei Forschung und Entwicklung sei Finanzkraft ebenfalls wesentlich.[541] Durch diese Effekte sei Finanzkraft auch hilfreich, um potenzielle Wettbewerber abzuschrecken.[542] Weiterhin könne wirtschaftliche Stärke auch im jeweiligen Markt ein bedeutender Faktor für den Wettbewerb sein,[543] das sei bei kapitalintensiven Branchen der Fall.[544] Im Gegenzug wirkten sich die erweiterten Mittel nicht aus,

---

Allerdings ist diese so gering, dass angesichts Erhebungsraum von 152 Fusionen ein positiver Beweis gerade nicht erbracht wurde.

534 Ausführlich: *Bright/Schmidt*, Eur.Comp.J. 2005, 293, 293 ff.

535 Beispielsweise *Department of Justice*, Range Effects, S. 19 ff.

536 *Bright/Schmidt*, Eur.Comp.J. 2005, 293, 310.

537 *Bishop/Walker*, Economics of EC Competition Law, S. 453.

538 Das Bundeskartellamt setzt sich in seinen Entscheidungen regelmäßig mit der Finanzkraft der Parteien des Zusammenschlusses auseinander. Vgl. z.B.: BKartA 07.06.2004 – B4-7/04, S. 30-35 – *Henry Schein, demedis/Euro Dental*, abrufbar unter: http://www.bundeskartellamt.de/wDeutsch/download/pdf/Fusion/Fusion04/B10-86-04.pdf (letzter Abruf: 07.02.2012).

539 *Dammann*, Wettbewerbsbeschränkung, S. 117; *Kahl*, Wettbewerbswirkungen, S. 21; *Schmidt*, WuW 1986, 193, 194.

540 *Bundeskartellamt*, Konglomerate Zusammenschlüsse, S. 24, *Kahl*, Wettbewerbswirkungen, S. 23 f., 89.

541 *Immenga/Körber* in: IM Bd. I, Art. 2 FKVO, Art. 2 Rn. 269; *Kling/Thomas*, Kartellrecht, § 9, Rn. 252.

542 Kommission 18.01.2001, Komm., M.1630, ABl. 2004 L 92/1, Tz. 190 *Air – Liquide/BOC*; *Sullivan/Grimes*, Law of Antitrust, 1. Aufl., S. 624.

543 Verneint von der Kommission für wissenschaftliche Fachverlage, Kommisson 07.01.2004, M.2978, ABl. L 125/54 *Lagardère/Natexis/VUP*; *Immenga/Körber* in: IM Bd. I, Art. 2 FKVO, Rn. 269.

544 *Kling/Thomas*, Kartellrecht, § 9 Rn. 252.

wenn das fragliche Unternehmen bereits vor dem Zusammenschluss über großen finanziellen Spielraum verfügt habe.[545] Darüber hinaus müsse das fusionierte Unternehmen natürlich über größere Ressourcen als die Wettbewerber verfügen.[546]

Zwar besteht demnach Einigkeit, dass Finanzkraft an sich nicht wettbewerbsschädlich ist, doch relativieren Teile der Wissenschaft diese Aussage für bestimmte Märkte. Die Voraussetzungen, bei deren Vorliegen Finanzkraft für die Zusammenschlusskontrolle relevant sein soll, vermögen aber nur teilweise zu überzeugen.

Bezüglich der Quersubventionierung von Kampfpreisstrategien kann hier auf die Ausführungen zur Marktverschließung und Marktmachtübertragung verwiesen werden.[547] Zwar kann ein finanzstarkes Unternehmen vielleicht Wettbewerber verdrängen, doch müsste es besondere Umstände im Markt geben, die es ermöglichen, die Gewinne später zu sichern.

Die Aussage, dass Finanzkraft sich auf den Wettbewerb auswirkt, wenn Finanzkraft ein wichtiger Faktor des Wettbewerbs ist, ist ein reiner Zirkelschluss. Das in diesem Zusammenhang angeführte Beispiel besonders kapitalintensiver Industrien geht in seiner Pauschalität fehl. Generell handelt es sich in derartigen Industrien, gerade wegen des Kapitalbedarfs, um Großunternehmen. Wegen des Kapitalbedarfs nutzen die Marktteilnehmer aber auch regelmäßig und höchst professionell externe Finanzierungsmöglichkeiten. Daher können sie, sofern die Investitionen Profit versprechen, einen größeren finanziellen Spielraum durch externe Finanzierung spiegeln.

Entscheidend ist also nicht die Größe zukünftiger Investitionen im Verhältnis zum Eigenkapital der Marktteilnehmer. Vielmehr kommt es auf die Ausgangsposition der Marktteilnehmer (auch im Hinblick auf die Kapitalmärkte), auf die Entwicklungsstufe des Produktmarktes und auf konkrete mögliche Strategien an. Es gilt also auch hier zu konkretisieren, wann Finanzkraft den Wettbewerb tatsächlich negativ beeinflusst.

Problematisch erscheint Finanzkraft insbesondere auf jungen Märkten, die durch Netzwerkeffekte geprägt sind. Hier kann der frühe Markteintritt eines verhältnismäßig finanzkräftigen Unternehmens den Wettbewerb zu Ungunsten der Verbraucher schädigen. Das Unternehmen kann dann nämlich über einen frühen Preiswettbewerb verbunden mit umfangreichem Marketing schnell einen großen Marktanteil gewinnen. Wegen der Netzwerkeffekte kann diese Position nachher nur schwer angegriffen werden. In diesem Fall hätte sich nicht das beste Produkt

---

545 *Kling/Thomas*, Kartellrecht, § 9 Rn. 252; *Richter*, in: Wiedemann (Hrsg.), § 20, Rn. 58.
546 *Monopolkommission*, Hauptgutachten VI, Tz. 460; *Zeise*, in: Schulte (Hrsg.), S. 340, Rn. 1328.
547 Vgl. Teil 2, Kapitel A.II.

durchgesetzt, sondern das Produkt, dessen Marktposition frühzeitig von einem finanzstarken Marktteilnehmer gefördert wurde. Kleine Unternehmen auf einem jungen Markt sind häufig nicht in der Lage, schnell Zugang zu umfangreicher externer Finanzierung zu finden. Es fehlt ihnen an Expertise und bereits etablierten Kontakten für diese Finanzierung. Ähnlich wie bei Verdrängungsstrategien durch eine Marktmachtübertragung schädigt die Finanzkraft des Unternehmens also auch hier insbesondere dann den Wettbewerb, wenn eine errungene Marktposition abgesichert werden kann. Allerdings sind gerade junge Märkte schwer einzuschätzen. Sie sind besonders dynamisch, weshalb zukünftige Entwicklungen unsicher sind. Daher sollten allzu weit gehende Vorhersagen bei der Fusionskontrolle kritisch gesehen werden.

Auch der pauschale Hinweis auf Investitionen in Forschung und Entwicklung geht fehl. Große Finanzkraft schädigt den Wettbewerb demnach nur, wenn das Unternehmen durch sie einen nicht gerechtfertigten Vorsprung gegenüber anderen erhält. Das ist der Fall, wenn der Wettbewerbsvorteil nicht auf einem besseren Angebot beruht. Zwar mag in besonders forschungsintensiven Märkten größere Finanzkraft größere Erfolge bedeuten, doch drücken sich diese auch in einem besseren Produkt aus. Die Finanzkraft unterstützt dann gerade Innovationen. Der Finanzbedarf, um ähnliche Forschung zu ermöglichen, wirkt dann allenfalls als Marktzutrittsschranke.[548]

Folglich ist das Argument der Finanzkraft bei der Fusionskontrolle konglomerater Zusammenschlüsse primär als unterstützendes Argument wichtig. Gemeinsam mit sonstigen Umständen kann sie den Wettbewerb schädigen. Finanzkraft als solche ist hingegen nicht bedenklich. Um einen Zusammenschluss zu untersagen, muss eine konkrete Möglichkeit der Investition aufgezeigt werden, die Gewinn verspricht und den Wettbewerb schädigt.

Es ist noch nicht gelungen, die Konstellationen, welche den Wettbewerb schädigen, in generalisierter Form zu normieren. Deshalb sollten eher die Situationen beschrieben werden, in denen Finanzkraft den Wettbewerb nicht schädigt. Eindeutig ist das dann der Fall, wenn das fragliche Unternehmen schon vor dem Zusammenschluss über erhebliche finanzielle Mittel verfügte oder wenn die Wettbewerber über gleiche Mittel verfügen. Für sich genommen schädigt große Finanzkraft den Wettbewerb ohnehin nie.

Diese Konkretisierungen gäben betroffenen Unternehmen wenigstens eine bessere Orientierung als die derzeit bestehende Lage, die vollkommen offen ist.

---

548 Vgl. Teil 3, Kapitel A.III.2.

IV. Koordinierte Effekte

1. Koordinierung durch Veränderung der Marktverhältnisse

Nach den Nichthorizontalleitlinien können Abschottungsstrategien die Zahl der Wettbewerber in einem gewissen Markt verringern und so die konkrete Möglichkeit stillschweigender Koordinierung schaffen.[549]

Ausgangspunkt dieser Argumentation ist ein konglomerater Unternehmenszusammenschluss, der erhöhte Marktmacht bewirkt. Diese Marktmacht kann aus allen schon bei den unkoordinierten Effekten diskutierten Konstellationen resultieren. Das Unternehmen nutzt sie, um Wettbewerber zu verdrängen. Weil die Zahl der Marktteilnehmer sinkt, steigt der Marktanteil der verbleibenden Marktteilnehmer. In einem zersplitterten Markt mit vielen kleinen Marktteilnehmern können sich die Wettbewerber nicht wirksam abstimmen und gegenseitig kontrollieren. Die höheren Marktanteile verbessern daher die Möglichkeiten, sich abzustimmen. Ein koordiniertes Marktverhalten wird wahrscheinlicher. Dieser Effekt wird durch das höhere Drohpotenzial gegenüber aggressiven Wettbewerbern verstärkt, das durch die größere Marktmacht entsteht. Sie werden von aggressivem Wettbewerbsverhalten abgeschreckt. Stillschweigendes Parallelverhalten wird damit noch attraktiver. Es verspricht letztlich den höchsten Gewinn, die (stillschweigende) Koordinierung einzuhalten.

Auch wenn eine derartige Kausalkette denkbar ist, ist es doch in der Praxis nahezu ausgeschlossen, sie in einem konkreten Fall vorherzusagen. In dem beschriebenen Fall gewinnt das fusionierte Unternehmen wegen des konglomeraten Zusammenschlusses an Marktmacht und kann Wettbewerber verdrängen. Die Marktmacht genügt aber augenscheinlich nicht, um den gesamten Markt zu monopolisieren. Dann könnte die Kommission den Zusammenschluss nämlich schon deshalb untersagen. Stattdessen verdrängt das fusionierte Unternehmen einige Marktteilnehmer. Im Anschluss koordiniert es sich (stillschweigend) mit den übrigen Marktteilnehmern. Die Kommission sagt damit voraus, wie sich ein Zusammenschluss in einer fernen Zukunft aufgrund komplexer Wirkungszusammenhänge auswirkt. Es ist schon eine Herausforderung, die Kausalkette zu beschreiben.

Es scheint nicht hinlänglich möglich, derartige Entwicklungen sicher vorherzusagen. Die Kommission zielt auf Konstellationen ab, in denen eine (stillschweigende) Koordinierung und nicht eine Monopolisierung des Marktes droht. Sie sagt nicht nur voraus, wie ein einzelnes Unternehmen den Markt beeinflusst, sondern auch wie die restlichen Marktteilnehmer und dann wiederum der Markt

549 Nichthorizontalleitlinien, ABl. 2008 C 265/6, Tz. 120; vgl. ausführlicher Teil 1, Kapitel D.III.2. c).

darauf reagieren werden. Eine derartig komplexe Entwicklung ist realistisch weder durch die Kommission prognostizierbar, noch durch das fragliche Unternehmen für einen konkreten Markt planbar. Die große Rechtsunsicherheit erzwingt es daher, diese Fallgruppe nicht weiter zu berücksichtigen.

2. Koordinierung aufgrund mehrfachen Wettbewerbs

In dieser Fallgruppe möchte die Kommission konglomerate Zusammenschlüsse prüfen, die eine zusätzliche Konkurrenzsituation zwischen zwei Unternehmen schaffen, die schon zuvor auf anderen Märkten in Wettbewerb standen. Adressiert wird damit ein erhöhter Anreiz, sich nach der Fusion zu koordinieren. Dieser Anreiz soll offenbar aus den vermehrten Berührungspunkten und den damit einhergehenden Möglichkeiten resultieren, auf das jeweils andere Unternehmen einzuwirken.

Die Überzeugungskraft der Regelung lässt sich am besten an einem Beispielsfall überprüfen. Die Bedingungen werden sukzessive angepasst, um die Voraussetzungen zu spezifizieren, unter denen der Wettbewerb wahrscheinlich geschädigt wird.

Im Ausgangsfall sind Unternehmen A und Unternehmen B beide diversifizierte Konzerne. Ursprünglich standen sie nur auf Markt 1 im Wettbewerb. Unternehmen B tritt dann durch eine Übernahme in Markt 2 ein, in dem Unternehmen A schon tätig war, so dass sie nun auf zwei Märkten konkurrieren.

Zunächst soll der Fall unter der Prämisse analysiert werden, dass in beiden Märkten wirksamer Wettbewerb herrscht. Beide Unternehmen könnten sich dann nicht (stillschweigend) koordinieren. Der Versuch, sich zu koordinieren, riefe wirksame Gegenmaßnahmen der sonstigen Wettbewerber hervor. A und B erlitten daher Verluste.

Nunmehr soll der Fall unter der Prämisse analysiert werden, dass in Markt 1 ein Oligopol besteht und in Markt 2 wirksamer Wettbewerb herrscht. Aufgrund des wirksamen Wettbewerbs wirkt sich aggressives Verhalten in Markt 2 nicht auf die sonstigen Wettbewerber in dem Markt aus. A und B erhielten damit durch den Zusammenschluss keine erweiterten Möglichkeiten, den jeweils anderen zu sanktionieren. Der Anreiz, sich im bereits oligopolisierten Markt zu koordinieren, ändert sich nicht. Der Zusammenschluss schränkt also auf keinem der beiden Märkte den Wettbewerb zusätzlich ein.

Dasselbe Ergebnis ergibt sich, wenn in Markt 1 wirksamer Wettbewerb herrscht und in Markt 2 ein Oligopol vorliegt. In diesem Fall hätten die Unternehmen nämlich in Markt 1 keine Möglichkeit, sich gegenseitig wirksam zu beeinflussen. Zwar könnten sie sich in Markt 2 koordinieren, doch steigert der Zusammenschluss nicht die Wahrscheinlichkeit dafür. Das Problem liegt alleine in Markt 2. Die mehrfache Wettbewerbsbeziehung ist irrelevant.

Schließlich soll die Prämisse gelten, dass sowohl in Markt 1 als auch in Markt 2 Oligopole vorliegen. In diesem Fall hatten beide Unternehmen schon vor dem Zusammenschluss die Möglichkeit, sich gegenseitig durch aggressiven Wettbewerb zu schädigen oder sich zu koordinieren. Diese wird durch den wechselseitigen Auftritt in einem weiteren oligopolisierten Markt gesteigert. Aggressives Verhalten in dem einen Markt könnte in demselben und dem anderen Markt vergolten werden. Entsprechend steigt der Anreiz, sich ausdrücklich oder stillschweigend zu koordinieren. Folglich schädigt der entsprechende Zusammenschluss den Wettbewerb auf beiden Märkten.

Demnach existieren tatsächlich Unternehmenszusammenschlüsse, die die Wahrscheinlichkeit für eine Koordinierung wegen der jeweiligen Marktverhältnisse steigern. Dies können sie aber nur, wenn der Markt, an dem die beiden Unternehmen schon vor dem Zusammenschluss teilnahmen, bereits Anreize für Koordinierung bot und dasselbe für den neuen Markt gilt. Eine dementsprechende Konkretisierung der Leitlinien ist wünschenswert, um eine ausufernde Fusionkontrolle unter Berufung auf diesen Untersagungsgrund zu vermeiden und größere Rechtssicherheit zu schaffen.

V. Die Marktschwellenausnahmen der Nichthorizontalleitlinien

Die Kommission beschreibt in Tz. 26 der Nichthorizontalleitlinien Situationen, in denen sie einen Zusammenschluss untersuchen wird, obwohl die in Tz. 25 der Nichthorizontalleitlinien genannten Marktanteilsschwellen nicht erreicht werden. Diese Ausnahmen gelten für alle nichthorizontalen Unternehmenszusammenschlüsse. Sie müssten also auch für konglomerate Unternehmenszusammenschlüsse ökonomisch und juristisch überzeugen.

1. Erwartetes Wachstum

Nach Tz. 26a) Nichthorizontalleitlinien kann ein Zusammenschluss unterhalb der Marktanteilsschwellen untersucht werden, wenn zu erwarten ist, dass eines der beteiligten Unternehmen in naher Zukunft beträchtlich wachsen wird.

Tritt das vorhergesagte Wachstum ein, wäre das Unternehmen nach kurzer Zeit genauso marktmächtig wie Unternehmen, deren Marktanteil schon vor dem Zusammenschluss oberhalb der Schwelle lag. Demnach ist es sinnvoll, dass die Kommission sich hier eine Prüfung vorbehält.

2. Überkreuz-Beteiligungen und wechselseitig besetzte Führungspositionen

Nach Tz. 26 b) der Nichthorizontalleitlinien kann die Kommission eine Fusion auch dann eingehend untersuchen, wenn zwischen den Marktteilnehmern beträchtliche Überkreuz-Beteiligungen oder wechselseitig besetzte Führungspositionen bestehen. Gemeint ist folgende Situation: Unternehmen A übernimmt Unternehmen B. Wettbewerber auf dessen Markt ist Unternehmen C. Zwischen Unternehmen A und Unternehmen C bestehen aber „beträchtliche Überkreuz-Beteiligungen oder wechselseitig besetzte Führungspositionen".

Die Kommission befürchtet offenbar fehlenden Wettbewerb zwischen dem fusionierten Unternehmen AB und dem Unternehmen C. Zwei Entwicklungen erscheinen hier problematisch.

Die Unternehmen könnten nach der Fusion gegen Art. 101 AEUV verstoßen. Das kann die Kommission nur schwer nachweisen. Durch die Berührungspunkte der Unternehmen fällt es ihnen nämlich leicht, sich abzustimmen. Wegen der wechselseitig besetzten Führungspositionen beziehungsweise Überkreuz-Beteiligungen überschneiden sich die Abläufe in den Unternehmen ohnehin. Separate Treffen oder gesonderte Kommunikation sind unnötig. Die gewöhnlichen Prozesse der Unternehmen decken dann das Kartell.

Alternativ kann die Fusion auch ein stillschweigendes Parallelverhalten der Unternehmen bewirken, welches nicht gegen Art. 101 AEUV verstößt. Weil die Unternehmen AB und C verbunden sind, erfahren sie möglicherweise außerordentlich schnell, wie sich das jeweils andere im Markt verhält. Das stellt nicht zwangsläufig eine abgestimmte Verhaltensweise oder Vereinbarung im Sinne des Art. 101 AEUV dar. Es kann sich um einen bloßen Nebeneffekt der beschriebenen Berührungspunkte der Unternehmen handeln. Trotzdem entstünde daraus ein ausgeprägtes Parallelverhalten. Dieses verspricht allerdings nur in einem ohnehin schon konzentrierten Markt Gewinn. Es schädigt auch nur dort den Wettbewerb. In Märkten, die von vielen Wettbewerbern mit geringen Marktanteilen geprägt sind, können zwei Wettbewerber nicht den Wettbewerb im gesamten Markt beeinflussen.

Im Hinblick auf diese möglichen Entwicklungen ist es durchaus sinnvoll, derartige Fusionen näher zu untersuchen. Allerdings berührt die Regelung die Grenze zwischen Fusionskontrolle und Kartellverbot. Die Fusionskontrolle regelt grundsätzlich nur die Marktstruktur. Sie ist kein präventives Kartellverbot. Wegen dieser Zielsetzung müssen die fraglichen Unternehmen für den Wettbewerb im Markt von wirklicher Bedeutung sein. Andernfalls ist keine erhebliche Beeinträchtigung des Wettbewerbs im Markt zu befürchten. Insoweit kann die Regelung konkretisiert werden.[550]

3. Störung koordinierten Marktverhaltens durch ein beteiligtes Unternehmen

Tz. 26c) der Nichthorizontalleitlinien schützt Unternehmen, die den Wettbewerb in einem Markt stark antreiben.

Ein einzelner Wettbewerber kann, obwohl sein Marktanteil unter 30 Prozent liegt, einen ganzen Markt kontinuierlich unter Druck setzen. Die Umstände im Markt spielen dabei eine wesentliche Rolle. Falls Unternehmen ihre Kapazitäten rasch erhöhen können und die Abnehmer nur geringe Wechselkosten treffen, verändern sich auch Marktanteile schnell. Daher müssen alle Unternehmen ständig ihr Angebot verbessern.

Wenn ein besonders aggressiver Wettbewerber in einem derartigen Markt aktiv ist, können die übrigen Unternehmen den Wettbewerb sogar gemeinsam nicht einschränken. Das Angebot des aggressiven Wettbewerbers bietet den Abnehmern immer eine Alternative zu den Produkten der übrigen Unternehmen. Der aggressive Wettbewerber hält den Marktpreis daher auf Wettbewerbsniveau.

Trotzdem ist nicht jede Fusion mit einem aggressiven Wettbewerber problematisch. Zunächst ist von Bedeutung, welches der fusionierenden Unternehmen der aggressive Wettbewerber ist. Nur wenn das aggressive Unternehmen übernommen wird, erscheint das problematisch. Andernfalls ist nicht ersichtlich, warum das fusionierte Unternehmen sein aggressives Wettbewerbsverhalten ändern sollte. Weiterhin wäre auch ein Ausscheiden des aggressiven Wettbewerbers aus dem Markt unproblematisch, sofern andere Unternehmen den Wettbewerbsdruck aufrechterhalten. In einem Markt, in dem mehrere Marktteilnehmer den Wettbewerb antreiben, existieren ausreichend alternative Quellen des Wettbewerbsdrucks.

Der relativ offene Wortlaut der Tz. 26c) der Nichthorizontalleitlinien kann also sinnvoll eingeschränkt werden. Wesentlich ist nicht alleine, ob ein aggressiver Wettbewerber Teil eines Zusammenschlusses ist. Er müsste vielmehr Ziel einer Übernahme oder müsste wenigstens Teil eines Zusammenschlusses unter Gleichen sein. Darüber hinaus dürfen keine alternativen Quellen des Wettbewerbsdrucks fortbestehen, nachdem er aus dem Markt ausscheidet.

550 Letztlich sollte die Kommission die problematischen Zusammenschlüsse dann auch unter Auflagen und Bedingungen freigeben statt sie zu untersagen. Denn die in Nichthorizontalleitlinien, ABl. 2008 C 265/6, Tz. 26b genannten Verflechtungen lassen sich unschwer lösen.

4. Anzeichen für Koordinierung

Gemäß Tz. 26d der Nichthorizontalleitlinien prüft die Kommission eventuell einen Zusammenschluss unterhalb der Marktanteilsschwellen, wenn es „Anzeichen für eine vergangene oder andauernde Koordinierung oder Praktiken, die eine Koordinierung erleichtern" gibt. Es bleibt unbestimmt, in welchem Markt Anzeichen für die Koordinierung bestehen sollen oder ob sich die fusionierenden Unternehmen an dieser beteiligt haben müssen.

Es ist allerdings klar, dass die Prüfung der Kommission nicht auf bereits geschehene Koordinierung abzielt, sondern auf eine zukünftige (weitere) Schädigung des Wettbewerbs durch die Fusion. Eine derartige weitere Schädigung des Wettbewerbs beschreibt Tz. 19 der Nichthorizontalleitlinien: „(...) Zudem kann eine Fusion Koordinierungen für die Unternehmen einfacher, stabiler und wirksamer machen, die sich bereits vor der Fusion koordinierten." Tz. 26d der Nichthorizontalleitlinien adressiert wohl genau derartige Fusionen, die eine Koordinierung für die Unternehmen einfacher, stabiler und wirksamer machen.

Falls die Unternehmen, die sich koordinieren, nicht am Zusammenschluss beteiligt sind, kann dieser nur mittelbar Einfluss auf die Koordinierung haben. Das geschieht, wenn ein Unternehmen, welches die Koordinierung behindert, durch die Fusion eliminiert wird. Dieser Fall wird allerdings bereits in der spezielleren Tz. 26c der Nichthorizontalleitlinien geregelt.

Tz. 26d der Nichthorizontalleitlinien betrifft also Fälle, in denen eines der fusionierenden Unternehmen sich zuvor an der Koordinierung beteiligte. Durch den Zusammenschluss könnte sich diese Tendenz verstärken. Allerdings verändert der konglomerate Zusammenschluss nicht Marktanteile. Er verschlechtert vielmehr möglicherweise das Verhalten des jeweiligen Unternehmens in einem Markt, der ohnehin schon zur Koordinierung neigt. Dieses Verhalten kann nicht später über Art. 101 AEUV kontrolliert werden, denn bloßes Parallelverhalten erfasst das Kartellverbot nicht.

Die Koordinierung in einem der betroffenen Märkte bildet bei Tz 26d Nichthorizontalleitlinien daher nur den Ausgangspunkt der eingehenden Untersuchung des jeweiligen Zusammenschlusses durch die Kommission. Danach wird die Kommission prüfen, ob das fusionierte Unternehmen die Koordinierung stützen wird. Dabei kann von Bedeutung sein, wie sich das Unternehmen auf sonstigen Märkten verhält oder ob es nach der Fusion Wettbewerber, die aus der Koordinierung ausscheren, besonders wirksam sanktionieren kann.

Insoweit überzeugt Tz. 26d der Nichthorizontalleitlinien. Angesichts des ohnehin geringen Wettbewerbs in Märkten, die zur Koordinierung neigen, muss die Kommission versuchen, diese besonders zu schützen. Da Art. 101 AEUV hier ins Leere läuft, versucht sie mit Tz. 26d der Nichthorizontalleitlinien, wenigstens die Fusionskontrolle dafür einzusetzen. Die bloße Koordinierung im Markt ist aber nur der erste Prüfungsschritt. In einem zweiten Prüfungsschritt ist zu bestimmen, wie sich das fusionierte Unternehmen in diesem Markt wahrscheinlich verhalten wird.

5. Zwischenergebnis

Tz. 26a) und Tz. 26d) der Nichthorizontalleitlinien enthalten überzeugende Regelungen. Tz. 26b) und Tz. 26c) der Nichthorizontalleitlinien bedürfen hingegen einer Konkretisierung. Diese Anpassung der Marktschwellenausnahmen scheint insbesondere sinnvoll, um deren Zweck als *safe harbour* gerecht zu werden. Der offene Wortlaut der derzeit bestehenden Regelungen bewirkt nämlich Rechtsunsicherheit und läuft damit diesem Zweck zuwider.

VI. Zusammenfassung

Grundsätzlich überzeugt die Kontrolle konglomerater Unternehmenszusammenschlüsse in Europa. Derartige Zusammenschlüsse können den Wettbewerb auf verschiedene Weisen schädigen. Allerdings gehen einzelne Argumentationen der Kommission fehl oder könnten spezifiziert werden.

Ein konglomerater Zusammenschluss kann den potenziellen Wettbewerb einschränken und damit wettbewerbsschädigend iSd Art. 3 Abs. 2 FKVO sein. Ebenfalls können sich durch einen derartigen Zusammenschluss Möglichkeiten zur Marktmachtübertragung ergeben. Zwar ist die diesbezügliche Argumentation noch teilweise zu konkretisieren, sie ruht aber auf solider ökonomischer sowie juristischer Basis. Besondere Herausforderungen rufen lediglich die komplexen Wirkungszusammenhänge in diesen Fallgestaltungen hervor.

Auch große Finanzkraft kann in Ausnahmefällen wohl Bedenken hinsichtlich eines konglomeraten Zusammenschlusses entstehen lassen. Jedoch hat Finanzkraft für sich genommen keine Wirkung auf den Wettbewerb und ist alleine nicht wettbewerbsschädigend iSd Art. 2 Abs. 2 FKVO.

Hinsichtlich koordinierter Effekte ergibt sich ebenfalls ein gemischtes Bild. Falls eine Fusion das Drohpotenzial eines Unternehmens erhöht, kann sie die Neigung eines Marktes zur Koordinierung verstärken. Hingegen kann die Kommission kaum eine Marktmachtübertragung vorhersagen, die darauf abzielt, einzelne Wettbewerber zu verdrängen und derart einen Markt zu oligopolisieren. Wettbewerbsbeschränkungen aufgrund mehrfachen Wettbewerbs sind denkbar, obwohl hier eine Konkretisierung der Leitlinien sinnvoll erscheint.

Die von der Kommission formulierten Marktschwellenausnahmen sind begründet, bedürfen aber in Teilen ebenfalls einer Konkretisierung.

B. US-amerikanische Rechtspraxis

Konglomerate Fusionen gelten in den USA außer in Fällen des Wegfalls potenziellen Wettbewerbs derzeit als grundsätzlich unbedenklich.

Diese Einschätzung widerspricht den Ergebnissen der Auseinandersetzung mit der europäischen Rechtspraxis. Wie gezeigt, können diversifizierende Unternehmenszusammenschlüsse auch in Fällen, die keine Einschränkung potenziellen Wettbewerbs betreffen, sehr wohl den Wettbewerb schädigen. Zwar wird das auch in den USA wenigstens teilweise anerkannt, doch werden derartige Konstellationen gleichzeitig als nicht prognostizierbar eingeschätzt.[551] Die Märkte würden sich im Zweifelsfall ohnehin selber heilen.

Die Größe der Herausforderung ist jedoch kein Grund, vor ihr zu kapitulieren. Zwar lassen sich Marktentwicklungen nicht mit absoluter Sicherheit vorhersagen, doch wurde die Maxime der Selbstheilungskräfte der Märkte spätestens durch die Finanzkrise wenigstens teilweise ad absurdum geführt. Daher bleibt es Aufgabe der Kartellbehörden, unterstützend tätig zu werden, um den Wettbewerb zu schützen. Die Entwicklung dafür geeigneter Instrumente mag noch nicht abgeschlossen sein, doch ist das gerade ein Grund, sich eingehend mit ihr zu befassen. Die Leitlinien der europäischen Kommission enthalten dabei Analyseansätze, welche die Genauigkeit der Prognosen erhöhen. Natürlich ist es möglich, dass ein Zusammenschluss untersagt wird, der den Wettbewerb letztlich nicht geschädigt hätte, doch ist dieses Risiko angesichts der Gefahr großer Wettbewerbsschädigungen zu akzeptieren. Eine zurückhaltende Kontrolle konglomerater Unternehmenszusammenschlüsse ist nach derzeitigem Stand der Wissenschaft sinnvoll.

C. Ergebnis

Der gegenwärtige Umgang mit konglomeraten Zusammenschlüssen in Europa ist in seinem Kern juristisch wie ökonomisch sinnvoll. Die Nichthorizontalleitlinien der Kommission nehmen wichtige Argumentationslinien auf. Die Kommission hat es verstanden, die Kritik, die Gerichte oder andere geübt haben, konstruktiv

551 *Department of Justice,* Range Effects, S. 12; *James,* International Antitrust, S. 6 ff.; *Kolasky,* Conglomerate Mergers, S. 1.

aufzunehmen. Demgemäß überzeugt der recht unkritische Umgang mit konglomeraten Unternehmenszusammenschlüssen in der Rechtspraxis der USA nicht.

Trotzdem besteht auch in Europa noch Raum für Verbesserungen, Insbesondere würden Konkretisierungen die Rechtssicherheit erhöhen. Derzeit bieten die Leitlinien einen zu großen Spielraum. Konglomerate Zusammenschlüsse ereignen sich schließlich selten und begegnen noch seltener Wettbewerbsbedenken. Daher kann sich die Kommission nicht auf eine spätere Konkretisierung durch die Praxis zurückziehen.

Die Unsicherheiten, die bei der Fusionskontrolle konglomerater Fusionen aufgrund der notwendigen komplexen Analysen entstehen, sind angesichts der Gefahren für den Wettbewerb akzeptabel. Ein „in dubio pro fusione" in der Zusammenschlusskontrolle wäre verfehlt.

Der Verweis auf eventuell verhinderte Effizienzen[552] ändert diese Einschätzung nicht. Dieses Argument erscheint überbewertet. Dieselben Personen, die unter Verweis auf die Empirie konglomerate Zusammenschlüsse für unbedenklich erklären wollen, vergessen regelmäßig, dass Zusammenschlüsse im Allgemeinen und konglomerate Zusammenschlüsse im Besonderen meist nicht erfolgreich verlaufen.[553] Sie vernichten Werte, statt sie zu schaffen. Der Einwand, die Kontrolle konglomerater Zusammenschlüsse verhindere eine Steigerung der Wohlfahrt, geht also regelmäßig ins Leere. Vielmehr ist die Steigerung der Wohlfahrt oder die Schaffung von Wert nur ein möglicher Ausgang einer Fusion.

---

552 *Bishop/Lofaro/Rosati u. a.*, Non-Horizontal Mergers.

553 Nur ca. 40 Prozent aller Fusionen sind erfolgreich. Für die Erfolgsquote konglomerater Fusionen liegen soweit ersichtlich keine verlässlichen Zahlen vor. Schon bei vertikalen Fusionen liegt die Erfolgsquote nur noch bei ca. 25 Prozent, vgl. *May/Knobloch*, Horizonte 2000, 33, 37.

Teil 3: Weiterentwicklung der Beurteilung konglomerater Unternehmenszusammenschlüsse

Konglomerate Unternehmenszusammenschlüsse sind weniger bedenklich für den Wettbewerb als horizontale oder vertikale. Weil zwischen den betroffenen Märkten weder horizontale noch vertikale Beziehungen bestehen, beschränken sie den Wettbewerb meist nicht. Bislang konnte die Wissenschaft nur einzelne Varianten konglomerater Unternehmenszusammenschlüsse identifizieren, die den Wettbewerb schädigen.

Allerdings verbleiben Zweifel an den gefundenen Ergebnissen. Die beiden Verfahren *GE/Honeywell* und *Tetra/Sidel* legen nahe, dass noch nicht alle Wirkungen konglomerater Unternehmenszusammenschlüsse bekannt sind. Beide Zusammenschlüsse riefen nämlich sofort wettbewerbliche Bedenken hervor. Bei der Fusion *GE/Honeywell* haben die Kartellbehörden in Europa wie in den USA den Zusammenschluss eingehend geprüft. Die Kommission untersagte ihn sogar. Sie konnte jedoch mit den gegebenen Instrumentarien nicht überzeugend belegen, dass der Zusammenschluss den Wettbewerb in konglomerater Hinsicht tatsächlich schädigen werde. Zwar bewies sie, dass das fusionierte Unternehmen Marktmacht übertragen könnte. Sie konnte aber nicht belegen, dass dies auch profitabel wäre. Ebenso wenig konnte sie den Zusammenschluss *Tetra/Sidel* erfolgreich untersagen.

Auch Teile der Literatur hielten die Zusammenschlüsse für wettbewerbsschädigend. Sie kritisierten die Urteile der Gerichte. Ihrer Ansicht nach hätte klar zu Gunsten der Kommission entschieden werden müssen.[554] Man sprach von einem „Begräbnis erster Klasse für die Kontrolle konglomerater Unternehmenszusammenschlüsse".[555] Sie konnten diese Ansicht aber auch nicht überzeugender begründen als die Kommission.

Es scheint wegen dieser verbreiteten Skepsis angebracht, bisher unbekannte Wirkungen konglomerater Unternehmenszusammenschlüsse in Betracht zu ziehen.

---

554 *Nothdurft*, ZWeR 2006, 306, 318.

555 *Brei*, WuW 2003, 585, 585.

A. Die Wertschöpfungskette als Beurteilungsmaßstab konglomerater Unternehmenszusammenschlüsse

Bei konglomeraten Unternehmenszusammenschlüssen sind die fraglichen Märkte weder horizontal noch vertikal verbunden. Bei denjenigen konglomeraten Zusammenschlüssen, die eventuell den Wettbewerb schädigen, besteht aber meist trotzdem eine Beziehung zwischen den betroffenen Produkten. Sie sind regelmäßig verwandt, komplementär oder schwache Substitute. Wegen dieser Verbindung der Märkte kann das fusionierte Unternehmen die Marktpositionen anders nutzen, als es die getrennten Unternehmen vor der Fusion taten. Eventuell kann es aus dem gleichen Grund auch den Wettbewerb beschränken. Folglich könnte eine Analysemethode, die an der Beziehung der betroffenen Märkte anknüpft, helfen, bedenkliche konglomerate Unternehmenszusammenschlüsse zu identifizieren. Im Folgenden wird ein auf diesem Gedanken aufbauender neuer Ansatz entwickelt. Den Ausgangspunkt bilden der dargestellte Wissensstand der Ökonomie sowie die Fälle *Tetra/Sidel* und *GE/Honeywell*.

I. Der gegenwärtige Wissensstand

Die zentrale These der *Chicago School* lautet, dass eine Monopolrente nur einmal erzielt werden kann. Demnach würde auch eine Ausweitung eines Monopols auf sonstige Märkte, die mit dem Monopolmarkt verbunden sind, den Monopolgewinn nicht erhöhen. Stattdessen entstünden durch die Strategie der Marktverdrängung Verluste. Nachdem die sonstigen Märkte erobert wurden, seien diese nicht mehr auszugleichen. Das Unternehmen könne die Preise nämlich, wenn keine Marktschranken vorliegen, nicht erhöhen. Selbst wenn Marktschranken existierten, träten potenzielle Wettbewerber in den Markt ein, sobald das Preisniveau die bei einem Markteintritt entstehenden Kosten rechtfertigt. Es fehle daher an einem wirtschaftlichen Anreiz, Wettbewerber zu verdrängen.

Diese Argumentation gilt grundsätzlich immer noch. Auch die moderne Ökonomie konnte nur einzelne Situationen identifizieren, in denen es ausnahmsweise profitabel ist, nach einem konglomeraten Unternehmenszusammenschluss weitere Märkte durch eine Marktmachtübertragung zu monopolisieren.[556]

556 Vgl. dazu Teil 2, Kapitel A.II.

II. Die Konzentration einer Industrie als Schädigung des Wettbewerbs

Die Fälle *Tetra/Sidel* und *GE/Honeywell* ähneln einander. Beide Zusammenschlüsse fanden zwar nicht innerhalb eines Marktes, aber doch innerhalb einer Industrie im umgangssprachlichen Sinn statt. Bei *GE/Honeywell* handelte es sich um die Flugzeugfertigung, bei *Tetra/Sidel* um die Verpackung von Getränken. Die jeweilige Industrie war spezialisiert, überaus technisiert, global aufgestellt und in einer Gesamtschau stark konzentriert. Erhebliche materielle Ressourcen sowie bedeutendes Know How waren notwendig, um überhaupt am Wettbewerb teilnehmen zu können. Das jeweils übernehmende Unternehmen war außerdem ein dominanter Teilnehmer der Industrie im Gesamten. Die Kommission befürchtete in beiden Fällen zukünftige Verdrängungsstrategien. Nach erfolgter Verdrängung sagte sie jeweils eine Abschottung der Märkte vorher. Sie konnte aber die Wirtschaftlichkeit dieser Verdrängungsstrategien nicht überzeugend belegen.

- Es ergeben sich folgende Gemeinsamkeiten der beiden Zusammenschlüsse:
- Es handelte sich um einen Zusammenschluss innerhalb einer Industrie.
- Die Marktteilnehmer der verschiedenen Märkte agierten weltweit.
- Die Industrie im Gesamten war sehr konzentriert.
- Die Industrie war spezialisiert.
- Unternehmen benötigten erhebliche materielle und technologische Ressourcen, um an der Industrie teilzunehmen.
- Das übernehmende Unternehmen war ein dominanter Wettbewerber der Industrie.
- Es wurde jeweils befürchtet, dass Wettbewerber verdrängt würden, um einen Markt abzuschotten.
- Ein wirtschaftlicher Anreiz für eine derartige Strategie konnte nicht überzeugend belegt werden.

Aus diesen Gemeinsamkeiten lässt sich folgende Hypothese bilden: Die Monopolisierung einer globalen, spezialisierten und technisierten Industrie verursacht in gewissen Konstellationen hohe Marktzutrittsschranken, die nicht durch eine wirtschaftliche Leistung gerechtfertigt sind. Diese gewähren dem Unternehmen, das die Industrie dominiert, Gewinn zu Lasten der Verbraucher. Eine Verdrängungsstrategie, die auf diese Situation abzielt, ist daher profitabel.

Der Begriff der Industrie und der Charakter der Marktzutrittsschranken bleiben näher zu bestimmen.

III. Prüfung der Hypothese

1. Grundlagen

a) Die Wertschöpfungskette als Prüfungsmaßstab

Die Hypothese adressiert die Monopolisierung einer Industrie. Der Betriff der Industrie ist aber nicht klar abzugrenzen. Er ist folglich kein geeigneter Maßstab, um einen Zusammenschluss zu bewerten.

Eindeutiger ist das Konzept der „Wertschöpfungskette“. Dieses bezog sich ursprünglich auf ein einzelnes Unternehmen. Innerhalb dieses Unternehmens finden verschiedene Tätigkeiten statt, welche Ressourcen verbrauchen und Output erzeugen. Die Tätigkeiten sind durch Prozesse verbunden. Zusammen schaffen sie einen Output, das Produkt, welcher mehr wert ist als der kumulierte Input.[557] Daher wird Wert geschaffen.

Die moderne betriebswirtschaftliche Literatur, insbesondere das *Supply Chain Management*, versteht den Begriff regelmäßig weiter. Die Wertschöpfungskette umfasst danach alle werterhöhenden Tätigkeiten, welche in das jeweilige Produkt einfließen.[558] Es handelt sich also nicht nur um die werterhöhenden Tätigkeiten innerhalb eines Unternehmens. Ein Unternehmen kann zwar eine gesamte Wertschöpfungskette vom Rohstoff zum Endprodukt abdecken. Die Wertschöpfungskette kann sich aber auch über mehrere Märkte erstrecken, die vertikal in das Endprodukt münden. Die Märkte können dabei produzierendes Gewerbe ebenso wie Händler oder Logistikunternehmen umfassen. Der Begriff der Wertschöpfungskette ähnelt damit dem Begriff der Industrie der Umgangssprache. Er ist aber enger; er bezieht sich nur auf ein Produkt und ist relativ trennscharf.

b) Verhältnis von Wertschöpfungskette, Märkten, Unternehmen und Produkt

Die Wertschöpfungskette wurde, soweit ersichtlich, bislang weder in der Kartellrechtspraxis noch in der Kartellrechtswissenschaft berücksichtigt. Sie ist kein Teil des kartellrechtlichen Analysesystems. Folglich ist das Verhältnis des Begriffs „Wertschöpfungskette“ zu sonstigen Begriffen des Kartellrechts, wie „Markt“ und „Unternehmen“, zu bestimmen, um derart eine kartellrechtliche Definition einer Wertschöpfungskette zu erarbeiten.

Eine Wertschöpfungskette im hier verwendeten Sinn besteht aus verschiedenen Märkten. Innerhalb der Märkte, die die Wertschöpfungskette bilden, verkau-

---

557 *Porter,* The Competitive Advantage, S. 33 ff.

558 *Hines,* Supply Chain Strategies, S. 76.

fen die Anbieter jeweils Produkte an die Abnehmer. Die Abnehmer verarbeiten die Vorprodukte weiter zur nächsten Produktionsstufe und erhöhen so ihren Wert.[559] Daher soll die Gesamtheit der Unternehmen, die Produkte für denselben nachgelagerten Markt produzieren, hier als „Stufe" bezeichnet werden. Einer Stufe der Werterhöhung folgt demnach jeweils ein entsprechender Markt für das hergestellte Produkt.

Bei komplementären Produkten steigt der Wert unter anderem durch die gemeinsame Verwendung der Vorprodukte. Soweit es sich nicht um Endprodukte handelt, sind diese damit Teil derselben Wertschöpfungskette.

Im Falle schwacher Substitute konkurrieren die Produkte teilweise darum, ein Vorprodukt derselben Stufe der Wertschöpfungskette zu sein. Jeweils bezüglich des Anteils der Nachfrage, der substituiert wird, sind sie damit Teil derselben Wertschöpfungskette.

Verwandte Produkte werden von denselben Abnehmern gekauft. Sie werden aber nicht für einen gemeinsamen Zweck verarbeitet. Sie gehören folglich verschiedenen Wertschöpfungsketten an, in denen teilweise die gleichen Unternehmen tätig sind.[560]

Das letzte Glied der Wertschöpfungskette ist der Markt, auf dem das Endprodukt, welches nicht mehr der Fertigung anderer Produkte dient, gehandelt wird. Alle Vorprodukte des Endprodukts sind Teil derselben Wertschöpfungskette. Grenzfälle sind Produkte, die in der Fertigung anderer Produkte verwendet werden, aber selbst nicht Teil des Endprodukts werden, beispielsweise Produktionsmaschinen. Bei derartigen Produkten sollte danach unterschieden werden, ob sie für einen speziellen Fertigungsprozess entworfen wurden oder universell einsetzbar sind. Wenn sie nämlich für einen speziellen Fertigungsprozess entworfen wurden, dienen sie in erster Linie der Produktion dieser anderen Güter. Handelt es sich jedoch um Universalwerkzeuge, wie das zum Beispiel bei einem einfachen Hammer der Fall ist, dann hat das Produkt eine Vielzahl von Zweckbestimmungen und kann nicht mehr sinnvoll einzelnen Wertschöpfungsketten zugeordnet werden.

Die Abgrenzung der Wertschöpfungskette ist durchaus komplex. Nicht alle Produkte, die in den Märkten der Wertschöpfungskette gehandelt werden, münden in dasselbe Endprodukt. Beispielsweise werden standardisierte Schrauben bei sehr vielen Endprodukten verwendet. Der Markt für Schrauben gehört damit

559 Eine Ausnahme bildet nur der Markt für das Endprodukt. Die Abnehmer erhöhen dessen Wert nicht weiter, sondern verwenden das Produkt.

560 Ausnahmsweise können auch verwandte Produkte derselben Wertschöpfungskette angehören. Das ist der Fall, wenn sie derart weiter verarbeitet werden, dass sie letztlich doch zusammen für ein Endprodukt Anwendung finden.

vielen Wertschöpfungsketten an.[561] Außerdem ist es möglich, dass einige Unternehmen gewisse Vorprodukte selbst produzieren und andere Unternehmen diese Produkte einkaufen. Dann ist ein Teil dieses Marktes der Wertschöpfungskette in ein Unternehmen integriert, ein anderer Teil nicht. Allerdings ist es für die Analyse einer Wertschöpfungskette nicht notwendig, sämtliche Märkte zu erfassen, die ihr angehören. Wenn einzelne Komponenten des Endprodukts (zum Beispiel Schrauben) nur einen sehr geringen Teil des Werts des Endprodukts ausmachen, können die entsprechenden Märkte aus der Analyse der Wertschöpfungskette ausgelassen werden.[562] Die folgende Abbildung 1 verdeutlicht den beschriebenen Aufbau einer Wertschöpfungskette.

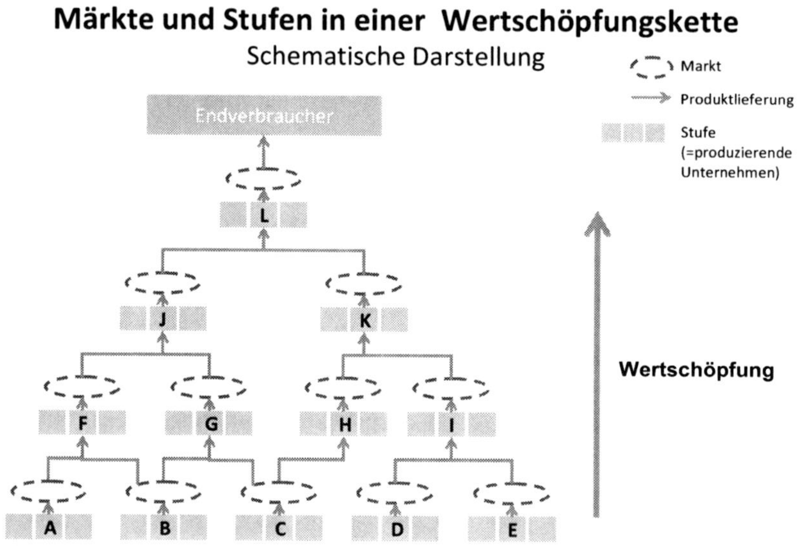

Abbildung 1[563]

Ein konglomerater Zusammenschluss kann innerhalb einer Wertschöpfungskette erfolgen. Sofern der Zusammenschluss komplementäre Produkte betrifft, findet er sogar immer innerhalb derselben Wertschöpfungskette statt. Es eröffnet sich

561 Vgl. dazu sogleich, Teil 3, Kapitel A.III.1.c).

562 Vgl. zu den im Gegenteil dazu besonders wichtigen Märkten einer Wertschöpfungskette, den Kernmärkten, sogleich, Teil 3, Kapitel A.III.1.c).

563 Diese sowie alle folgenden Abbildungen wurden vom Verfasser für diese Untersuchung erstellt.

innerhalb der konglomeraten Unternehmenszusammenschlüsse also eine spezielle, untergeordnete Kategorie von Zusammenschlüssen. Es handelt sich um konglomerate Zusammenschlüsse innerhalb einer Wertschöpfungskette.[564] Das Konzept der Wertschöpfungskette hat den bedeutenden Vorteil, dass es ähnlich fassbar wie das Konzept eines Marktes ist.

c) Kernmärkte

Einige Märkte haben einen größeren Einfluss auf die Wertschöpfungskette als andere Märkte. Die Märkte, die für die Wertschöpfungskette sehr bedeutend sind, werden im Folgenden als „Kernmärkte" bezeichnet. Sie stellen einen wesentlichen Knotenpunkt in der Wertschöpfungskette dar, weil das dort gehandelte Produkt einen wichtigen Schritt in der Herstellung des Endprodukts darstellt. Zwei Aspekte können eine solche Bedeutung bedingen. Das Produkt kann einerseits bedeutend sein, weil es speziell für diese Wertschöpfungskette gefertigt wird. Andererseits kann es bedeutend sein, weil es einen großen Teil des Werts des Endprodukts verkörpert. Beide Aspekte können annäherungsweise quantifiziert werden.

Im ersten Schritt wird bestimmt, wie spezifisch ein Markt für die Wertschöpfungskette ist. Dafür wird der Anteil der auf dem Markt gehandelten Produkte ermittelt, der auf die Wertschöpfungskette entfällt. Es handelt sich also um die Produkte, die tatsächlich als Vorprodukt Teil des Endprodukts werden. Derart lässt sich quantifizieren, zu welchem Grad ein Markt einer gewissen Wertschöpfungskette angehört. Geht das gesamte Marktvolumen in das Endprodukt ein, gehört der Markt nur einer Wertschöpfungskette an. Wenn das Produkt Bestandteil verschiedener Endprodukte wird, gehört der Markt hingegen verschiedenen Wertschöpfungsketten an. Das jeweilige Produkt ist dann weniger spezifisch für die einzelnen Wertschöpfungsketten. Deshalb prägt es sie wahrscheinlich nicht entscheidend. Folglich handelt es sich bei einem Markt umso eher um einen Kernmarkt einer Wertschöpfungskette, je höher der Anteil des Marktvolumens ist, der tatsächlich ins Endprodukt einfließt. Dieser Anteil wird als „WSK-Quote"[565] definiert.

Im zweiten Schritt soll bestimmt werden, welcher Anteil der Wertschöpfung der Wertschöpfungskette auf dem Markt gehandelt wird. Es ist die Wertsteigerung des Produkts in der Stufe zu bestimmen, die dem untersuchten Markt unmittelbar vorausgeht. Die Differenz des Preises für das (Zwischen-) Produkt auf

564 Horizontale und vertikale Unternehmenszusammenschlüsse finden naturgemäß immer innerhalb derselben Wertschöpfungskette statt.

565 WSK = Wertschöpfungskette.

dem jeweiligen Markt und der Preise sämtlicher Vorprodukte stellt diese Wertschöpfung dar. Denn wenn die Preise sämtlicher Vorprodukte vom Preis des jeweiligen Produkts subtrahiert werden, stellt der Restwert die Summe des Gewinns und der Kosten des Unternehmens mit Ausnahme der Materialkosten dar. Daher stellt diese Zahl den (anteiligen) Gegenwert der Produktionsstätten, der Arbeitskraft, der Technologie, der Marke sowie sämtlicher sonstiger Leistungen des Unternehmens, die in das Produkt einfließen, dar. Die Stufen der Wertschöpfungskette, auf denen quantitativ bedeutende Leistungen für das Endprodukt erbracht werden, prägen die Wertschöpfungskette stark. Der derart ermittelte Wert muss im Anschluss mit der Anzahl der Produkte multipliziert werden, die Teil des Endprodukts der Wertschöpfungskette werden. Das Produkt dieser Multiplikation stellt die Wertschöpfung für die Wertschöpfungskette dar, die in dem Markt gehandelt wird. Da nur die Wertschöpfung relevant ist, die spezifisch für die Wertschöpfungskette ist, soll insoweit von der „spezifischen Wertschöpfung" gesprochen werden. Die spezifische Wertschöpfung kann mit der spezifischen Wertschöpfung, die auf sonstigen Märkten der Wertschöpfungskette gehandelt wird, verglichen werden. Je höher sie im Vergleich ist, desto eher liegt ein Kernmarkt vor.[566]

Diese Vorgehensweise soll das folgende Beispiel verdeutlichen: Eine Wertschöpfungskette besteht aus 5 Märkten, den Märkten A, B, C, D und E. Die Stufen, in denen das jeweils gehandelte Produkt hergestellt wurde, heißen entsprechend Stufen A, B, C, D und E. Es sollen nunmehr die Kernmärkte dieser Wertschöpfungskette bestimmt werden.

Der kumulierte Preis der Vorprodukte vor Stufe A beträgt 1. Nachdem diese verarbeitet wurden, kostet das entstehende Produkt auf Markt A 2. Der Wertzuwachs beträgt also 1. 8 Produkte verbleiben in der Wertschöpfungskette, das entspricht einer WSK-Quote von 5 Prozent.[567] In Stufe B beträgt der Wertzuwachs 4,[568] 5 Produkte fließen in das Endprodukt ein, das entspricht 40 Prozent der gehandelten Produkte. In Stufe C beträgt der Wertzuwachs 3, 10 Produkte fließen in das Endprodukt ein, was einer WSK-Quote von 30 Prozent entspricht. In Stufe D beträgt der Wertzuwachs 8, 5 Produkte fließen in das Endprodukt ein, die WSK-Quote beträgt 90 Prozent. In Stufe E, der Stufe, in der das Endprodukt

566 Natürlich können in einer derartigen Analyse offensichtlich unbedeutende Märkte unmittelbar aus dem Vergleich ausgenommen werden. Hier mag schon die WSK-Quote helfen. Märkte, die eine sehr niedrige WSK-Quote haben, sind für die Wertschöpfungskette höchstwahrscheinlich ohne große Bedeutung.

567 Insgesamt werden auf dem Markt also 160 Produkteinheiten gehandelt.

568 Um das Beispiel nicht unnötig zu verkomplizieren, werden die Wertzuwachse für die folgenden Stufen vorgegeben.

hergestellt wird, beträgt der Wertzuwachs 2. Insgesamt werden 10 Produkte an die Endabnehmer verkauft. Naturgemäß ist das das gesamte Marktvolumen.

Es ergibt sich folgendes Bild: In Stufe A beträgt die spezifische Wertschöpfung 8 und die WSK-Quote 5 Prozent. In Stufe B beträgt die spezifische Wertschöpfung 20 und die WSK-Quote 40 Prozent. In Stufe C beträgt die spezifische Wertschöpfung 30 und die WSK-Quote 30 Prozent. In Stufe D beträgt die die spezifische Wertschöpfung 40 und die WSK-Quote 90 Prozent. In Stufe E beträgt die die spezifische Wertschöpfung 20, die WSK-Quote liegt auf der letzten Stufe bei 100 Prozent.

Die folgende Abbildung stellt die Wertschöpfungskette aus dem Beispiel und die ermittelten Werte graphisch dar.

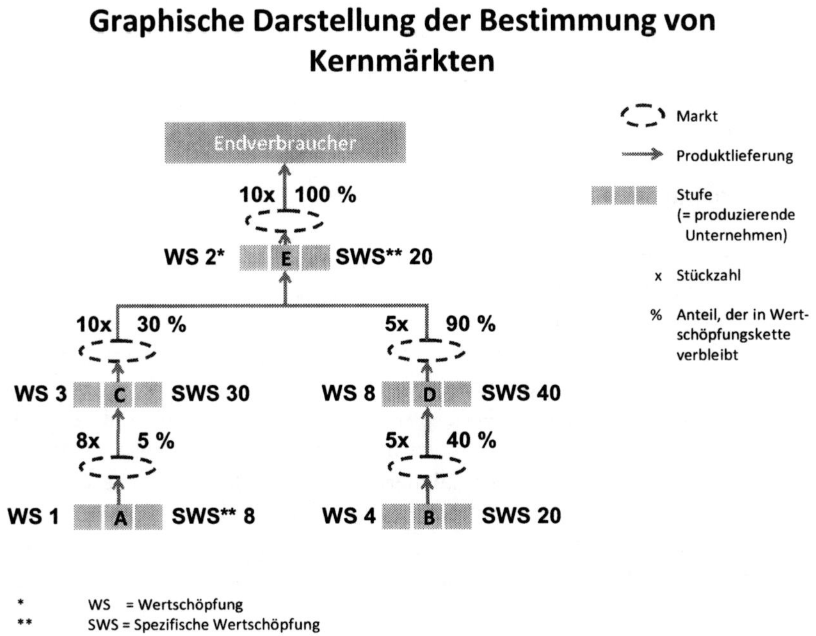

Abbildung 2

Folglich handelt es sich wohl bei Markt D um einen Kernmarkt. Er steht für eine hohe spezifische Wertschöpfung und ist außerdem recht speziell für die Wertschöpfungskette. Markt E hingegen ist zwar der Markt für das Endprodukt, doch die spezifische Wertschöpfung, die auf ihm gehandelt wird, ist nur halb so groß wie auf Markt D. Markt C ist ähnlich bedeutend für die Wertschöpfungskette wie

Markt E, ein wesentlicher Teil der spezifischen Wertschöpfung wird auf ihm gehandelt, allerdings ist er nicht sehr speziell für die Wertschöpfungskette. Markt B hingegen ist recht speziell für die Wertschöpfungskette, andererseits ist die dort gehandelte spezifische Wertschöpfung nur gering. Markt A ist unter beiden Aspekten von geringer Bedeutung.

Die ermittelten rein quantitativen Ergebnisse sollten anschließend wertend überprüft werden. Beispielsweise könnten teure Rohstoffe oder ein Monopol, das eine höhere Wertschöpfung für den betroffenen Markt suggeriert, als sie bei wirksamem Wettbewerb vorläge, sie verfälscht haben.

Das Beispiel zeigt, dass Kernmärkte derselben Wertschöpfungskette nicht zwangsläufig direkt verbunden sind. Sie müssen nicht einmal in einem Vertikalverhältnis stehen. Sie können sich stattdessen in verschiedenen „Zweigen" der Wertschöpfungskette befinden, wie Markt C und Markt D im Beispiel. Regelmäßig können auch Händler oder Logistikunternehmen auf zwischengelagerten Märkten aktiv sein. Demnach muss ein Unternehmen innerhalb einer Wertschöpfungskette nicht durchgehend vertikal integriert sein, um auf allen Kernmärkten präsent zu sein.

2. Marktzutrittsschranken bei Konzentration der Wertschöpfungskette

Gemäß der Hypothese ist es für ein Unternehmen, das eine spezialisierte Wertschöpfungskette dominiert, profitabel, diese weiter zu konzentrieren. Das wäre der Fall, wenn diese Strategie die Marktzutrittsschranken ohne entsprechende wirtschaftliche Leistung erhöhte und darart einen besonders hohen Gewinn bewirkte.[569] Der durch die Konzentration der Wertschöpfungskette entstehende Gewinn müsste den Gewinn übersteigen, der durch die Marktmacht auf den einzelnen Märkten entsteht. Es ist also zu bestimmen, welche Marktzutrittsschranken gerade eine konzentrierte, spezialisierte Wertschöpfungskette verursacht.

Der Begriff der Marktzutrittsschranken wird allerdings immer noch in Rechtswissenschaft und Ökonomie diskutiert. Eine einheitliche Definition existiert nicht.[570] Details dieser Auseinandersetzung sind aber nicht Gegenstand die-

569 Marktzutrittsschranken haben einen erheblichen Effekt auf die Profitabilität der im Markt aktiven Unternehmen. Unternehmen beobachten daher regelmäßig die möglichen Eintrittskandidaten in ihre Märkte; vgl. *Heger/Kraft,* Barriers to Entry, 16 f.

570 Die erste Definition von Markzutrittsschranken lieferte Bain. Dieser definierte die Höhe einer Marktzutrittsschranke anhand der Erhöhung des Marktpreises über den Wettbewerbspreis, die etablierte Unternehmen langfristig aufrechterhalten können, ohne einen Markteintritt zu motivieren; *Bain,* Barriers, S. 3; Stigler stellt auf die Kosten ab, die ein neu in einen Markt eintretendes Unternehmen auf sich nehmen muss, welche einem etablierten Unternehmen nicht ent-

ser Untersuchung.[571] Es ist allgemein anerkannt, dass gewisse Umstände es erschweren, in einen Markt einzutreten. Daher mindern diese Umstände den Wettbewerbsdruck durch potenzielle Wettbewerber. In dieser Untersuchung sollen alle Widerstände als Marktzutrittsschranken gelten, die Unternehmen, die nicht am Markt teilnehmen, am Eintritt hindern oder ihnen diesen erschweren.[572]

a) Intransparenz

(1) Markttransparenz als Voraussetzung der Funktionsfähigkeit eines Marktes

Eine gewisse Transparenz ist für die Funktionsfähigkeit eines Marktes essenziell.[573] Im wettbewerbstheoretischen Modell der vollkommenen Konkurrenz wird sogar eine vollkommene Transparenz, also die Kenntnis sämtlicher Marktteilnehmer von allen Marktdaten, vorausgesetzt.[574] Natürlich ist das Ideal vollständiger Markttransparenz praktisch nicht zu erreichen. Daher wird Markttransparenz hier als die Kenntnis relevanter Marktdaten verstanden.[575] Es kann variieren, welche Marktdaten bekannt sind, also handelt es sich um einen graduellen Begriff. Wie wichtig eine gewisse Transparenz für die Funktionsfähigkeit eines Marktes ist, veranschaulichte kürzlich eindrucksvoll die Finanzkrise. Obwohl in der Finanzindustrie spezialisierte Experten arbeiten, erkannten sie die Risiken nicht, die sich in den Papieren verbargen, mit denen sie handelten. Letztlich verstanden sie die Finanzprodukte nicht, die sie zuvor selbst entwickelt hatten.[576] Auch die Ratingagenturen bewerteten Produkte, die später wertlos

---

stehen; *Stigler,* The Organization of Industry, S. 67; weitere erfolglose Versuche, eine einheitliche Definition zu finden, folgten.

571 Auf umfangreiche Untersuchungen dieser Thematik sei verwiesen, z.B. *Geroski/Gilbert/Jacquemin,* Barriers to Entry; *Jickeli,* Marktzutrittsschranken.

572 *Jickeli,* Marktzutrittsschranken, S. 3.

573 *Stiglitz,* Freefall, S. 242.

574 *Brinkmann,* Markttransparenz, S. 2; *Knight*, in: Kroszner/Putterman (Hrsg.), S. 52, 52 ff. Soweit ersichtlich existiert kein allgemein akzeptiertes Modell, welches umfassend und abstrakt für alle Märkte, die Faktoren, die die Markttransparenz beeinflussen, aufführt und gewichtet. Tatsächlich wäre es wohl auch nicht möglich, ein derartiges Modell zu entwickeln, weil sich jeder Markt durch individuelle Merkmale auszeichnet. Lediglich für einzelne Märkte oder sogar Informationen existieren entsprechende Untersuchungen, vgl. z.B. *Heister*, in: von Böhlen/Kan (Hrsg.), S. 281; *Kessner,* Lebensversicherung; *Verbraucherzentrale Nordrhein-Westfalen* (Hrsg.), Markttransparenz im Gesundheitswesen; *Brümmer/Fahlbusch/Pfeuffer u. a.*, Wirtschaftsdienst 2011, 869.

575 *Schmidt*, WuW 1963, 97, 97; soweit der Begriff der Markttransparenz in der Rechtswissenschaft teilweise den Zustand eines Marktes beschreiben soll, der außergewöhnlich überschaubar ist – so *Krone,* Horizontale Markttransparenz, S. 6 – wird dieses Verständnis hier nicht zugrunde gelegt.

576 *Poole*, Harvard J.L. & Pub.Pol. 33 (2010), 421, 426.

wurden, regelmäßig mit einem AAA-Rating. Die Investoren (z. B. auch auf Sicherheit bedachte Pensionsfonds) wiederum glaubten diesen Bewertungen oder kamen in eigenen Analysen zu ähnlichen Ergebnissen. Hätten nicht die Staaten Rettungsmaßnahmen eingeleitet, wäre eine gesamte Branche liquidiert worden. Potenzielle Folgen waren nicht mehr abzusehen.

(2) Beeinträchtigung der Markteintrittsanalyse durch Intransparenz

Die Gegener einer Kontrolle konglomerater Unternehmenszusammenschlüsse setzen eine hohe Markttransparenz stillschweigend voraus. Denn im Wesentlichen halten sie es für nicht schädlich, wenn nach einem konglomeraten Zusammenschluss Wettbewerber aus einem Markt verdrängt werden könnten, weil eine solche Strategie nicht profitabel sei.[577] Die verdrängten Wettbewerber oder andere potenzielle Wettbewerber träten in den Markt wieder ein, sobald der Marktpreis es ermögliche.[578] Dieser Zeitpunkt muss dafür aber anhand der verfügbaren Informationen bestimmbar sein.

Ein Unternehmen tritt im theoretischen Ideal in einen Markt ein, wenn der NPV des Markteintritts bei einem gegebenen Preis über Null liegt.[579] Die Kalkulation des NPV des Markteintritts erfordert es, eine Vielzahl von Faktoren zu quantifizieren. So sind die Investitionskosten für den Markteintritt und der zukünftige Umsatz, also der Preis und die Absatzmenge, zu bestimmen. Darüber hinaus müssen die eigenen Produktionskosten berechnet werden. Diese bestehen aus fixen und variablen Kosten. In den variablen Kosten sind insbesondere auch Preise der Zulieferer und Personalkosten für das Fachpersonal für die kommenden Jahre, bei besonders langfristigen Investitionen sogar Jahrzehnte, enthalten.

Diese Positionen der Rechnung müssen demnach bekannt, über die Marktforschung zugänglich oder zumindest möglichst genau bestimmbar sein. Zwar sind viele Unternehmen verpflichtet, einige Kennzahlen in ihren Geschäftsberichten zu veröffentlichen. Doch diese Zahlen beschreiben nur das Unternehmen in seiner Gesamtheit. Man kann sie nicht in einen detaillierten Geschäftsplan umwandeln. Sogar wenn es möglich wäre, die Geschäftsberichte aufzugliedern, könnte man sie nicht unmittelbar auf andere Unternehmen übertragen, denn sie sind nur das numerische Abbild der Fähigkeiten und Ressourcen eines spezifischen Unternehmens. Aus diesen Gründen müssen am Markteintritt interessierte Unternehmen, um die Faktoren ihrer Analyse zu quantifizieren, zusätzlich auf Mittel zurückgreifen, die unter den Sammelbegriff der Marktforschung fallen.

---

577 Vgl. Teil 2, Kapitel E.II.2.

578 Vgl. Teil 2, Kapitel E.II.2.

579 Vgl. Teil 2, Kapitel D.IV.1.b)(1).

Marktforschung existiert als Primärforschung und als Sekundärforschung. Die Primärforschung basiert auf primären Informationsquellen. Das sind solche Informationsquellen, die erst für die aktuelle Analyse erschlossen werden.[580] Hingegen beruht die Sekundärforschung auf sekundären Informationsquellen, deren Daten nicht speziell für die jeweilige Analyse erhoben wurden.[581] Weiterhin wird zwischen internen Informationsquellen, die dem Unternehmen selbst zuzuordnen sind, und externen Informationsquellen, die einer anderen Institution zuzuordnen sind, unterschieden.[582] Eine abschließende Aufzählung sämtlicher denkbarer Quellen ist kaum möglich und existiert dementsprechend, soweit ersichtlich, nicht. Die folgende Abbildung 3 gibt einen, nicht abschließend zu verstehenden, Überblick über mögliche Informationsquellen.

Informationsquellen einer Marktanalyse

	Intern	**Extern**
Primär	• Berichte aus Abteilungen (z.B. Marktforschung, Rechnungswesen) • Erfahrungsaustausch v. Mitarbeitern z.B. d. F&E-Abteilung o. d. Außendienstes • Ehemalige Mitarbeiter v. Marktteilnehmern • Informelle Kontakte • Sonstige	• Befragung u. Beobachtung v. Marktteilnehmern (z. B. am Markt, auf Messen o. in Katalogen) • Unternehmensberatungen, Universitäten, Marktforschungsinstitute • Branchenverbände, Industrie- u. Handelskammern • Ex-post-Analyse früherer Aktionen und Reaktionen der Markteilnehmer • Sonstige
Sekundär	• Vorhandene eigene Markt- o. Branchenstudien • Erfahrungen (insb.Einkauf und Vertrieb) • Eigene Geschäftsdaten • Schriftverkehr mit Marktteilnehmern • Sonstige	• Panels der Marktforschungsinstitute; externe Datenbanken; etc. • Massenmedien • Behörden u. Kammern • Fach- u. Unternehmerverbände • Informationen der Marktteilnehmer (z. B. Jahresabschluss, Preislisten) • Wissenschaftliche Untersuchungen • Sonstige

Abbildung 3[583]

580 *Decker*, in: Köhler/Küpper/Pfingsten (Hrsg.), S. 918, 920 f.; *Wöhe/Döring,* Betriebswirtschaftslehre, S. 401.

581 *Wöhe/Döring,* Betriebswirtschaftslehre, S. 401.

582 *Horvath*, in: Verlagsgruppe Handelsblatt (Hrsg.), S. 2997, 3001.

583 Die Übersicht in Abbildung 4 wurde auf der Basis verschiedener Quellen erstellt. Die einzelnen aufgeführten Informationsquellen entstammen *Decker*, in: Köhler/Küpper/Pfingsten (Hrsg.), S. 918, 920 f.; *Sölter,* Wettbewerbsbegriff, S. 50 f.; sowie *Horvath*, in: Verlagsgruppe Handels-

Es ist überaus schwierig, derart die relevanten Informationen für eine Marktanalyse zu gewinnen. Dementsprechend wird sogar vertreten, dass ein einzelnes Unternehmen die für eine Marktanalyse notwendigen Informationen nicht beschaffen könne und daher auf spezialisierte Informationsbeschaffer angewiesen sei.[584] Falls geeignete Informationen erlangt wurden, werden auf ihrer Grundlage die verschiedenen Positionen für die Berechnung des zu erwartenden Profits bestimmt. Die insoweit durchzuführenden Analysen, beispielsweise die Bestimmung einer Nachfragekurve oder Benchmarks, sind ebenfalls sehr anspruchsvoll. Falls ein Unternehmen die relevanten Informationen nicht erlangen kann, ist es auf Schätzungen angewiesen.

Unsicherheiten und Risiken bezüglich der einzelnen Positionen der Kalkulation, beispielsweise aufgrund ungenauer oder fehlender Informationen oder Unwägbarkeiten der Prognosen, müssen bei der Berechnung des NPV berücksichtigt werden. Dafür existieren verschiedene Methoden. In einer verbreiteten Variante werden die errechneten Cash Flows angepasst, indem die für eine gegebene Periode erwarteten Ergebnisse mit der Wahrscheinlichkeit ihres Eintritts multipliziert und addiert werden.[585]

Diese Berechnungsmethode soll das folgende Beispiel veranschaulichen. In Periode 1 wird Unternehmen A, sofern es in Markt 1 eintritt, einen Cashflow von 10 erzielen. A weiß dies nicht. Es ist bei der Markteintrittsanalyse auf Annahmen und Schätzungen angewiesen. Daher entstehen Unsicherheiten. A hat folgende mögliche Cash Flows errechnet:

- 8 mit einer Wahrscheinlichkeit von 0,2
- 10 mit einer Wahrscheinlichkeit von 0,6
- 12 mit einer Wahrscheinlichkeit von 0,2

Auf der Basis dieser Prognose würde der NPV gemäß der dargestellten Methode folgendermaßen berechnet:

$$NPV = \frac{8 * 0{,}2 + 10 * 0{,}6 + 12 * 0{,}2}{(1+i)^1} = \frac{10}{(1+i)^1}$$

Damit wäre der NPV derselbe wie der NPV eines sicheren Cashflows von 10 in Periode 1. Ungenauigkeiten scheinen sich also, auch wenn sie bei der Berech-

blatt (Hrsg.), S. 2997, 3001 f., *Horvath* bezieht sich auf *Backhaus*, Industriegütermarketing, S. 191. Die Informationsquellen wurden teilweise zusammengefasst und außerdem vereinzelt ergänzt.

584 *McLachlan*, Informationsasymmetrien, S. 202 f.

585 *Koller/Goedhardt/Wessels*, Valuation, S. 39 ff.

nung des NPV berücksichtigt werden, nicht negativ auf seinen Wert auszuwirken. Die Chance der Realisierung eines höheren *Cash Flow* gliche das Risiko eines geringeren *Cash Flow* aus. Die Wahrscheinlichkeit, dass neue Wettbewerber in den Markt eintreten, veränderte sich nicht.

Doch Investoren sind risikoavers.[586] „Wirtschaftssubjekte gewichten zukünftige Risiken stärker als zukünftige Chancen."[587] Daher senken Risiken den Wert des NPV letztlich doch,[588] sofern sie sich nicht auf andere Marktteilnehmer durch Versicherungen verteilen lassen[589]. Es erfolgt dann ein Risikoabschlag.[590] Die Betriebswirtschaft ist sich allerdings über die genaue Methode uneins, wie das Risiko bei derartigen Marktkonstellationen zu berücksichtigen ist. Grundsätzlich existieren zwei Methoden. Bei der Sicherungsäquivalenzmethode beziehungsweise der Ergebnisabschlagsmethode wird bereits der Wert des zukünftigen *Cash Flow* angepasst. Bei der Zinszuschlagsmethode beziehungsweise der Risikozuschlagsmethode fließt das Risiko über einen erhöhten Kapitalisierungszinssatz ein.[591] In beiden Varianten verliert der zukünftige *Cash Flow* mit diesbezüglichen Unsicherheiten an Wert.[592] Es wird sogar vertreten, dass noch gar keine geeignete Methode existiere, um Unsicherheiten und Risiken zu quantifizieren.[593] Diese Aussage zielte auf rein theoretische Rechnungen ab, bei denen einzelne Parameter einfach definiert werden können. Überträgt man diese Zweifel auf die Praxis, so verdeutlicht das, dass Unternehmen der produzierenden Wirtschaft Risiken nur schwer verarbeiten können.[594]

Die Intransparenz eines Marktes beeinflusst folglich die Markteintrittsanalyse negativ, weil potenzielle Wettbewerber nicht genau identifizieren können, wann ein Markteintritt profitabel ist. Ihnen fehlen dann nämlich notwendige Informationen, um eine genaue Analyse durchführen zu können. Die aus den Ungenauigkeiten resultierenden Risiken bei der Prognose der *Cash Flows* wirken

586 *Bamberg/Coenenberg/Krapp,* Entscheidungslehre S. 85; *Besanko/Braeutigam,* Microeconomics S. 579; *Brealey/Myers/Allen,* Corporate Finance, S. 17; *Moosally,* Risk Aversion, S. 149 ff.

587 *Institut der Wirtschaftsprüfer in Deutschland,* Unternehmensbewertungen, Abschnitt 6.2.

588 Zur starken Auswirkung von Risiken auf den Wert eines Markteintritts: *Pindyck,* Sunk Costs and Barriers to Entry, S. 23 f.

589 *Broll,* Das Wirtschaftsstudium 2011, 843, 843; derartige Möglichkeiten der Absicherung existieren für einen Markteintritt der hier diskutierten Art nicht.

590 *Bamberg/Coenenberg/Krapp,* Entscheidungslehre, S. 85 ff.; *Besanko/Braeutigam,* Microeconomics S. 579 f.; *Clemen,* Making Hard Decisions, S. 469 f.

591 *Institut der Wirtschaftsprüfer in Deutschland,* Unternehmensbewertungen, Abschnitt 6.2.

592 Vgl. für eine ausführliche Diskussion im Detail *Seicht*, in: Siegel/Klein/Schneider u. a. (Hrsg.), S. 97, 97 ff.

593 *Checkley*, in: Angwin (Hrsg.), S. 153, 170 ff.

594 In der Finanzwirtschaft bestehen dafür angesichts der Masse der Marktteilnehmer und der Option, Risiken zu verteilen, bessere Möglichkeiten.

dann als Marktzutrittsschranke für den jeweiligen Markt. Sie senken den rechnerischen Wert eines Markteintritts erheblich unter den Wert, den der Markteintritt ohne diese Risiken hätte.

(3) Intransparenz durch eine spezialisierte und konzentrierte Wertschöpfungskette

Die steigende Konzentration einer isolierten Wertschöpfungskette könnte die Verfügbarkeit der Informationen, die für einen Markteintritt notwendig sind, senken. Wiederum soll ein Beispiel, dessen Bedingungen schrittweise verändert werden, diesen Zusammenhang aufzeigen. Unternehmen A plant in jedem der Fälle, in den stark konzentrierten[595] Markt 1 einzutreten. Markt 1 und auch die übrigen Märkte, die der fraglichen Wertschöpfungskette angehören, sollen in sämtlichen Beispielen jeweils den gleichen Gesamtumsatz generieren. Allerdings variieren sonstige Bedingungen, die in der Wertschöpfungskette herrschen.

Im Ausgangsfall ist Markt 1 der einzige stark konzentrierte Markt der fraglichen Wertschöpfungskette. In ihren sonstigen Märkten herrscht wirksamer Wettbewerb. Die Wertschöpfungskette ist kaum spezialisiert, die WSK-Quote auf sämtlichen Märkten ist also gering.[596]

Bedingt durch die niedrige WSK-Quote beeinflussen die Umsätze der verschiedenen Märkte der Wertschöpfungskette einander nur wenig. Die Märkte müssen sich nicht zwangsläufig gleichläufig entwickeln. Positive Entwicklungen in einer bestimmten Wertschöpfungskette können negative Entwicklungen in einer anderen Wertschöpfungskette, der ein Markt angehört, nivellieren. Aus diesem Grund betreffen auch Prognosen, Entwicklungen und Trends für einzelne Märkte der Wertschöprungskette ihre anderen Märkte kaum. So ist beispielsweise auch die Entwicklung der Nachfrage für ein bestimmtes Endprodukt nicht zwangsläufig entscheidend für die Entwicklung der Nachfrage für das auf Markt 1 gehandelte Vorprodukt. Somit muss bei der Marktforschung hinsichtlich einzelner Märkte der Wertschöpfungskette die Entwicklung der sonstigen Märkte der Wertschöpfungskette nur wenig betrachtet werden.

Darüber hinaus sind durch die fehlende Spezialisierung der Wertschöpfungskette relativ viele Märkte und wegen der geringen Konzentration damit auch

595 Im Anschluss an eine Marktverdrängungsstrategie wäre ein Markt stark konzentriert. Da gemäß der Hypothese eine solche Endsituation für das dominante Unternehmen einer spezialisierten und konzentrierten Wertschöpfungskette profitabel sein soll, ist sie auch Grundlage der Betrachtung.

596 Demnach gehört Markt 1 zwangsläufig einer Mehrzahl von Wertschöpfungsketten an. Um die Darstellung zu vereinfachen, wird auch im Falle einer niedrigen WSK-Quote im Folgenden trotzdem hauptsächlich eine einzelne dieser Wertschöpfungsketten adressiert.

zahlreiche Unternehmen mit ihr direkt oder mittelbar verbunden. Demnach ist in vielen Unternehmen, möglicherweise auch in A, bereits für die Wertschöpfungskette spezifisches oder doch wenigstens auf diese übertragbares Wissen vorhanden.[597] Beispielsweise könnte A ein Komplementärprodukt zu dem in Markt 1 gehandelten Produkt produzieren. Eine derartige Nähe zum Zielmarkt erleichterte die Markteintrittsanalyse erheblich. Insbesondere interne Informationsquellen sind in diesem Fall wahrscheinlich ergiebig. Hinsichtlich zukünftiger Absatzentwicklungen und Trends lägen dann eventuell bereits Prognosen bezüglich des erwarteten Wachstums im Markt für das Endprodukt und die damit verbundenen Märkte vor. Andernfalls hätte die eigene Marktforschungsabteilung oder der eigene Außendienst möglicherweise genug Kenntnisse und Kontakte, um derartige Untersuchungen zu erstellen oder zu unterstützen. Auch die sonstigen Angestellten von A entstammten dann derselben Industrie, eventuell existierten sogar Angestellte, die zuvor bei einem der auf Markt 1 aktiven Unternehmen angestellt waren. Diese Expertise hinsichtlich des neuen Marktes, erleichterte die Markteintrittsanalyse sehr. Auch externe Informationsquellen wären in diesem Fall leicht zu erschließen. A würde die zukünftigen Abnehmer des in Markt 1 gehandelten Produkts kennen und stünde mit diesen bereits in einer Geschäftsbeziehung. Sie könnten Wissen über ihre eigenen Bedürfnisse hinsichtlich des Produkts bereitstellen. Auch externe Dienstleister, wie Unternehmensberatungen oder Marktforschungsinstitute, könnten in diesem Fall bereits mit A zusammenarbeiten, so dass A auf dieser Basis deren Dienste und Daten auch für die Markteintrittsanalyse nutzen könnte. Eventuell wäre A zusätzlich bereits Mitglied in einschlägen Fach- oder Unternehmerverbänden oder entsprechenden Kammern, so dass es über dieses Netzwerk für die Markteintrittsanalyse relevante Informationen erlangen könnte. Allerdings indiziert die niedrige WSK-Quote ebenso, dass das Wissen in anderen Märkten der Wertschöpfungskette spezifisch für den jeweiligen Markt ist, nicht aber zwangsläufig auch für Markt 1 relevant ist. Denn die eigene Wertschöpfung der Unternehmen anderer Märkte bezieht sich ja nur in geringem Umfang auf Markt 1.

Wegen der geringen Konzentration der Wertschöpfungskette dürfte primäre Marktforschung Erfolg versprechen. So scheint es angesichts der großen Anzahl von Marktteilnehmern sogar möglich, dass diese an einer von A durchgeführten Befragung teilnehmen. Sie könnten nämlich ein eigenes Interesse an den Ergebnissen der Befragung haben, weil sie aufgrund ihres geringen Marktanteils nicht

---

597 Für den Aufbau speziellen Wissens, welcher zu verbesserten Unternehmensprozessen führt, wird in der Betriebswirtschaft mittlerweile wenigstens teilweise der Begriff des *Skilling* verwendet, *McLachlan,* Informationsasymmetrien, S. 266. Dieser findet auch auf spezielles Wissen bezüglich der Wertschöpfung Anwendung, s. *McLachlan,* Informationsasymmetrien, S. 268.

unbedingt auf der Basis ihrer eigenen Zahlen die gesamte Marktentwicklung abschätzen könnten. Auch haben kleine Wettbewerber weniger Ressourcen, um eigene Marktforschung zu betreiben. Selbst wenn das nicht der Fall ist, erleichtert die niedrige Konzentration der Wertschöpfungskette es jedenfalls, durch bloße Beobachtung der wenig konzentrierten Märkte Informationen zu gewinnen. Tendenziell müssen bei einer derartigen Marktkonstellation die Zulieferer oder Abnehmer Preise, Bedingungen und technische Details ihres Angebots nämlich offen und prominent kommunizieren, um sich gegen die Wettbewerber durchsetzen zu können. Trends und Entwicklungen bezüglich der Kosten von Vorprodukten und komplementären Produkten sind derart recht zuverlässig zu bestimmen. Letztlich scheint es für die wenig konzentrierten Märkte auch möglich, dass zwischen den verschiedenen Marktteilnehmern eine gewisse Personalfluktuation herrscht. Wenigstens im Hinblick auf vor- oder nachgelagerte Märkte könnte A also Spezialisten anwerben, die Kenntnisse bezüglich der Wertschöpfung in der Wertschöpfungskette haben. Wegen der geringen Abhängigkeit der verschiedenen Märkte der Wertschöpfungskette voneinander haben die Daten entfernterer Märkte und das dort aktive Personal jedoch nur geringen Wert für die Analyse von Markt 1. Primär relevant scheinen die Entwicklungen und Daten der unmittelbar vor- und nachgelagerten Märkte zu sein.

Ebenso verspricht die sekundäre Marktforschung, vor allem die externe, in diesem Szenario bezüglich der nicht konzentrierten Märkte Erfolg. Da die Zulieferer und Abnehmer mangels entsprechender Ressourcen nicht selbst sämtliche relevanten Marktdaten ermitteln können, existieren vermutlich Verbände oder sonstige Institutionen, die ihre Ressourcen bündeln und deren Informationen zugänglich sind. Diese Daten sind auch relevant, weil die Nachfrage nach jedem Vorprodukt von der Nachfrage nach dem Endprodukt beeinflusst wird. Umgekehrt sind Markttrends bei Vorprodukten für die Entwicklung der Kosten entscheidend. Die Vielzahl von Marktteilnehmern lässt es auch wahrscheinlich erscheinen, dass externe Marktforschungsinstitute und Berater in der Wertschöpfungskette aktiv sind, die A nutzen kann. Denn diese haben auf den Märkten einer derartigen Wertschöpfungskette genügend Kunden, so dass sich ihnen ein Markt bietet. Wegen der hohen Zahl potenzieller Klienten dürften sie an die Unternehmen, die bereits in der Branche aktiv sind, eher selten exklusiv gebunden sein. Letztlich scheint auch eine Betrachtung derartiger Märkte durch wissenschaftliche Abhandlungen oder statistische Erhebungen möglich. Durch die beschriebene Transparenz eignen sie sich nämlich als Gegenstand derartiger Untersuchungen. Auch hier gilt jedoch, dass die Daten bezüglich der entfernteren Märkte der Wertschöpfungskette angesichts der niedrigen WSK-Quote nicht unbedingt von durchschlagender Bedeutung für eine Analyse des Markteintritts in Markt 1 sind.

In der beschriebenen wenig spezialisierten und wenig konzentrierten Wertschöpfungskette könnte A also wohl auf vor- und nachgelagerten Märkten leicht Informationen erlangen. Diese wären für Markt 1 aber nur von geringer Bedeutung. Die Situation in der Wertschöpfungskette beeinflusst die Transparenz von Markt 1 folglich kaum.

In der ersten Abwandlung des Falls ist die Wertschöpfungskette, der Markt 1 angehört, weiterhin kaum spezialisiert, auch ihre übrigen Märkte sind aber stark konzentriert. Die WSK-Quote ist in dieser Variante ebenfalls niedrig. Deshalb sei insoweit auf die obigen Ausführungen verwiesen.

Wegen der hohen Konzentration der Wertschöpfungskette scheint allerdings primäre Marktforschung auch auf den übrigen Märkten der Wertschöpfungskette weniger Aussicht auf Erfolg zu haben als im Ausgangsfall. An Befragungen dürften die Marktteilnehmer kaum Interesse haben. Da die Marktteilnehmer selbst einen großen Marktanteil kontrollieren, können sie Entwicklungen des Marktes nämlich schon leichter an den eigenen Daten ablesen. Bedingt durch ihre Größe führen sie auch eher eigene Marktforschung durch. Externe Daten sind weniger notwendig. Eine Marktbeobachtung begegnet wohl ebenfalls Hindernissen. Preise und Angebotsbedingungen werden vermutlich eher in direkten, geschlossenen Verhandlungen bestimmt, statt sie offen zu kommunizieren. Denn auf sämtlichen Stufen der Wertschöpfungskette sind nur wenige Unternehmen aktiv.

Auch die sekundäre Marktforschung begegnet in diesem Szenario größeren Hindernissen. So existieren wahrscheinlich schlicht weniger externe Informationsquellen. Aufgrund der beschriebenen größeren Möglichkeiten der Marktteilnehmer werden nämlich tendenziell weniger intitutionalisierte Formen der kooperativen Marktforschung existieren. Selbst falls Branchenverbände oder ähnliche Institutionen bestehen, werden diese auch aggregierte Daten nur sehr restriktiv zugänglich machen, denn diese könnten unmittelbare Rückschlüsse auf die wenigen aktiven Unternehmen ermöglichen. Ebenso verlieren externe Berater und Marktforschungsinstitute angesichts der Konzentration der Wertschöpfungskette vermutlich an Bedeutung. Insbesondere dürften diese regelmäßig kein Interesse haben, durch die Beratung weiterer Unternehmen potenzielle Konflikte mit ihren bestehenden Klienten zu erzeugen.[598] Auch wissenschaftliche Untersuchungen oder Statistiken werden wohl weniger zur Verfügung stehen.

Die bloße Erhöhung der Konzentration der Wertschöpfungskette bewirkt also tendenziell, dass weniger Informationen über andere Märkte der Wertschöpfungskette verfügbar sind. Wahrscheinlich wird das die Unsicherheiten einer

598 Klauseln, welche es verbieten, Wettbewerber zu beraten, sind regelmäßig Teil der Verträge mit Unternehmensberatern; *Kaas/Schade*, ZfB 1995, 1067, 1068 f.

Markteintrittsanalyse aber nicht entscheidend beeinflussen, weil diese Informationen für Markt 1 nur wenig relevant sind.

In der zweiten Abwandlung des Ausgangsfalls soll die WSK-Quote sehr hoch sein, die Konzentration der Wertschöpfungskette wie im Ausgangsfall jedoch gering.

Durch die hohe WSK-Quote gewinnen die Daten vor- oder nachgelagerter Märkte der Wertschöpfungskette erheblich an Bedeutung für den Zielmarkt. In einer derartigen Konstellationen sind die Entwicklungen der Märkte nämlich eng miteinander verbunden. Insbesondere Tendenzen in Kernmärkten übertragen sich auf sonstige Märkte. Ein Markt, der einer isolierten Wertschöpfungskette angehört, muss also wahrscheinlich mit weitem Fokus betrachtet werden, um eine Markteintrittsanalyse vorzunehmen. Da der Wert, der in den einzelnen Märkten der Wertschöpfungskette geschaffen wird, primär in dieser selbst verbleibt, ist es auch wahrscheinlich, dass Wissen über die Art und Weise der Wertschöpfung einerseits nahezu nur in dieser Wertschöpfungskette vorhanden ist und andererseits wirklich sehr spezifisch für die Wertschöpfungskette ist. Denn der hier entwickelte Prozess der Wertschöpfung ist nicht mit einer großen Zahl anderer Prozesse verbunden. Aus diesen Gründen liegt es nahe, dass auch in sonstigen Märkten der Wertschöpfungskette Informationen bezüglich Markt 1 verfügbar sind, beziehungsweise dort am ehesten außerhalb von Markt 1 zu erlangen sind. Die dort aktiven Marktteilnehmer, Verbände, Marktforschungsinstitute und Berater sowie Untersuchungen, die diese Märkte behandeln, sind nämlich gezwungen, für ihre Vorhersagen auch Entwicklungen in Markt 1 zu berücksichtigen. Informationen zu Markt 1 sind also in einer derartigen Wertschöpfungskette vermutlich auch in weiter von Markt 1 entfernten Märkten verfügbar, als es bei einer nicht spezialisierten Wertschöpfungskette der Fall ist. Letztlich existieren wegen der hohen WSK-Quote weniger Unternehmen, bei denen bereits für die Wertschöpfungskette oder gar den Zielmarkt spezifisches Know-How vorhanden ist.

Hinsichtlich der Möglichkeiten zur Marktforschung verändert sich in diesem Fall wenig gegenüber dem Ausgangsfall. Die Bedeutung der bezüglich der anderen Märkte der Wertschöpfungskette, insbesondere der Kernmärkte, verfügbaren Informationen für die Analyse von Markt 1 steigt jedoch wegen der dargestellten Verbundenheit der Märkte erheblich. Tendenziell sind also gerade nicht nur Informationen bezüglich der unmittelbar vor- oder nachgelagerten Märkte von Bedeutung für die Markteintrittsanalyse.

Folglich gewährleistet in der zweiten Abwandlung die niedrige Konzentration der übrigen Märkte der Wertschöpfungskette vermutlich eine gewisse Markttransparenz von Markt 1. Durch die starke Abhängigkeit der Märkte voneinander liefern nämlich potenzielle Informationsquellen in der Wertschöpfungskette wahrscheinlich nicht nur Erkenntnisse über diesen bestimmten Markt, sondern auch über andere Märkte der Wertschöpfungskette. Sie erleichtern derart auch die Markteintrittsanalyse bezüglich Markt 1.

In der letzten Abwandlung des Ausgangsfalls soll Markt 1 Teil einer stark spezialisierten Wertschöpfungskette sein, welche außerdem weitgehend konzentriert ist.

Die Wirkungen der Spezialisierung und der Konzentration der Wertschöpfungskette verstärken einander. Durch die Spezialisierung der Wertschöpfungskette sind die auf konzentrierten Märkten tätigen Unternehmen noch weniger auf Daten externer Dienstleister angewiesen. Sie werden nämlich die notwendigen Prognosen häufig selbst vornehmen. Denn die Märkte beeinflussen sich vor allem gegenseitig und das notwendige Wissen ist sehr spezifisch. Weil die wenigen Unternehmen wahrscheinlich eng zusammenarbeiten und in langfristigen Geschäftsbeziehungen stehen, ist die Wertschöpfungskette für sie außerdem recht transparent. Auch ist es besonders wahrscheinlich, dass die relevanten Tendendenzen der Wertschöpfungskette denen des eigenen Umsatzes entsprechen, weil die Wertschöpfungskette derart stark verflochten ist. Das gilt umso mehr für Unternehmen, die auf mehreren Kernmärkten der Wertschöpfungskette tätig sind. Eine punktuelle Marktbeobachtung ist nunmehr voraussichtlich auf allen Stufen der Wertschöpfungskette nur schwer möglich, weil sich überall die Konzentration in der beschriebenen Weise auswirkt. Gleichzeitig sind aber wiederum Entwicklungen auf vor- oder nachgelagerten Märkten vermutlich von großer Bedeutung für den Zielmarkt, weil dieser unmittelbar von ihnen beeinflusst wird. Externe Berater und spezialisierte Marktforschungsinstitute sind wohl noch weniger verfügbar, weil das von ihnen benötigte Wissen noch spezieller ist. Gleichzeitig haben sie weniger potenzielle Klienten. Daher sind sie an die bisherigen Klienten besonders stark gebunden.

Neben der gestiegenen Bedeutung der Entwicklungen auf anderen Stufen der Wertschöpfungskette aufgrund der hohen WSK-Quote sinkt durch die Spezialisierung der Wertschöpfungskette zusätzlich auch die Zahl der Unternehmen, bei denen bereits für die Wertschöpfungskette oder gar den Zielmarkt spezifisches Know-How vorhanden ist. Die übrigen potenziellen Wettbewerber müssen folglich in ihren Analysen noch höhere Unsicherheiten berücksichtigen.

Folglich erscheint die hohe Konzentration einer isolierten Wertschöpfungskette wettbewerblich tatsächlich bedenklicher als die bloße Konzentration eines einzelnen Marktes. Sie kann die Intransparenz der einzelnen Märkte der Wertschöpfungskette zusätzlich verstärken und so diesbezügliche Analysen negativ beeinflussen. Diese abstrakte Erkenntnis benennt natürlich nur die Tendenz der

Auswirkungen einer derartigen Situation.[599] Der Einzelfall kann anders einzuschätzen sein.

Die Unsicherheiten für die Unternehmen, die den Markteintritt bewerten, wachsen mit der Entfernung von der jeweiligen Wertschöpfungskette. Der Markt ist ihnen dann nämlich besonders fremd. Wertschöpfungsketten, die leicht nachzuahmen sind und mit vielen anderen Wertschöpfungsketten verflochten sind, bleiben insgesamt also recht transparent, die Wertschöpfungskette ist hier schon kein sinnvoller Betrachtungsrahmen. Hingegen eignen sich gerade die in der Hypothese vorausgesetzten nicht nur spezialisierten sondern insbesondere auch stark technisierten[600] Wertschöpfungsketten besonders, um sie durch Intransparenz abzuschotten. Generell gibt die WSK-Quote der Märkte der Wertschöpfungsketten eine quantitative Indikation der Isolation der Wertschöpfungskette. Je höher die WSK-Quote auf den relevanten Märkten der Wertschöpfungskette ist, desto wahrscheinlicher ist diese isoliert, so dass Informationen mit zunehmender Konzentration monopolisiert werden.

Es kann somit die Transparenz jedes einzelnen Marktes einer spezialisierten Wertschöpfungskette sinken, wenn diese sich weiter konzentriert. Unternehmen, die in der Wertschöpfungskette aktiv sind, erhielten dann gegenüber potenziellen Wettbewerbern, die außerhalb derselben stehen, einen „Gewinnpuffer". Sie haben folglich ein Interesse daran, die Konzentration der jeweiligen Wertschöpfungskette weiter zu steigern.

Hohe irreversible Kosten, wie sie in der Hypothese vorausgesetzt werden, verstärken den Effekt noch.[601] Der neue Wettbewerber müsste dann nämlich umfangreich in spezialisierte Produktionsmittel investieren. Diese Investitionen wären verloren, sofern falsch kalkuliert wurde oder sich ein in die Kalkulation eingerechnetes Risiko realisiert. Investoren gewichten jegliches Risiko umso stärker, je größer der Schaden ist, falls es sich realisiert.[602] Der großtmögliche Schaden wäre die Insolvenz des Unternehmens oder für den einzelnen Entscheidungsträger schlicht der Verlust seiner Anstellung. Die Wahrscheinlichkeit beider Konsequenzen steigt mit der Höhe der Fehlinvestition. Daher wirken sich bei sehr hohen irreversiblen Kosten die Risiken des Markteintritts noch stärker aus.

---

599 Im Folgenden werde daher zusätzliche Kriterien aufgestellt, bei deren kumulativem Vorliegen eine eingehende wettbewerbliche Untersuchung erst angezeigt ist. Vgl. Teil 3, Kapitel A.III.2.b), c) und d).

600 Siehe dazu sogleich, Teil 3, Kapitel A.III.2.b).

601 Vgl. zu dem Aspekt, dass die Konzentration der Wertschöpfungskette die irreversiblen Kosten darüber hinaus auch zusätzlich steigern kann, Teil 3, Kapitel A.III.2.d).

602 *Besanko/Braeutigam,* Microeconomics S. 579; *Clemen,* Making Hard Decisions, S. 483 ff.

b) Technologie und geistiges Eigentum

Die Hypothese zielt auf stark technisierte und spezialisierte Wertschöpfungsketten ab. Große Teile der Produktion hängen folglich von dem entsprechenden Wissen ab, welches teilweise durch geistige Eigentumsrechte gesichert ist. Dieses technologische Know-How stellt in den einzelnen Märkten eine Marktzutrittsschranke dar. Auch diese könnte mit höherem Konzentrationsgrad der Wertschöpfungskette steigen.

Gegenstand der Betrachtung ist hier zunächst ein einzelner Markt, in dem Technologie ein entscheidender Wettbewerbsparameter ist. Ein Unternehmen, das die entsprechende Technologie nicht besitzt, kann in einer kurzfristigen Betrachtung in einen derartigen Markt nur eintreten, indem es ein anderes Unternehmen übernimmt, dessen technologisches Wissen es nutzen kann. In einer langfristigen Betrachtung kann es auch durch eigene Forschung und Entwicklung in den Markt eintreten.[603] Derartige Forschung und Entwicklung ist aus zwei Gründen primär in verbundenen und ähnlichen Märkten zu erwarten. Erstens gehen aus einer Forschungsaktivität, die sich bereits auf einen ähnlichen Bereich konzentriert, eher konkurrierende Produkte hervor als aus einer vollkommen anderen Wertschöpfungskette. Das jeweilige Unternehmen hat dann nämlich bereits spezielles Wissen über das Endprodukt. Dieses Expertenwissen ist nicht beliebig weit übertragbar. Viele potenzielle Wettbewerber müssten sich derartiges spezialisiertes Wissen komplett neu aneignen. Zweitens haben Unternehmen, die in vollkommen verschiedenen Märkten tätig sind, meist unter strategischen Gesichtspunkten kein Interesse, in einen absolut fremden Markt einzutreten. Sie werden die erheblichen Investitionen scheuen, die notwendig sind, um die entsprechende Technologie zu erwerben. Das gilt umso mehr, als der Erfolg dieser Investitionen besonders unsicher ist, weil die Unternehmen auf unbekanntem Terrain forschen. Selbst wenn sie zufällig eine geeignete Technologie entwickelten, ist es bei derartigen Unternehmen recht wahrscheinlich, dass sie lieber die eigene Technologie lizensieren und sichere Gewinne erzielen, als sich auf einen langwierigen und unsicheren Verdrängungswettbewerb einzulassen, der außerhalb ihres eigentlichen Geschäftsfelds liegt.

Nunmehr soll in die Betrachtung des einzelnen Marktes die Wertschöpfungskette mit einbezogen werden, in der Technologie ein entscheidender Parameter des Wettbewerbs ist. Das Unternehmen, welches einen der Kernmärkte dieser Wertschöpfungskette beherrscht, muss stets befürchten, dass andere technologisch versierte Unternehmen der Wertschöpfungskette versuchen werden, in die-

603 Dabei kann natürlich das geistige Eigentum als Marktzutrittsschranke wirken. Umfassend zu diesem separaten Problemkreis: *Bartl,* Marktzutrittsschranken.

sen Markt einzutreten. Sie erfüllen nämlich bereits einige der soeben beschriebenen Kriterien für wahrscheinliche Kandidaten für den Markteintritt. Denn einerseits forschen sie ohnehin bereits im Hinblick auf dasselbe Endprodukt, und andererseits entspräche ein Markteintritt in diesen Kernmarkt tendenziell ihrer strategischen Ausrichtung. Daher könnte das Unternehmen die eigene Position sichern, wenn es ihm gelänge, die Wertschöpfungskette[604] zu monopolisieren.

Eine derartige Strategie ist allerdings nur erfolgversprechend, wenn die eigene Wertschöpfungskette technologisch tatsächlich weitgehend isoliert ist, also nur wenige Anwendungsbereiche für ähnliche Technologien existieren. In diesem Fall erreicht das Unternehmen, wenn es die Wertschöpfungskette beherrscht, nämlich tatsächlich eine stabile technologische Führerschaft. Wiederum indiziert der WSK-Anteil der Kernmärkte, ob eine derartige Isolation möglich scheint.[605] Gehören sämtliche Kernmärkte ausschließlich der jeweiligen Wertschöpfungskette an, so ist die Wertschöpfungskette vermutlich technologisch weitgehend isoliert.[606] Das Ergebnis der Analyse muss in einer wertenden Betrachtung und anhand der tatsächlichen Gegebenheiten der Wertschöpfungskette überprüft werden.

Folglich kann ein dominantes Unternehmen durch Übernahmen anderer Technologieführer innerhalb der Wertschöpfungskette die Gefahr senken, sich neuen, technologisch ebenbürtigen Wettbewerbern gegenüberzusehen, und auf diese Art und Weise die eigene dominante Position zusätzlich konsolidieren. Je länger eine Wertschöpfungskette weitgehend monopolisiert und je isolierter sie von anderen Wertschöpfungsketten ist, desto aufwändiger wird es für andere Unternehmen schon rein technisch, in sie einzutreten.

Die Bedeutung der technologischen Marktzutrittsschranken hängt neben der Spezialisierung der Wertschöpfungskette auch von der Dynamik der weiteren Entwicklung ab. Die technologischen Marktzutrittsschranken sind weniger problematisch, wenn die Wertschöpfungskette durch häufige bedeutende Innovationen geprägt ist und sich die Produkte regelmäßig grundlegend ändern. In diesem Fall scheint eine Innovation von außerhalb der Wertschöpfungskette oder der plötzliche Erfolg auch eines kleinen Konkurrenten auf einem Kernmarkt nicht

---

604 Je nach Struktur der jeweiligen WSK mag es auch genügen, einen technologisch abgrenzbaren Teil von ihr zu beherrschen.

605 Vgl. Teil 3, Kapitel A.III.1.c).

606 Es ist auch möglich, dass mehrere Wertschöpfungsketten fast ausschließlich miteinander verflochten sind und sie insofern insgesamt technologisch isoliert sind. Das kann primär dann der Fall sein, wenn technologisch sehr ähnliche Endprodukte verschiedene Nutzer haben und nur deshalb verschiedene Wertschöpfungsketten vorliegen. Das scheint beispielsweise bei den Wertschöpfungsketten für große Verkehrsflugzeuge, für Regionalflugzeuge und für Geschäftsflugzeuge der Fall zu sein. Vgl. Teil 3, Kapitel B.II.

unwahrscheinlich. Beruht die Wertschöpfungskette hingegen auf einer grundlegenden Technologie, die in kleinen Schritten unter erheblichem Aufwand an Zeit und Ressourcen fortentwickelt wird, ist eine technologische Monopolisierung bedenklicher. Dann bleibt voraussichtlich diese grundlegende Technologie entscheidend. Also wird kaum ein Unternehmen von außerhalb der Wertschöpfungskette die erheblichen Ressourcen investieren, um mit unsicherer Aussicht zunächst die grundlegende Technologie zu erwerben und dann mit dem dominanten Unternehmen und dessen über Jahre aufgebauten Patentportfolien zu konkurrieren.

Demnach bewirkt die zunehmende Konzentration einer spezialisierten, isolierten, extrem technisierten Wertschöpfungskette besondere Marktzutrittsschranken, indem die Technologie langfristig monopolisiert wird.

Die Bedeutung technologischer Marktzutrittsschranken nimmt wohl zu. Dies bedingen die zunehmende Zergliederung und Spezialisierung der Wirtschaft sowie die sich beschleunigende technische Entwicklung. Wegen der Spezialisierung der Wirtschaft ist Expertenwissen gebündelt und auf wenige Unternehmen verteilt. Wissenschaftliche Theorien werden so komplex, dass auch ein Ingenieur regelmäßig die Produktionsprozesse anderer Industrien nicht nachbilden kann, ohne sich lange in den neuen Bereich einzuarbeiten.[607] Da die technische Entwicklung sich beschleunigt, müssen potenzielle Konkurrenten nicht nur ein gleichwertiges Produkt sondern ein Produkt, das besser als das etablierte Produkte ist, entwickeln. Nur so können sie die technische Entwicklung des Monopolisten vorwegnehmen und sichergehen, nicht mit einem veralteten Produkt in den jeweiligen Markt einzusteigen.

Verdeutlicht wird die Relevanz von Technologie und geistigem Eigentum für ein erfolgreiches Unternehmen durch Bieterschlachten um Patentportfolien in den USA sowie diverse aktuelle Patentverletzungsverfahren.[608]

c) Strategische Marktzutrittsschranken

Eine konzentrierte Wertschöpfungskette schafft außerdem strategische Marktzutrittsschranken zu den Märkten, auf denen das dominante Unternehmen tätig ist.

So ist zur Entwicklung der eigenen Marktstrategie auch die Analyse der Konkurrenz, die sogenannte Konkurrenzanalyse, notwendig.[609] Sie hat als strategische Analyse die Aufgabe, möglichst umfassendes Informationsmaterial über die

---

607 Das lässt wiederum Unsicherheiten bei Marktzutrittsanalysen entstehen.

608 *Focus.de,* Google kauft Motorola; *Sueddeutsche.de,* Samsung-Klage.

609 *Decker*, in: Köhler/Küpper/Pfingsten (Hrsg.), S. 918, 919.

wichtigsten Wettbewerber zu sammeln und zu bewerten.[610] Diese Konkurrenzanalyse gilt als Voraussetzung dafür, eine eigene Strategie zu entwickeln, um Nachfrager für sich zu gewinnen.[611] Generell ist hierbei gerade auch eine dynamische Analyse des Verhaltens der Wettbewerber notwendig, welche ihr zukünftiges Verhalten prognostiziert.[612] Schon Unsicherheit bezüglich der Reaktion eines einzelnen Wettbewerbers in demselben Markt wird als Unsicherheit bezüglich der Effizienz und Effektivität der eigenen Entscheidung, also vorliegend des Markteintritts, gesehen.[613] Übertragen auf das Modell der NPV-Analyse sinkt dadurch also der NPV des Markteintritts.

Die Unsicherheit bezüglich der Reaktion des dominanten Unternehmens einer Wertschöpfungskette ist aber besonders hoch. Seine Reaktionsmöglichkeiten beschränken sich nicht auf einen einzelnen Markt. Sie betreffen mehrere Märkte der Wertschöpfungskette. Das Unternehmen könnte beispielsweise versuchen, die Kosten für Vorprodukte zu steigern, Bündelstrategien zu wählen, die Preise zu senken, den Markt insgesamt zu verkleinern oder Exklusivitätsbindungen einzugehen.[614] Die Konkurrenzanalyse als Aspekt der Markteintrittsanalyse wird durch diese vielfältigen Handlungsmöglichkeiten des dominanten Unternehmens erschwert, weil jede Erfolg versprechende Reaktionsmöglichkeit in ihr berücksichtigt werden muss.

Darüber hinaus muss das am Markteintritt interessierte Unternehmen mit Informationsasymmetrien zu Gunsten des dominanten Unternehmens der Wertschöpfungskette rechnen. Denn das dominante Unternehmen ist, genau umgekehrt zur dargestellten Situation des in der Wertschöpfungskette neuen Unternehmens, auf mehreren Kernmärkten der Wertschöpfungskette aktiv und hat daher auch das größte Wissen über die Wertschöpfung in der Kette. Wegen der hohen WSK-Quote ist davon auszugehen, dass das auf jedem einzelnen Markt einen Informationsvorsprung bewirkt. Ein solcher Informationsvorsprung gilt als Wettbewerbsvorteil.[615] Auch diesen muss das den Markteintritt planende Unternehmen als eigenen Wettbewerbsnachteil berücksichtigen.

Folglich kann ein konglomerater Zusammenschluss, der eine bereits konzentrierte und isolierte Wertschöpfungskette zusätzlich konzentriert, für andere Unternehmen, die am Eintritt in denselben Markt interessiert sind, auch strategische Marktzutrittsschranken durch vermehrte Reaktionsmöglichkeiten und Informationsasymmetrien bewirken.

---

610 *Nieschlag/Dichtl/Hörschgen,* Marketing, S. 861.

611 *Römer*, ZfB 1998, 481, 481.

612 *Römer*, ZfB 1998, 481, 482.

613 *McLachlan,* Informationsasymmetrien, S. 47.

614 Vgl. Teil 2, Kapitel D.IV.1.b)(2) zu den Möglichkeiten der Marktmachtübertragung.

615 *McLachlan,* Informationsasymmetrien, S. 76.

d) Steigerung der irreversiblen Kosten

Die Konzentration der Wertschöpfungskette kann dazu führen, dass die Investitionen steigen, die notwendig sind, um in einen Markt einzutreten. Ein Wettbewerber könnte sich gezwungen sehen, mehrere Märkte auf einmal zu erschließen, um beispielsweise Kopplungen spiegeln zu können. Sofern die auf den jeweiligen Märkten erforderlichen Produktionsmittel stark spezialisiert sind, lassen sich diese später kaum weiterverkaufen. Sie sind nur innerhalb der jeweiligen Wertschöpfungskette verwendbar. Die diesbezüglichen Investitionen stellen *irreversible Kosten* dar. Das jeweilige Unternehmen bindet sich langfristig an die Investitionen. Es muss diese erst amortisieren, bevor es Gewinn erzielt. Dieser Kapitalbedarf ist eine Marktzutrittsschranke.[616]

Bezüglich dieser Marktzutrittsschranken gelten dieselben Gesetzmäßigkeiten wie bei einer Vertikalintegration, welche zu einem mehrstufigen Marktzutritt zwingt.[617] Zusätzlich erhöhen diese hohen Investitionskosten, wie dargestellt, allerdings auch die Risikoprämie, die aus der Intransparenz der Wertschöpfungskette resultiert.[618]

3. Zwischenergebnis

Die eingangs aufgestellte Hypothese wurde bestätigt. Es ist für ein bereits in wesentlichen Märkten einer spezialisierten, technisierten Wertschöpfungskette dominantes Unternehmen profitabel, weitere Märkte derselben Wertschöpfungskette zu beherrschen.[619] Diese Märkte müssen nicht zwangsläufig unmittelbar mit den bereits beherrschten Märkten verbunden sein. Diesen Anreiz bewirken die aus der Konzentration der Wertschöpfungskette resultierenden Marktzutrittsschranken, die nicht auf einer wirtschaftlichen Leistung beruhen.

Die wesentlichste Marktzutrittsschranke ist die Intransparenz, die eine derartige konzentrierte und spezialisierte Wertschöpfungskette auszeichnet. Sie erzeugt Unsicherheiten beim Marktzutritt. Diese übersteigen die Unsicherheiten, die entstehen, wenn ein einzelner Markt monopolisiert wird. Der NPV des Markteintritts ist also geringer, als es bei einer nicht konzentrierten Wertschöpfungskette der Fall wäre. Er entspricht insbesondere nicht dem wirklichen Gewinnpotenzial

616 *Jickeli,* Marktzutrittsschranken, S. 214 ff.

617 *Emmerich,* Kartellrecht, § 16 Rn. 46 f.; *Kellerbauer* in: Mäsch, Art. 2 FKVO, Rn. 56 ff.

618 Vgl. Teil 3, Kapitel A.III.2.a)(3).

619 Auch General Electric hatte im Übrigen bereits vor dem Zusammenschluss *GE/Honeywell* andere Märkte durch Verdrängung von Wettbewerbern konzentriert. Die Kommission konnte allerdings keinen wirtschaftlichen Anreiz für ein erneutes derartiges Vorgehen identifizieren; Vgl. Teil 1, Kapitel D.II.7.

der jeweiligen Märkte. Potenzielle Wettbewerber werden so vom Marktzutritt abgehalten, ohne dass das dominante Unternehmen dafür eine wirtschaftliche Leistung erbringt. Deshalb ist es besonders profitabel, eine Wertschöpfungskette zu monopolisieren, indem man Wettbewerber verdrängt oder übernimmt.

Technologische Isolierung, hohe irreversible Kosten sowie strategische Herausforderungen beim Marktzutritt erhöhen den wirtschaftlichen Anreiz, eine Wertschöpfungskette zu monopolisieren, zusätzlich. Die einzelnen Faktoren verstärken einander.

Besonders bedenklich ist, dass die Position des Unternehmens, welches die Wertschöpfungskette beherrscht, dauerhaft konsolidiert wird. Wahrscheinliche potenzielle Wettbewerber wurden nämlich eliminiert. Zwar ist naturgemäß zu erwarten, dass sich langfristig neue Wettbewerber entwickeln, doch kann das viele Jahre dauern. Es müssen erst Marktdaten erhoben, Technologien erforscht, neue Produktionskapazitäten geschaffen und ganze Versorgungs- und Verteilungsnetzwerke aufgebaut werden, bevor die Position des dominanten Unternehmens angegriffen werden kann. In der Zwischenzeit werden die Verbraucher erheblich geschädigt.

Weil eine monopolisierte Wertschöpfungskette den Wettbewerb derart nachhaltig schädigt, sind auch weit reichende Prognosen im Rahmen der Fusionskontrolle gerechtfertigt. Auf eine Selbstheilung der verschiedenen Märkte der Wertschöpfungskette kann in diesem Ausnahmefall nicht vertraut werden.

IV. Systematisierung der Analyse

Eine stark konzentrierte, spezialisierte Wertschöpfungskette ist also unter diversen Gesichtspunkten bedenklich. Ein konglomerater Unternehmenszusammenschluss, der eine derartige Situation begründet, verstärkt oder es ermöglicht, sie durch Marktverdrängung zu verursachen, ist jedoch eine Ausnahme. Um diese Ausnahme zu identifizieren, sind die erarbeiteten Aspekte in eine systematische Analyse zu integrieren.

Die Prüfungsschritte bauen prinzipiell aufeinander auf, sind also sequentiell vorzunehmen. Dennoch bietet es sich an, vor einer detaillierten, geordneten Untersuchung spätere Prüfungspunkte summarisch zu prüfen. Die meisten konglomeraten Unternehmenszusammenschlüsse können so im Hinblick auf ihre Auswirkungen auf die Wertschöpfungskette schnell als unproblematisch beurteilt werden.[620] Diese Vorgehensweise vermeidet unnötige, umfangreiche Analysen.

---

620 Beispielsweise könnte das Unternehmen offensichtlich in keinem wichtigen Markt beherrschend sein.

Eingangs sollte summarisch geprüft werden, ob eine ernstzunehmende Möglichkeit besteht, dass folgende Voraussetzungen erfüllt sind: Es müsste ein konglomerater Zusammenschluss innerhalb einer Wertschöpfungskette vorliegen. Diese Wertschöpfungskette müsste von der verwendeten Technologie geprägt, in wesentlichen Märkten global aufgestellt und stark konzentriert sein. Außerdem müsste das fusionierte Unternehmen mindestens einen der Märkte der Wertschöpfungskette beherrschen, die möglicherweise einen Kernmarkt darstellen.

Den Ausgangspunkt der detaillierten Prüfung bilden die Märkte, auf die sich der Zusammenschluss auswirkt. Es müssten mindestens zwei Märkte betroffen sein, die derselben Wertschöpfungskette angehören, prinzipiell kann ein Zusammenschluss auch mehrere Wertschöpfungsketten betreffen.

Nun sind die Kernmärkte der Wertschöpfungskette zu identifizieren. Entscheidend sind die spezifische Wertschöpfung und die WSK-Quote der verschiedenen Märkte der Wertschöpfungskette. Natürlich können regelmäßig keine exakten Werte ermittelt werden. Näherungswerte und Größenverhältnisse reichen aber aus, um die wesentlichen Charakteristika zu bestimmen.

Bei den Kernmärkten müsste es sich um globale Märkte handeln. Alternativ genügt es, wenn in den gleichen Märkten weltweit dieselben Unternehmen aktiv sind. Auch dann geht kein Wettbewerbsdruck von externen Unternehmen aus.

Die Wertschöpfung innerhalb der Kernmärkte müsste außerdem stark auf der verwendeten Technologie beruhen. Das ist in einer wertenden Betrachtung zu ermitteln.

Die Kernmärkte müssten weiterhin bereits vor dem Zusammenschluss weitgehend konzentriert gewesen sein. Hier genügt eine Betrachtung der Marktanteile.

In mindestens einem der Kernmärkte müsste eines der fusionierenden Unternehmen schon vor dem Zusammenschluss marktbeherrschend gewesen sein.

Sofern die genannten Voraussetzungen vorliegen, ist zu bestimmen, wie der Zusammenschluss sich auf den Wettbewerb auswirkt. Zwei Konstellationen sind zu unterscheiden. Zunächst kann schon die Fusion an sich die Wertschöpfungskette derart konzentrieren, dass der Wettbewerb erheblich geschädigt wird. Sollte das nicht der Fall sein, könnte der Zusammenschluss es dem Unternehmen immer noch ermöglichen, dies zu tun.

Für die erste Konstellation ist zunächst zu untersuchen, ob das fusionierte Unternehmen nach der Fusion eine dominante Position in der Wertschöpfungskette einnimmt. Eine Gesamtbetrachtung der Marktanteile in den Kernmärkten ermöglicht eine konsistente Wertung. Der Anteil des fusionierten Unternehmens am summierten Umsatz aller Kernmärkte indiziert die Positionierung innerhalb der Wertschöpfungskette. Diese rein quantitative Betrachtung ist wertend zu überprüfen. Es sind insbesondere die Positionen anderer Unternehmen in der Wertschöpfungskette zu berücksichtigen.

Die Wertschöpfungskette ist anschließend auf Marktzutrittsschranken zu untersuchen, die gerade die Konzentration der gesamten Wertschöpfungskette hervorruft. Besonders wichtig sind fehlende Markttransparenz und spezielle Technologien. Beide Marktzutrittsschranken sind wahrscheinlich umso höher, je mehr die Wertschöpfungskette von anderen Wertschöpfungsketten isoliert ist. Die Wertschöpfungskette ist wiederum umso wahrscheinlicher isoliert, je höher die WSK-Quote auf den Märkten der Wertschöpfungskette ist. Die Ergebnisse dieser quantitativen Analyse sind in wertender Betrachtung und anhand einer Untersuchung der tatsächlichen Verhältnisse zu validieren. Auch Marktzutrittsschranken, die aus der strategischen Situation oder hohen irreversiblen Kosten des Marktzutritts resultieren, sind an dieser Stelle zu identifizieren. Ergibt sich, dass die Konzentration der Wertschöpfungskette zusätzliche Marktzutrittsschranken schafft, weshalb die Wertschöpfungskette voraussichtlich langfristig konzentriert bleiben wird, so dass der Wettbewerb erheblich beeinträchtigt wird, dann ist der Zusammenschluss zu untersagen.

Wenn der Zusammenschluss nicht unmittelbar eine bedenkliche Konzentration der Wertschöpfungskette hervorruft, ist das zukünftige Verhalten des fusionierten Unternehmens zu berücksichtigen. Das Unternehmen könnte versuchen, seine Marktmacht aus anderen Märkten zu übertragen, um Wettbewerber zu verdrängen. Dafür müsste das Unternehmen eine faktische Möglichkeit haben, Wettbewerber zu verdrängen. Besteht eine solche Möglichkeit, so entspricht die weitere Prüfung der obigen. Die Marktzutrittsschranken, die durch eine solche Verdrängung zusätzlich entstünden, sind zu bestimmen. Sind sie erheblich, stellen sie einen wirtschaftlichen Anreiz dar, Wettbewerber zu verdrängen.

Abbildung 4 stellt das beschriebene Prüfungsschema dar. Es ist durchaus komplex. Die Situationen, die diese Prüfung adressiert, schädigen den Wettbewerb allerdings schwer und nachhaltig, weil ganze Produktionslinien monopolisiert werden. Dieses Ausmaß der Wettbewerbsschädigung rechtfertigt die aufwändige Prüfung.

Prüfung eines konglomeraten Zusammenschlusses im Hinblick auf die Wertschöpfungskette

- **I. Vorprüfung (summarisch):**
  1. Konzentrierte, technologisierte, globale WSK betroffen?
  2. Beteiligte Unternehmen in mind. einem Markt marktbeherrschend?
- **II. Ausgangssituation bedenklich**
  1. Betroffene Märkte Teil derselben WSK?
  2. Identifikation Kernmärkte
     a) Spezifische Wertschöpfung
     b) WSK-Quote
  3. Kernmärkte global oder global identische Wettbewerber in entsprechenden Kernmärkten?
  4. Technologie wesentlicher Produktionsfaktor in Kernmärkten?
  5. Kernmärkte bereits vor dem Zusammenschluss konzentriert?
  6. Mind. ein beteiligtes Unternehmen in einem Kernmarkt marktbeherrschend?
- **III. Auswirkungen des Zusammenschlusses**
  1. Schädigt erhöhte Konzentration der WSK unmittelbar den Wettbewerb?
     a) Dominante Position d. fusionierten Unternehmens in WSK erreicht oder verstärkt?
        (1) Prozentuale Steigerung des Umsatzes auf Kernmärkten
        (2) Wertende Betrachtung der Marktpositionen (auch der Wettbewerber) und deren Verknüpfung
     b) Marktzutrittsschranken durch Konzentration der WSK (für Verdrängung = wirtschaftlicher Anreiz) bedenklich erhöht?
        (1) Quantitative Annäherung: WSK-Quote der Märkte
        (2) Transparenz
        (3) Technologie
        (4) Strategie
        (5) Irreversible Kosten des Markteintritts
  2. Konzentration nicht bedenklich erhöht, aber Möglichkeit zur Verdrängung eröffnet?
     a) Möglichkeit zur Verdrängung
     b) Marktzutrittsschranken nach Verdrängung (= wirtschaftlicher Anreiz) → wie Abschnitt II. 1. b)

Abbildung 4

V. Abgrenzung zu anderen Theorien

Der erarbeitete Ansatz soll ausdrücklich von sonstigen Ansätzen unterschieden werden. Nicht die Größe des in Rede stehenden Unternehmens beeinträchtigt den Wettbewerb. Weder die Argumente der *deep pocket doctrine* noch das Argument der Finanzkraft werden übernommen. Vielmehr ist alleine die weitgehende Konzentration einer stark technisierten, global aufgestellten Wertschöpfungskette problematisch. Zwar kann wohl nur ein großes Unternehmen eine Wertschöpfungskette derart beherrschen, doch löst nicht die Größe die Wettbewerbsbedenken aus.

Ebenso wenig scheint es wahrscheinlich, dass konglomerate Zusammenschlüsse innerhalb einer Wertschöpfungskette den Wettbewerb regelmäßig erheblich beeinträchtigen. Der Ansatz beschreibt im Gegenteil seltene Konstellationen. Es widerspricht seiner Natur, ihn häufig anzuwenden. Im Hinblick auf eine Marktmachtübertragung werden die gegebenen Argumente nur ergänzt. Die sonstigen Voraussetzungen, um Wettbewerber erfolgreich zu verdrängen, müssen ebenfalls vorliegen. Allerdings muss es nicht zwangsläufig im Hinblick auf den einzelnen Markt gewinnbringend sein, Wettbewerber zu verdrängen. Eine strategische Betrachtung der Wertschöpfungskette kann ebenfalls einen wirtschaftlichen Anreiz zur Marktverdrängung identifizieren.

VI. Verbleibende Unsicherheiten und Forschungsbedarf

Der Ansatz wurde hier nur theoretisch entwickelt, es verbleibt erheblicher Forschungsbedarf. So muss der Konzentrationsgrad konkretisiert werden, den eine Wertschöpfungskette insgesamt aufweisen muss, um sie abschotten zu können. Schon jetzt ist klar, dass nach dem Zusammenschluss in der Wertschöpfungskette nur wenig Wettbewerb verbleiben darf. Ein einziger Zusammenschluss wird eine vormals von intensivem Wettbewerb durch eine große Zahl von Unternehmen geprägte Wertschöpfungskette nicht aus dem Gleichgewicht bringen. Allerdings scheint auch die Oligopolisierung einer Wertschöpfungskette denkbar.[621]

Darüber hinaus ist auch eine empirische Überprüfung der aufgeworfenen These angebracht. Eine solche begegnet allerdings durch die getroffenen Grundannahmen erheblichen Hindernissen. Globale Märkte, technologische Spezialisierung sowie die exponentielle Beschleunigung der technischen Entwicklung mit den damit verbundenen Möglichkeiten sind relativ neue Erscheinungen.[622] Nur wenige Industrien scheinen den Kriterien derzeit zu entsprechen. Die beschriebenen Abschottungen wären demnach eine relativ junge Erscheinung. Außerdem handelt es sich definitionsgemäß um eine Ausnahmeerscheinung. Empirisch wird sie nur schwer in genügender Fallzahl zu belegen sein. Stattdessen könnte sich eine längerfristige Betrachtung von technologisierten, globalen Wertschöpfungsketten, die eine sehr hohe Konzentration aufweisen, als fruchtbar erweisen, um zu untersuchen, ob sich der Wettbewerb tatsächlich entsprechend der hier getroffenen Vorhersagen entwickelt. Eine einmal erlangte Führungsposition in der Wertschöpfungskette müsste dann lange bestehen bleiben.

---

621 In einem derartigen Fall könnten mehrere Unternehmen ausnutzen, dass sie gemeinsam die Wertschöpfungskette beherrschen und außerhalb dieses Oligopols kaum Informationen über die Wertschöpfungskette zur Verfügung stehen. Hier ergibt sich eine Parallele zu der von der Kommission in ihren Nichthorizontalleitlinien beschriebenen Situation des mehrfachen Wettbewerbs. Vgl. Teil 2, Kapitel A.IV.2.

622 *Stiglitz,* Freefall, S. 205 stellt fest: „Globalization and new technologies have opened up the possibility of new global monopolies with a wealth and power beyond anything that the barons of the late nineteenth century could have dreamed."

B. Die Konzentration der Wertschöpfungskette bei *Tetra/Sidel und GE/Honeywell*

Die theoretischen Erkenntnisse können nunmehr auf die beiden Zusammenschlüsse übertragen werden, anhand derer sie gewonnen wurden. Auf diese Weise können Stärken und Schwächen des neuen Ansatzes identifiziert und die Auswirkungen beider Fusionen auf die betroffenen Wertschöpfungsketten untersucht werden.

Die Entscheidungen zu *Tetra/Sidel* und *GE/Honeyw*ell berücksichtigten allerdings die Wertschöpfungsketten nicht. Daher fehlen zahlreiche relevante Daten. Beispielsweise sind die relative Bedeutung der verschiedenen Märkte zueinander und die Positionierung der Unternehmen in den Wertschöpfungsketten weitgehend unbekannt. Diesbezügliche Annäherungen sind aber für die hier entwickelte Analyse entscheidend. Vermutungen anhand zweckdienlicher Passagen in den Entscheidungen bieten nur ungenügenden Ersatz. Die Transparenz der Wertschöpfungsketten kann sogar noch schlechter abgeschätzt werden, weil in den Entscheidungen Anhaltspunkte fehlen, um sie zu bewerten. Hier wäre die Expertise von Branchenkennern notwendig. Mithin können die Zusammenschlüsse nicht konsequent gemäß dem entwickelten Prüfungsschema geprüft werden.

Trotzdem lassen sich über beide Fusionen Erkenntnisse gewinnen. Es kann nämlich wenigstens aufgezeigt werden, welche Umstände im Hinblick auf die Wertschöpfungskette besonders beachtenswert gewesen wären. Der Anspruch liegt daher im Folgenden nicht darin, die Zusammenschlüsse abschließend neu zu bewerten. Vielmehr sollen relevante Bezugspunkte zur Wertschöpfungskette identifiziert werden, die die jeweilige Prüfung nicht angesprochen hatte. Das Prüfungsschema dient dabei als Leitfaden.

Sofern in verschiedenen Entscheidungen zu demselben Zusammenschluss faktische Umstände, Marktabgrenzungen oder sonstige Aspekte unterschiedlich bewertet wurden, werden die Wertungen der letztinstanzlichen Entscheidung übernommen.

I. Tetra/Sidel

1. Summarische Betrachtung

Der Zusammenschluss betraf mehrere Märkte der Wertschöpfungsketten verschiedener verpackter Getränke. Die genaue Abgrenzung der betroffenen Märkte sowie der betroffenen Wertschöpfungsketten bleibt allerdings unklar. Diese

Wertschöpfungsketten wurden wenigstens hinsichtlich der Verpackung und Abfüllung entscheidend von der in ihnen verwendeten Technologie geprägt und waren in diesem Bereich stark konzentriert. Tetra war schon vor dem Zusammenschluss das mit Abstand größte Unternehmen in der Verpackung von Getränken. Jedenfalls auf dem Markt für keimfreie Kartonverpackungsmaschinen und Kartons war Tetra auch marktbeherrschend. Zwar wertete die Kommission die Märkte für die Getränkeverpackung nicht als global, doch waren beide Unternehmen weltweit führend.[623] Folglich ergibt die summarische Prüfung, dass der Zusammenschluss wegen seiner Auswirkungen auf diese Wertschöpfungsketten potenziell bedenklich war.

2. Eingehende Betrachtung

In einer detaillierten Prüfung sind die verschiedenen Märkte, die von dem Zusammenschluss betroffen sind, ihren jeweiligen Wertschöpfungsketten zuzuordnen. Keines der beiden Unternehmen war auf der letzten Stufe einer Wertschöpfungskette, nämlich der Produktion und dem Verkauf des jeweiligen verpackten Getränketyps, tätig. Sie produzierten vielmehr verschiedene Verpackungsmaschinen und das Verpackungsmaterial. Die Produkte der Unternehmen substituierten einander teilweise. Wenigstens insoweit lag ein Zusammenschluss innerhalb einer Wertschöpfungskette vor.

Die Analyse wird erschwert, weil eine Vielzahl von Endprodukten betroffen war. Denn die jeweiligen verpackten Getränke stellten verschiedene Märkte dar. Während die Wertschöpfungsketten auf frühen Stufen, nämlich in den Märkten für Verpackungsmaschinen und Verpackungen, noch weitgehend kongruent verliefen, verzweigten sie sich auf späteren Stufen je nach abgefülltem Getränk. Fraglich bleibt aber, ob die Wertschöpfungsketten auf der letzten Stufe auch bezüglich ihrer Verpackungen zu trennen sind oder vielmehr der Inhalt das gemeinsame Endprodukt definiert. In letzterem Fall wären die Wertschöpfungsketten wieder zusammengelaufen. Um das zu bestimmen, hätten die Märkte für die Endprodukte auf der letzten Stufe der Wertschöpfungskette genau abgegrenzt werden müssen.[624] Es wurde aber nur festgestellt, dass Kartonverpackungsmaschinen und Kunststoffverpackungsmaschinen sowie die entsprechenden Verpackungen wegen mangelnder Kreuzpreiselastizität nicht substituierbar waren,[625]

---

623 Kommission 30.10.2001, M. 2416, ABl. 2004 L 43/13, Tz. 4 f. – *Tetra Laval/Sidel*.

624 In ihren einleitenden Bemerkungen führt die Kommission noch aus, dass die Abgrenzung der Endprodukte eine wesentliche Rolle für die Beurteilung des Zusammenschlusses spielt. Kommission 30.10.2001, M. 2416, ABl. 2004 L 43/13, Tz. 37 – *Tetra Laval/Sidel*. Trotzdem grenzt sie die Märkte für die Endprodukte nicht eindeutig ab.

625 Kommission 30.10.2001, M. 2416, ABl. 2004 L 43/13, Tz. 162 – *Tetra Laval/Sidel*.

obwohl beide Verpackungsarten in großen Teilen für dieselben Produkte verwendet werden konnten.[626] Ob die daraus entstehenden Produkte mit gleichem Inhalt hingegen demselben Markt zuzuordnen waren, bleibt unklar. Wenn die Verbraucher das Endprodukt, beispielsweise verpackten Orangensaft, unabhängig davon, ob es in Karton oder Kunststoff verpackt war, als austauschbar wahrgenommen hätten, hätten auch die Märkte für Verpackungsmaschinen und Verpackungsmaterialien sowohl für PET als auch für Karton, im Hinblick auf Orangensaft derselben Wertschöpfungskette angehört. Die Kommission hat die Frage der Austauschbarkeit der Verpackungsarten bei der Endverwendung offen gelassen.[627] Wenigstens für Qualitätsprodukte galten beide Verpackungsarten aber als austauschbar.[628] Für die vorliegende Prüfung wäre diese zusätzliche Marktabgrenzung von sehr großer Bedeutung gewesen. Gerade sie hätte darüber entschieden, ob Kunststoff und Kartonverpackungen bezüglich gewisser Produkte Teil derselben Wertschöpfungskette waren.

Auch Kernmärkte der – wie auch immer abzugrenzenden – Wertschöpfungsketten lassen sich nicht zuverlässig identifizieren. Die entsprechenden Daten fehlen. Allenfalls eine Angabe Tetras, wonach die Verpackungen ca. 10 Prozent der Kosten des Endprodukts verursachten,[629] indiziert die relative Bedeutung der Verpackung für das Endprodukt. Dieser Wert zeigt weder eindeutig eine sehr große Bedeutung der Märkte für die Verpackungen und Verpackungsmaschinen, noch lässt er diese Märkte vollkommen unwichtig erscheinen. Beispielsweise scheint es möglich, dass bei Getränken schon die Rohstoffe einen hohen Anteil der Kosten ausmachen, so dass sämtliche spätere Märkte der Wertschöpfungsketten unbedeutend wirken, wenn man nur die Kosten zugrunde legt. Es fehlen Daten, aus denen sich die spezifische Wertschöpfung oder die WSK-Quote errechnen lassen. Deshalb kann nicht fundiert und eindeutig bestimmt werden, ob die Märkte für Verpackungsmaschinen und Verpackungen als Kernmärkte der betroffenen Wertschöpfungsketten zu werten sind. Allerdings lässt sich wertend feststellen, dass die Verpackungen einen integralen Bestandteil des Endprodukts darstellten.

Sofern die Märkte für Verpackungsmaschinen und Verpackungen Kernmärkte waren, waren sie zwar nicht global, doch waren die Fusionspartner weltweit führend.

Letztlich prägte die Märkte die in ihnen verwendete Technologie.

626 Kommission, aaO, Tz. 39 ff., insbesondere 56.

627 Kommission, aaO, Tz. 152-154.

628 Kommission, aaO, Tz. 152-154.

629 Kommission 30.10.2001, M. 2416, ABl. 2004 L 43/13, Tz. 93 – *Tetra Laval/Sidel*.

Wenigstens einige der betroffenen Märkte, nämlich die Märkte für Kartonverpackungssysteme und Kartonverpackungen, waren auch bereits vor dem Zusammenschluss stark konzentriert. Die Märkte für keimfreie Kartonverpackungen und Kartonverpackungsmaschinen beherrschte Tetra, und in den Märkten für nicht keimfreie Kartonverpackungsmaschinen und Kartonverpackungen war Tetra eindeutiger Marktführer.[630] Über diese sämtlichen Märkte hinweg hatte Tetra einen Marktanteil von 60 bis 70 Prozent.[631]

Aufgrund der vielen Unsicherheiten scheitert der Versuch, die Auswirkungen des Zusammenschlusses auf die Wertschöpfungsketten zu bestimmen. So kann an dieser Stelle schon nicht abschließend beurteilt werden, ob Tetra nach dem Zusammenschluss eine dominante Position in den betroffenen Wertschöpfungsketten, deren sämtliche Märkte ja auch nicht abgegrenzt wurden, innegehabt hätte. Tetra war jedenfalls marktbeherrschend in den Märkten für keimfreie Kartonverpackungssysteme und Kartonverpackungen, allerdings kann daraus nicht die relative Bedeutung Tetras in den Wertschöpfungsketten abgeleitet werden. Es fehlen Informationen zu wesentlichen Teilnehmern der Wertschöpfungsketten auf sonstigen Stufen. Insbesondere große Getränkehersteller bildeten vielleicht ein wirksames Gegengewicht in einigen oder allen fraglichen Wertschöpfungsketten, so dass sie Tetra hätten kontrollieren können. Andererseits hat der Zusammenschluss, sofern die Endprodukte unabhängig von der Verpackung demselben Markt angehörten, die Konzentration der Wertschöpfungsketten durchaus nennenswert erhöht.

Unklar bleibt weiterhin, wie die Zutrittsschranken sich durch den Zusammenschluss veränderten. Bezüglich der Verpackungen und Verpackungsmaschinen waren die Wertschöpfungsketten vermutlich von anderen Wertschöpfungsketten recht isoliert, das bleibt aber eine Vermutung. Ohne entsprechende zielgerichtete Analysen von Experten ist auch unklar, wie der Zusammenschluss die Marktzutrittsschranken, insbesondere die Transparenz der Branche und die technologische Isolation beeinflusste. Erkennbar gültig ist nur die Aussage, dass in den fraglichen Märkten technologisches Wissen von großer Bedeutung war und Tetra durch den Zusammenschluss ein technologisch führendes und besonders erfahrenes Unternehmen auf den Märkten für Kunststoffflaschen und entsprechende Abfüllmaschinen übernahm.[632] Insoweit wurde Wissen in gewissem Maße monopolisiert. Gleichzeitig existierten aber für die Kunststoffverpackungen auch technologisch starke Wettbewerber[633] und das fusionierte Unternehmen musste

630 Kommission, aaO, Tz. 231.

631 Kommission, aaO, Tz. 231.

632 Kommission 30.10.2001, M. 2416, ABl. 2004 L 43/13, Tz. 246 – *Tetra Laval/Sidel*.

633 Beispielsweise drang der Coca Cola Konzern in den Markt ein, Kommission 30.10.2001, M. 2416, ABl. 2004 L 43/13, Tz. 280 – *Tetra Laval/Sidel*.

weitgehende Lizenzen einräumen[634]. Schließlich ist bekannt, dass aufgrund der notwendigen Produktionsmittel für die Maschinen und des erheblichen Forschungsaufwands für eine Teilhabe am Markt die irreversiblen Kosten des Markteintritts hoch waren.

Da die Marktzutrittsschranken in der Wertschöpfungskette hier nicht einmal schätzungsweise bemessen werden konnten, kann auch nicht beurteilt werden, ob die faktisch mögliche[635] Verdrängungsstrategie wirtschaftlich gewesen wäre.

3. Zusammenfassung

Der Zusammenschluss *Tetra/Sidel* kann hinsichtlich seiner Auswirkungen auf die Wertschöpfungsketten hier nicht bewertet werden. Die Entscheidungen enthalten die hierfür notwendigen Daten nicht. Das gilt für die Marktabgrenzungen, die weiteren Stufen der Wertschöpfungskette sowie die Transparenz der Märkte und sonstige Marktzutrittsschranken.

II. GE/Honeywell

1. Summarische Betrachtung

Eine summarische Betrachtung hätte es gerechtfertigt, den Zusammenschluss *GE/Honeywell* hinsichtlich seiner Auswirkungen auf die Wertschöpfungskette genauer zu untersuchen. Betroffen waren mehrere Märkte, die Wertschöpfungsketten der Flugzeugproduktion angehörten. Diese hingen von der in ihnen verwendeten Technologie ab und waren global aufgestellt. Außerdem existierten nur wenige große Unternehmen in den Wertschöpfungsketten. *GE* nahm dabei eine äußerst prominente Position ein und war zumindest auf dem Markt für Triebwerke großer Verkehrsflugzeuge marktbeherrschend.

2. Detaillierte Betrachtung

Die flugbereiten, also voll ausgerüsteten Flugzeuge stellten das jeweilige Endprodukt dar. Die Märkte für Flugzeuge entsprachen den Flugzeugkategorien. Betroffen waren demnach die Wertschöpfungsketten für große Verkehrsflugzeu-

---

634 EuG 25.10.2002, Rs. *T-5/02,* Slg. 2002, II-4381, Tz. 59 – *Tetra/Kommission.*

635 EuG, aaO, Tz. 192.

ge, für Regionalflugzeuge und für Geschäftsflugzeuge,[636] die jeweils getrennt beurteilt werden müssen.

Jede der Wertschöpfungsketten war ähnlich aufgebaut. Gewisse Unternehmen produzierten Vorprodukte, die sie an die Flugzeughersteller lieferten. Die Vorprodukte lassen sich in Triebwerke, Avionikprodukte und sonstige Erzeugnisse unterteilen.[637] Die Flugzeughersteller bauten diese Vorprodukte in den jeweiligen Flugzeugtyp ein. Gewisse Avionikprodukte wurden allerdings direkt an die Luftfahrtunternehmen vertrieben. Bei komplexen Vorprodukten wurden auch deren Bestandteile auf separaten Märkten auf früheren Stufen der Wertschöpfungskette gehandelt. Das galt beispielsweise für Starter und Steuerungssysteme für Triebwerke von großen Verkehrsflugzeugen. Die Flugzeughersteller verkauften die fertigen Flugzeuge auf der letzten Stufe der Wertschöpfungskette an Fluggesellschaften und Flugzeugleasinggesellschaften. Die Fusion betraf die Märkte für Triebwerke, den Markt für den Flugzeugkauf, die Märkte für Triebwerkssteuerungen und für sonstige Erzeugnisse sowie diverse Märkte für Avionikprodukte.

Weil sich die Wertschöpfungskette für große Verkehrsflugzeuge anhand der Entscheidungen der Kommission und des EuG besonders gut nachvollziehen lässt, wird sie im Folgenden eingehend betrachtet. Die Analysen der Wertschöpfungsketten für Regionalflugzeuge und Geschäftsflugzeuge würden an den gleichen Punkten anknüpfen, da die Mechanismen der Wertschöpfungsketten vergleichbar sind. Deshalb ist kein zusätzlicher Erkenntnisgewinn durch eine Untersuchung der sonstigen Wertschöpfungsketten zu erwarten, sie werden im Folgenden ausgeklammert.

Innerhalb der Wertschöpfungskette für große Verkehrsflugzeuge betraf der Zusammenschluss diverse Märkte. GE beherrschte den Markt für Triebwerke.[638] Außerdem trat GE auf dem Markt für den Flugzeugkauf über die Flugzeugleasinggesellschaft GECAS als größter Abnehmer von Flugzeugen auf. GECAS kaufte circa 10 Prozent der großen Verkehrsflugzeuge.[639]

Honeywell war führender Anbieter auf dem Markt für Avionikprodukte. Jedes einzelne Avionikprodukt bildete einen separaten Markt. Die Kommission unterteilte Avionikprodukte zusätzlich in Avionikprodukte für große Verkehrsflugzeuge auf der einen Seite und Avionikprodukte für Regionalflugzeuge und Geschäftsflugzeuge auf der anderen Seite.[640] Honeywell verfügte über einen Marktanteil von fünfzig bis sechzig Prozent über alle Produkte und alle Sparten hinweg. Die genauen Marktanteile auf den einzelnen Märkten und die Größen der

636 Kommission 03.07.2001, M.2220, ABl. 2004 L 48/1, Tz. 10 – *GE/Honeywell*.

637 Kommission, aaO, Tz. 9, 230.

638 EuG 14.12.2005, Rs. T-210/01, Slg. 2005, II-5575, Tz. 181 – *GE/Kommission*.

639 Kommission 03.07.2001, M.2220, ABl. 2004 L 48/1, Tz. 122 – *GE/Honeywell*.

640 Kommission, aaO, Tz. 231.

Märkte wurden in der veröffentlichten Version der Entscheidung der Kommission jedoch gelöscht. Daher lässt sich nicht exakt bestimmen, wie hoch der Anteil Honeywells am Umsatz aller Avionikprodukte für große Verkehrsflugzeuge war. Allerdings legen die Angaben der Kommission zu den einzelnen Avionikprodukten nahe, dass kein erheblicher Unterschied zwischen dem Anteil Honeywells am Umsatz der Avionikprodukte für große Verkehrsflugzeuge und dem Anteil Honeywells am Umsatz der Avionikprodukte für sonstige Flugzeugtypen bestand.[641] Demnach war Honeywell mit hoher Wahrscheinlichkeit auch bezüglich des Umsatzes der führende Anbieter für die Gesamtheit der Avionikprodukte für große Verkehrsflugzeuge. Darüber hinaus war Honeywell auch auf diversen Märkten für sonstige Erzeugnisse für die Produktion großer Verkehrsflugzeuge (z.B. Auxiliary Power Units („APUs"), Flugzeugbeleuchtung sowie Räder und Bremsen) ein führender Anbieter.[642] Generell wurden die Märkte für diese sonstigen Erzeugnisse nur in Einzelfällen nach Flugzeugtypen abgegrenzt,[643] wo dies aber geschah, besaß Honeywell insbesondere bei sonstigen Erzeugnissen für große Verkehrsflugzeuge hohe Marktanteile. So stellte Honeywell Räder und Bremsen ausschließlich für große Verkehrsflugzeuge her.[644] Auch APUs[645] für große Verkehrsflugzeuge fertigte Honeywell als einziges Unternehmen. Die Gewichts- und Schwerpunktsbestimmung, die nur bei großen Verkehrsflugzeugen eingesetzt wurde, bot ebenfalls nur Honeywell an.[646] Darüber hinaus war Honeywell der insgesamt wichtigste Anbieter von Triebwerkssteuerungssystemen und der führende Anbieter für Triebwerksstarter.[647]

Auch für den Zusammenschluss *GE/Honeywell* fehlen die notwendigen Daten, um Kernmärkte genau zu bestimmen. Jedenfalls bei Triebwerken, Avionikprodukten für große Verkehrsflugzeuge und bei sonstigen Erzeugnissen für große Verkehrsflugzeuge verblieb aber der gesamte Umsatz der Märkte in der Wertschöpfungskette für große Verkehrsflugzeuge. Die WSK-Quote lag bei ihnen al-

---

641 So enthält die Entscheidung der Kommission Tabellen für einzelne Avionikprodukte, innerhalb derer die Marktanteile jeweils für große Verkehrsflugzeuge und sonstige Flugzeuge angegeben werden. Diese unterscheiden sich meist nicht nennenswert und weisen auch keine klare Tendenz zu großen Verkehrsflugzeugen oder sonstigen Flugzeugen auf. Vgl. Kommission 03.07.2001, M.2220, ABl. 2004 L 48/1, Tz. 245-266 – *GE/Honeywell.*

642 Kommission 03.07.2001, M.2220, ABl. 2004 L 48/1, Tz. 269, 272, 273 – *GE/Honeywell.*

643 Kommission, aaO, Tz. 234 f.

644 Kommission, aaO, Tz. 272.

645 Das sind kleine Gasturbinentriebwerke, die sich im Heckbereich des Flugzeugs befinden und die Flugzeugkabine mit Strom und Luft und die pneumatischen Starter mit Luft versorgen, wenn sich die Maschine am Boden befindet; Kommission 03.07.2001, M.2220, ABl. 2004 L 48/1, Tz. 269 – *GE/Honeywell.*

646 Kommission 03.07.2001, M.2220, ABl. 2004 L 48/1, Tz. 274 – *GE/Honeywell.* Tz. 274.

647 Kommission 03.07.2001, M.2220, ABl. 2004 L 48/1, Tz. 337-339 – *GE/Honeywell.*

so bei 100 Prozent. Die sonstigen betroffenen Märkte scheinen allenfalls zusätzlich den Wertschöpfungsketten für andere Flugzeugkategorien angehört zu haben. Auch sie waren folglich nicht Teil vieler Wertschöpfungsketten. Die spezifische Wertschöpfung kann hier nicht bestimmt werden. Jedoch entsprach wenigstens für die Märkte, die exklusiv der Wertschöpfungskette für große Verkehrsflugzeuge angehörten, ihre relative Bedeutung in der Wertschöpfungskette wohl ungefähr der Höhe ihrer Umsätze, sofern man annimmt, dass die spezifische Wertschöpfung jeweils in einem ähnlichen Verhältnis zum Wert des gehandelten Produkts stand. Damit handelte es sich jedenfalls bei den Märkten für Flugzeugtriebwerke und für fertige Flugzeuge um Kernmärkte. Allerdings lag, wie beschrieben, auch bei vielen der sonstigen betroffenen Märkte die WSK-Quote bei 100 Prozent. Außerdem verursachten Avionikprodukte immerhin 5 Prozent und sonstige Erzeugnisse 3 bis 5 Prozent des Kaufpreises eines großen Verkehrsflugzeuges.[648] Auch diese Märkte scheinen deshalb für diese Analyse von Bedeutung.

Alle genannten Märkte waren globale Märkte, die in besonderem Maße durch die in ihnen verwendete Technologie geprägt wurden.

Gleichzeitig war die gesamte Industrie bezüglich der Produzenten äußerst konzentriert. Auf beinahe keinem Markt existierten mehr als 4 große Anbieter, beinahe alle agierten auf mehreren Märkten der Wertschöpfungskette. Nur auf dem Markt für große Verkehrsflugzeuge existierte ein Nachfragepolypol. GE beherrschte den Markt für Triebwerke.[649]

Die Auswirkungen des Zusammenschlusses sind nur abzuschätzen, indem zahlreiche Annahmen getroffen werden. Angesichts des schieren Ausmaßes der Fusion hätte sie sehr wahrscheinlich die Konzentration der Wertschöpfungskette unmittelbar nennenswert gesteigert. Je nach Definition der Kernmärkte hätte sich zwar nicht unbedingt der Anteil des fusionierten Unternehmens am Umsatz auf den Kernmärkten erhöht. Jedenfalls hätte sich aber der Anteil an der spezifischen Wertschöpfung erheblich erhöht.

In einer wertenden Betrachtung der Positionen der Teilnehmer der Wertschöpfungskette nach der Fusion hätte es weiter zwei große Gegenpole, nämlich Airbus und Boeing gegeben. Allerdings hat auch das EuG bestätigt, dass GE schon vor der Fusion beide Hersteller bezüglich der Wahl ihrer Triebwerke effektiv beeinflussen konnte.[650] Dasselbe galt für die Fluggesellschaften,[651] wobei diese für die Wertschöpfungskette eine geringere Bedeutung gehabt haben. GE hätte damit

648 Kommission 03.07.2001, M.2220, ABl. 2004 L 48/1, Tz. 244, 268 – *GE/Honeywell*. Bei den Gesamtbetriebskosten verursachten sie sogar 20 bis 25 Prozent, aaO Fn. 97.

649 EuG 14.12.2005, Rs. T-210/01, Slg. 2005, II-5575, Tz. 280 – *GE/Kommission*.

650 EuG, aaO, Tz. 219.

651 EuG, aaO, Tz. 222.

durch die Fusion wenigstens eine äußerst starke, vielleicht auch eine dominante Position in der Wertschöpfungskette für große Verkehrsflugzeuge erreicht.

Durch die Fusion hätten sich wohl auch die Marktzutrittsschranken verändert. Dass die Wertschöpfungskette prinzipiell recht isoliert war, indiziert schon die quantitative Bewertung der Wertschöpfungskette. Zahlreiche der Märkte der Wertschöpfungskette, gerade die besonders umsatzstarken Märkte, hatten eine WSK-Quote von 100 Prozent.

Die Transparenz der Branche und ihre Veränderung können nicht abschließend bewertet werden. Jedoch führen sowohl die Kommission als auch das EuG an einigen Stellen aus, dass erhebliche Forschung, gute Kenntnisse der Flugzeugproduktion und lange Vorlaufzeiten notwendig wären, um auf den diversen Märkten zu agieren.[652] Außerdem bestanden enge Kontakte zwischen den Fusionsparteien und den Flugzeugherstellern als Abnehmern.[653] Diese verschafften den Herstellern besondere Einblicke in deren Bedürfnisse und einen Informationsvorsprung gegenüber Unternehmen, die außerhalb der Wertschöpfungskette standen. Darüber hinaus war GE über GECAS im beratenden Ausschuss für Käufer-Ausrüstungen für Avionikprodukte präsentiert[654] und erhielt so einen besonders guten Überblick über die Bedürfnisse der Endabnehmer. Andererseits veröffentlichte wenigstens dieser Ausschuss aber auch die technischen Anforderungen an Avionikprodukte in ihren ARINC-Normen. Trotzdem verfügte Honeywell als größtes Unternehmen der Wertschöpfungskette, das nicht Flugzeughersteller oder Triebwerksproduzent war, wohl genau wie GE über ungewöhnlich gute Kenntnisse der Wertschöpfungskette. Die Fusion hätte also einen wesentlichen Wissensträger der Branche eliminiert. Diese Folge der Fusion erscheint auch deshalb erheblich, weil die Aufträge in der Wertschöpfungskette meist in Ausschreibungen vergeben wurden.[655] Die Konditionen der Aufträge blieben für Externe unbekannt, weshalb gute Kontakte in der Wertschöpfungskette besonders wertvoll waren.[656] Es dürfte potenziellen Wettbewerbern grundsätzlich sehr schwer gefallen sein, annähernd zu quantifizieren, ob sie erfolgreich

652 Kommission 03.07.2001, M.2220, ABl. 2004 L 48/1, Tz. 212 f., 218, 333 – *GE/Honeywell.*

653 Kommission, aaO, Tz. 278.

654 Kommission, aaO, Tz. 237.

655 EuG 14.12.2005, Rs. T-210/01, Slg. 2005, II-5575, Tz. 148 – *GE/Kommission.*

656 Leider sind keine genaueren Informationen darüber verfügbar, wie in der Wertschöpfungskette die Verbindungen zu Zulieferern gestaltet waren. Rollce Royce gab gegenüber der Kommission an, dass Barrieren auch deshalb bestanden hätten, weil es etablierte Lieferantenbeziehungen gab (Kommission 03.07.2001, M.2220, ABl. 2004 L 48/1, Tz. 218 – *GE/Honeywell*). Allerdings ist unklar, ob die Abhängigkeit hier strategischer oder technologischer Natur war, oder die Unternehmen die wechselseitigen Bedarfe einfach so genau kannten, dass Wettbewerber diese Beziehung kaum stören konnten. Im letzteren Fall hätte auch in dieser Hinsicht Transparenz in der Wertschöpfungskette gefehlt.

ein neues Produkt für große Verkehrsflugzeuge etablieren könnten. Thales, ein Konkurrent Honeywells, war ein Jahr vor der Fusion in den Markt für Bodenabstandsmelder mit einem neuen Produkt („GCAS") eingetreten, aber in mehr als einem Jahr konnte Thales keine einzige Einheit des Produkts verkaufen.[657] Thales begründete dies damit, dass es schwer sei, gegen etablierte Produkte mit einem neuen Produkt zu konkurrieren.[658] Diese Episode stützt die These, dass Unternehmen nur schwer ihre Erfolgsaussichten auf fremden Märkten der Wertschöpfungskette bewerten konnten und es insoweit an Transparenz mangelte. Thales jedenfalls hatte die Erfolgsaussichten für das eigene Produkt offenbar falsch bewertet. Andererseits ist einzuräumen, dass hier nur einzelne Indizien gesammelt werden konnten. Es kann nicht ausgeschlossen werden, dass die Wertschöpfungskette dennoch transparent war.

Die technologischen Marktzutrittsschranken der Wertschöpfungskette ergeben sich schon aus der Komplexität der verwendeten Technologie. Die Produktion von Flugzeugen und ihrer Bestandteile ist eine High-Tech-Industrie. Die bereits dadurch indizierten Marktzutrittsschranken waren wohl besonders hoch, weil die Wertschöpfungskette von sonstigen Wertschöpfungsketten mit Ausnahme derer für andere Flugzeugtypen weitgehend isoliert ist. Es war also nicht zu erwarten, dass plötzlich ein neues Produkt in der Peripherie der Wertschöpfungskette entwickelt wurde. Die schon im Rahmen der Bewertung der Intransparenz beschriebenen notwendigen Investitionen in Forschung und Entwicklung sowie die erheblichen Vorlaufzeiten konsolidierten diese Situation zusätzlich. Ähnliches hat auch die Kommission in ihrer Entscheidung vertreten. In der Diskussion stand dort ein Verkauf gewisser Sparten Honeywells, um die wettbewerbsschädigenden Folgen des Zusammenschlusses zu mildern. Die Kommission sah einen derartigen Verkauf aber nicht als Erfolg versprechend an, da er nur damals aktuelle Produkte Honeywells betraf. Es seien aber erhebliche zusätzliche Investitionen in Forschung und Entwicklung notwendig, um auch mit den neuen Produkten konkurrieren zu können, die Honywell damals entwickelte.[659]

Auch strategische Marktzutrittsschranken wurden bereits von Kommission und EuG identifiziert.[660] So bestätigte das EuG, dass die GE-Only Kaufpolitik von GECAS den Markt für Triebwerke zu Gunsten GE's verändert hatte. Obwohl GEs Triebwerke nicht die technisch besten waren, gewann GE wichtige Ausschreibungen.[661] Schon GE alleine hatte also durch die Präsenz auf verschiedenen Märkten der Wertschöpfungskette erweiterte strategische Möglichkeiten,

657 Kommission 03.07.2001, M.2220, ABl. 2004 L 48/1, Tz. 254 – *GE/Honeywell.*

658 Kommission 03.07.2001, M.2220, ABl. L 2004 48/1, Tz. 254 – *GE/Honeywell.*

659 Kommission 03.07.2001, M.2220, ABl. 2004 L 48/1, Tz. 502 – *GE/Honeywell.*

660 Freilich wurde die Konstellation nicht unter diesem Begriff diskutiert.

661 EuG 14.12.2005, Rs. T-210/01, Slg. 2005, II-5575, Tz. 219 – *GE/Kommission.*

obwohl die Märkte nicht direkt verbunden waren. Da GE diese Möglichkeiten auch nutzte, mussten die Wettbewerber sie bei der Entwicklung ihrer eigenen Strategien berücksichtigen. Diese Situation hätte sich durch die Fusion noch verschärft. Der Zusammenschluss hätte GE in die Lage versetzt, ähnliche Strategien zusätzlich im Hinblick auf Avionikprodukte und sonstige Erzeugnisse zu verfolgen.

Letztlich wären auch die irreversiblen Kosten eines Markteintritts auf den bedeutenden Märkten der Wertschöpfungskette sehr hoch gewesen.[662] Es hätte großen Kapitals bedurft, um Produktionskapazitäten und das technologische Wissen für diese Märkte, beispielsweise den Markt für Triebwerke, aufzubauen.

Folglich hätte tatsächlich vielleicht schon der Zusammenschluss an sich den wirksamen Wettbewerb auf den betroffenen Märkten erheblich verringert, indem er durch die zusätzliche Konzentration der Wertschöpfungskette die Marktzutrittsschranken nennenswert weiter erhöht hätte.

Sowohl nach der Entscheidung der Kommission als auch nach der Entscheidung des EuG hätte die Fusion außerdem die Möglichkeit eröffnet, Wettbewerber auf den Märkten für Avionikprodukte oder sonstige Erzeugnisse sowie eventuell auch auf dem Markt für Triebwerke zu verdrängen.[663] Die Kommission hatte allerdings keinen wirtschaftlichen Anreiz für dieses Verhalten identifiziert.[664] In diesem Zusammenhang gelten die schon grundsätzlich für die Wertschöpfungskette getroffenen Aussagen. Mit der Verdrängung weiterer der ohnehin wenigen wesentlichen Unternehmen aus der Wertschöpfungskette hätte der fusionierte Konzern seinen Informations- und Technologievorsprung weiter ausbauen und die eigene dominante Position zusätzlich festigen können.

Die Wettbewerbsstruktur lässt eine derartige Strategie auch realistisch erscheinen. Aus den Darstellungen der Märkte für verschiedene Avionikprodukte[665] der Kommission geht hervor, dass wohl nur Rockwell Collins und Thales stark in diesen Märkten präsent waren und allenfalls Universal Avionics und L3 sonstige ernstzunehmende Wettbewerber darstellten. Auf dem Markt für Triebwerke konkurrierten nur Rollce Royce und P&W mit GE. Es hätte die Wertschöpfungskette also schon erheblich zusätzlich verdichtet, wenn nur einzelne Wettbewerber aus ihr verdrängt worden wären. Die Gewinneinbußen der Verdrängungsstrategie wären folglich wohl auf einen überschaubaren Zeitraum beschränkt gewesen. Im Gegenzug hätte der Wegfall jedes weiteren Wettbewerbers die Intransparenz und die technologischen Marktzutrittsschranken verstärkt. Ge-

---

662 Kommission 03.07.2001, M.2220, ABl. 2004 L 48/1, Tz. 212 f. – *GE/Honeywell*.

663 EuG 14.12.2005, Rs. T-210/01, Slg. 2005, II-5575, Tz. 330 f., 463 ff. – *GE/Kommission*; Kommission 03.07.2001, M.2220, ABl. 2004 L 48/1, Tz. 289 ff. – *GE/Honeywell*.

664 EuG 14.12.2005, Rs. T-210/01, Slg. 2005, II-5575, Tz. 333 f., 338-340 – *GE/Kommission*.

665 Kommission 03.07.2001, M.2220, ABl. 2004 L 48/1, Tz. 245 ff. – *GE/Honeywell*.

rade die Technologien der Avionikprodukte hingen nämlich voneinander ab.[666] Dadurch hatten die Unternehmen, die auf mehreren Märkten der Wertschöpfungskette tätig waren, einen Vorteil gegenüber Unternehmen, die nur auf einzelnen Märkten tätig waren. Es scheint also plausibel, dass eine Verdrängungsstrategie hätte gewinnträchtig sein können. Jedenfalls hätte sie die Wettbewerbsposition GEs gesichert.

Trotzdem erfolgt diese Bewertung hier unter Vorbehalt. Gerade die Interdependenz der Märkte und entstehende Marktzutrittsschranken könnten Branchenexperten sehr viel genauer bewerten.

3. Zusammenfassung

Für die Fusion *GE/Honeywell* hat die Kommission die betroffenen Wertschöpfungsketten umfassender betrachtet als im Fall *Tetra/Sidel*. Insbesondere die Isolation der Wertschöpfungskette für große Verkehrsflugzeuge von sonstigen Wertschöpfungsketten, die enge Zusammenarbeit der verschiedenen Unternehmen, die Intransparenz der Auftragsvergabe und die Interdependenz der Technologien lassen es wahrscheinlich erscheinen, dass die Fusion *GE/Honeywell* tatsächlich den wirksamen Wettbewerb erheblich beeinträchtigt hätte, indem die Wertschöpfungskette weiter konzentriert worden wäre. Auch spätere Verdrängungsstrategien scheinen profitabel. Die Wertschöpfungskette für große Verkehrsflugzeuge ist folglich ein Beispiel einer existierenden Wertschöpfungskette, bei der es tatsächlich zielführend ist, die wettbewerbliche Analyse nicht auf einzelne Märkte zu begrenzen, sondern auch die gesamte Wertschöpfungskette zu betrachten.

III. Schlussfolgerungen

Die Beurteilung der Zusammenschlüsse *Tetra/Laval* und *GE/Honeywell* anhand der entwickelten Analysemethode hat sowohl Schwächen als auch Stärken des Ansatzes identifiziert.

Ein nennenswerter Nachteil ist sicherlich die Komplexität der Analyse. Es müssen diverse Märkte untersucht und viele Daten erhoben werden, obwohl die Kommission im Rahmen der Zusammenschlusskontrolle ohnehin unter erheblichem Zeitdruck steht. Dieses Problem kann gemindert werden, indem nach einer oberflächlichen Analyse der gesamten Wertschöpfungskette anschließend nur

666 Kommission, aaO, Tz. 257.

noch wesentliche Märkte detailliert analysiert werden. Es wird dadurch aber nicht ausgeräumt.

Man könnte es weiterhin für problematisch halten, dass die Definition der Wertschöpfungskette von der Marktabgrenzung für das Endprodukt abhängt. Werden ähnliche Endprodukte verschiedenen Märkten zugeordnet, ist also bei Zusammenschlüssen auf gemeinsamen früheren Stufen der Wertschöpfungsketten trotzdem eine Vielzahl von Wertschöpfungsketten betroffen. Prinzipiell hat zwar bereits der theoretische Teil gezeigt, dass ein einzelner Markt vielen Wertschöpfungsketten angehören kann, doch erscheint dieses Ergebnis problematisch, wenn die Endprodukte einander in einem Maße ähneln, dass es intuitiv nahe liegt, von einer einheitlichen Wertschöpfungskette auszugehen. Beispielsweise bei der Fusion *Tetra/Laval* mag ein derartiger Gedanke aufgekommen sein. Es ist aber richtig, diese Wertschöpfungsketten getrennt zu beurteilen. Der Beurteilungsmaßstab der Wertschöpfungskette soll nämlich nicht dazu dienen, subjektiv unbefriedigende Ergebnisse bei der Marktabgrenzung zu ändern. Sofern sich der Zusammenschluss in einem Knotenpunkt mehrerer Wertschöpfungsketten abspielt, ist es vielmehr angemessen, diesen Knotenpunkt, also den einzelnen Markt, zu betrachten. Der größere Maßstab der Wertschöpfungskette schafft in einem derartigen Fall keinen Erkenntnisgewinn. Es ist folglich gerade eine Stärke des Ansatzes, zwar mehrere Märkte einheitlich zu betrachten, dabei aber nicht beliebig zu sein. Die Wertschöpfungskette bietet einen Beurteilungsmaßstab, aus dem sich die Märkte, die analysiert werden sollen, recht eindeutig ergeben.[667]

Eine weitere Stärke des Ansatzes liegt darin, Verbindungen und Wirkmechanismen in Industrien aufzuzeigen. Außerdem ermöglicht er es, den Grad der Verbundenheit verschiedener Märkte zu quantifizieren und damit die Wahrscheinlichkeit von Wechselwirkungen zu bestimmen.

Trotzdem ist natürlich stets auch eine wertende Betrachtung notwendig, um die rechnerischen Indizien zu überprüfen. Diese ist regelmäßig recht komplex, weil mehrere Märkte begutachtet werden müssen.

Das stark im Fokus der Analyse stehende Kriterium der Markttransparenz hat sich – soweit möglich – bewährt. Gerade für Wertschöpfungsketten, in denen Unternehmen verschiedener Stufen und Sparten eng zusammen arbeiten und

---

667 Allerdings hat die Untersuchung der Fusion *GE/Honeywell* eine mögliche Erweiterung der Betrachtung einer einzelnen Wertschöpfungskette indiziert. Die drei Wertschöpfungsketten für die verschiedenen Flugzeugtypen schienen hier nämlich ausschließlich miteinander verwoben gewesen zu sein. In einer derartigen Konstellation könnte es sinnvoll sein, diese Wertschöpfungsketten zusätzlich gemeinsam zu betrachten. Diese Vorgehensweise ist jedoch nur ratsam, falls es sich um eine geringe Zahl von Wertschöpfungsketten handelt, die beinahe ausschließlich miteinander verwoben und von sonstigen Wertschöpfungsketten losgelöst sind. Diese These bedürfte aber einer ausführlichen, selbstständigen Überprüfung.

Aufträge in Ausschreibungen vergeben werden, scheint die Markttransparenz tatsächlich ein Faktor zu sein, der einerseits von den Unternehmen beeinflusst werden kann und andererseits für die Erhaltung wirksamen Wettbewerbs unabdingbar ist.

Letztlich hat sich durch die Analyse des Zusammenschlusses *GE/Honeywell* gezeigt, dass der Beurteilungsmaßstab der Wertschöpfungskette nicht nur für die konglomeraten Effekte eines Zusammenschlusses relevant ist. Auch für horizontale oder vertikale Effekte lässt er sich anlegen. Es erscheint allerdings kaum denkbar, dass ein horizontaler Zusammenschluss den Wettbewerb im jeweiligen Markt nicht erheblich einschränkt, er das in der Wertschöpfungskette aber tut.[668] Daher ist es richtig, derartige Zusammenschlüsse prinzipiell anhand der etablierten Instrumente zu analysieren. Sofern ein Zusammenschluss aber horizontale, vertikale und konglomerate Aspekte vereint, ist es sinnvoll, sämtliche Effekte zu berücksichtigen, die sich aus einer Analyse der Wertschöpfungskette ergeben.

C. Ergebnis

Die Wertschöpfungskette als Bewertungsmaßstab für konglomerate Unternehmenszusammenschlüsse ermöglicht es, zusätzliche Erkenntnisse darüber zu gewinnen, wie sie sich auf den Wettbewerb auswirken. Allerdings bedarf der Ansatz noch der weiteren theoretischen Forschung und einer praktischen Überprüfung. Generell sind wohl nur wenige Zusammenschlüsse im Hinblick auf die Beeinflussung der Wertschöpfungskette problematisch. Es scheint sich aber nicht um ein rein theoretisches Problem zu handeln.

---

668 In die hier entwickelte Terminologie übersetzt, stellt ein horizontaler Zusammenschluss schließlich einen Zusammenschluss auf einer Stufe der Wertschöpfungskette dar, so dass keine Auswirkungen auf die restliche Wertschöpfungskette zu erwarten sind, wenn schon auf der Stufe keine Vor- oder Nachteile für den Wettbewerb entstehen.

Zusammenfassung

Obwohl sich die Kartellrechtspraxis in den USA derzeit in einer bewegten Phase befindet, ist nicht zu erwarten, dass dort ein konglomerater Unternehmenszusammenschluss untersagt wird. In Europa hingegen kann das in verschiedenen Konstellationen geschehen. Das gilt vor allem für Fusionen, die potenziellen Wettbewerb einschränken oder Möglichkeiten zur Marktmachtübertragung eröffnen. Darüber hinaus behält die Kommission sich aber auch in anderen Fällen vor, Fusionen zu untersagen.

Die Auseinandersetzung mit der Position der Kommission hat ergeben, dass die meisten Argumentationen zwar grundsätzlich überzeugen, jedoch noch diverse Möglichkeiten zur Konkretisierung existieren. Diese sollten genutzt werden, um die Rechtssicherheit zu erhöhen.

Letztlich ist es gelungen, eine weitere Gruppe potenziell problematischer Zusammenschlüsse zu identifizieren. Es handelt sich um Zusammenschlüsse, die innerhalb einer globalen, stark technisierten, spezialisierten und konzentrierten Wertschöpfungskette erfolgen. Die Konzentration dieser Wertschöpfungskette kann die Marktzutrittsschranken zu den Märkten, die ihr angehören, erhöhen. Daher schränkt ein derartiger Zusammenschluss möglicherweise unmittelbar den Wettbewerb ein oder stellt einen Anreiz für eine spätere Marktverdrängungsstrategie dar.

Literaturverzeichnis

Ahlborn, Christian; Evans, David S; Padilla, A. Jorge, The Antitrust Economics of Tying: a Farewell to Per Se Illegality, Antitrust Bull. (49) 2004, S. 287–341.

Albers, Michael, Der „more economic approach" bei Verdrängungsmissbräuchen: – Zum Stand der Überlegungen der Europäischen Kommission, http://ec.europa.eu/competition/antitrust/art82/albers.pdf (Stand: 23.01.2010)

Alesi, Femi, Federal Antitrust and EC Competition Law Analysis, Cornwall 2008

Ansoff, H. Igor, Corporate Strategy : an Analytic Approach to Business Policy for Growth and Expansion, New York, London 1965

Areeda, Phillip; Turner, Donald F., Antitrust Law – An Analysis of Antitrust Principles and Their Application, 2. Aufl., Boston, Toronto 1980

Backhaus, Klaus, Industriegütermarketing, 6. Aufl., München 1999

Bain, Joe S., Barriers to New Competition: Their Character and Consequences in Manufacturing Industries, Cambridge 1956

Bain, Joe S., Industrial Organization, 2. Aufl., New York u.a. 1968

Baker, Donald I; Blumenthal, William, The 1982 Guidelines and Preexisting Law, Cal.L.Rev. 71 (1983), S. 311–347.

Baker, Jonathan B., Responding to Developments in Economics and the Courts: Entry in the Merger Guidelines, http://www.usdoj.gov/atr/hmerger/11252.htm#N_1_ (Stand: 13.10.2009)

Baker, Jonathan B; Shapiro, Carl, Reinvigorating Horizontal Merger Enforcement, in: Pitofsky (Hrsg.), How the Chicago School Overshot the Mark, Oxford 2008, S. 235–288.

Bamberg, Günter; Coenenberg, Adolf G; Krapp, Michael, Betriebswirtschaftliche Entscheidungslehre, 14. Aufl., München 2008

Bartl, Ulrich, Immaterialgüterrechtliche Marktzutrittsschranken im System des Art. 82 EG – Lizenzverweigerung als Missbrauch einer beherrschenden Stellung – Zugleich eine kritische Würdigung der Entscheidung der Europäischen Kommission in der Rechtssache IMS Health, Baden-Baden 2005

Bauer, Joseph P., Challenging Conglomerate Mergers under Section 7 of the Clayton Act: Today's Law and Tomorrow's Legislation, Boston U.L.Rev. 58 (1978), S. 199–245.

Bauer, Joseph P., Government Enforcement Policy of Section 7 of the Clayton Act: Carte Blanche for Conglomerate Mergers?, Cal.L.Rev. 71 (1983), S. 348–365.

Baumol, William J; Panzar, John C. Willig Robert D., Contestable Markets and the Theory of Industry Structure, 2. Aufl., San Diego u.a. 1988

Baxter, Simon; Dethmers, Frances; Dodoo, Ninette, The GE/Honeywell Jugdment and the Assessment of Conglomerate Effects: What's New in EC Practice?, Eur.Comp.J. 2006, S. 141–167.

Bay, Matteo F; Calzado, Ruiz, Tetra Laval II: the Coming of Age of the Judicial Review of Merger Decisions, World Competition 2005, S. 433–453.

Berger, Philip G; Ofek, Eli, Diversification's Effect on Firm Value, J.Fin.Econ. 1995, S. 39–65.

Besanko, David A; Braeutigam, Ronald R., Microeconomics, 3. Aufl., Hoboken 2008

Bishop, Simon; Lofaro, Andrea; Rosati, Francesco; Young, Juliet, The Efficiency-Enhancing Effects of Non-Horizontal Mergers, http://www.edis.sk/ekes/non_horizontal_mergers.pdf (Stand: 07.02.2011)

Bishop, Simon; Walker, Mike, The Economics of EC Competition Law: Concepts, Application and Measurement, 3. Aufl., London 2010

Blake, Harlan M; Jones, William K., In Defense of Antitrust – Toward a Three-Dimensional Antitrust Policy, Colum.L.Rev. 65 (1965), S. 377–400.

Böge, Ulf, Reform der Europäischen Fusionskontrolle, WuW 2004, S. 138–148.

Bonin, Andreas von, Vertikale und konglomerate Zusammenschlüsse nach dem Urteil GE/Kommission, WuW 2006, S. 466–476.

Bork, Robert, Legislative Intent and the Policy of the Sherman Act, J.L. & Econ. 9 (1966), S. 7–48.

Bork, Robert, The Antitrust Paradox – A Policy at War with Itself, New York 1978

Bowman, Ward S., JR., Tying Arrangements and the Leverage Problem, Yale L.J. 67 (1957), S. 19–37.

Brealey, Richard A; Myers, Stewart C; Allen, Franklin, Principles of Corporate Finance, 8. Aufl., New York u.a. 2006

Brei, Gerald, Begräbnis erster Klasse für die Fusionskontrolle konglomerater Zusammenschlüsse, WuW 2003, S. 585–598.

Bright, Chris; Schmidt, John, Financial Strength as a Relevant Criterion in EC Merger Analysis: a Search for Meaning, Eur.Comp.J. 2005, S. 293–314.

Brinkmann, Heinz-Volker, Markttransparenz und Wettbewerbsrecht, Göttingen 1962

Broder, Douglas F., A Guide to US Antitrust Law, London 2005

Brodley, Joseph F., Limiting Conglomerate Mergers: The Need for Legislation, Ohio St.L.J. 40 (1979), S. 867–884.

Broll, Udo, Markttransparenz und ökonomische Entscheidungen, Das Wirtschaftsstudium 2011, S. 843–847.

Brozen, Yale, Concentration and Structural Market Disequilibria, Antitrust Bull. 6 (1971), S. 241–248.

Brümmer, Bernhard; Fahlbusch, Markus; Pfeuffer, Martin; Spiller, Achim; Hellberg-Bahr, Anneke, Markttransparenz und Geheimwettbewerb? – Das Beispiel Rohmilchmarkt, Wirtschaftsdienst 2011, S. 869–871.

Bubik, Michael, Erfolgskriterien für Unternehmenszusammenschlüsse – Eine theoretische und exemplarische Analyse, Frankfurt a.M; Berlin; Bern u.a. 2005

Bühner, Rolf, Die fusionskontrollrechtliche Bedeutung der Finanzkraft, WuW 1989, S. 277–284.

Bundeskartellamt, Das Untersagungskriterium in der Fusionskontrolle – Marktbeherrschende Stellung versus Substantial Lessening of Competition? – Diskussionspapier für die Sitzung des Arbeitskreises Kartellrecht am 08. und 09. Oktober 2001, http://www.bundeskartellamt.de/wDeutsch/download/pdf/Diskussionsbeitraege/01_Proftag.pdf (Stand: 05.02.2012)

Bundeskartellamt, Wettbewerbsschutz und Verbraucherinteressen im Lichte neuerer ökonomischer Methoden – Diskussionspapier für die Sitzung des Arbeitskreises Kartellrecht am 27. September 2004, http://www.bundeskartell amt.de/wDeutsch/download/pdf/Diskussionsbeitraege/04_AKK.pdf (Stand: 05.02.2012)

Bundeskartellamt, Konglomerate Zusammenschlüsse in der Fusionskontrolle – Bestandsaufnahme und Ausblick – Diskussionspapier für die Sitzung des Arbeitskreises Kartellrecht am 21. September 2006, http://www.bundeskartell amt.de/wDeutsch/download/pdf/Diskussionsbeitraege/060830_AK_Kartellrecht . pdf (Stand: 07.02.2012)

Bunte, Hermann-Josef, Kartellrecht – Lehrbuch für Studium und Praxis, 2. Aufl., München 2008

Bunte, Hermann-Josef (Hrsg.), Kommentar zum deutschen und europäischen Kartellrecht, Band 2 Europäisches Kartellrecht, 11. Aufl., Köln 2010

Burkert, Thomas, Die Zulässigkeit von Kopplungsgeschäften aus wettbewerbsrechtlicher Sicht, Baden-Baden 1992

Burnley, Richard, Conglomerate Mergers, in: Amato/Ehlermann/Komninos (Hrsg.), EC competition law, Oxford 2007, S. 495–518.

Büscher, Rolf, Antitrust und konglomerate Konzentration, Köln 1982

Büscher, Rolf, Diagonale Unternehmenszusammenschlüsse im amerikanischen und deutschen Recht, Baden-Baden 1982

Carbajo, José; Meza, David de; Seidmann, Daniel J., A Strategic Motivation for Commodity Bundling, J.Ind.Econ. 38 (1990), S. 283–298.

Carlton, Dennis W; Waldmann, Michael, The Strategic Use Of Tying To Preserve And Create Market Power In Evolving Industries, Rand J.Econ. 33 (2002), S. 194–220.

Chamberlin, Edward H., The Theory of Monopolistic Competition – A Re-Orientation of the Theory of Value, 8. Aufl., Cambridge 1965

Checkley, Matthew, M&A as Risk, in: Angwin (Hrsg.), Mergers and Acquisitions, Oxford, u. a. 2007, S. 153–178.

Choi, Jay Pil, The Economics and Politics of International Merger Enforcement: A Case Study of the GE/Honeywell Merger, in: Ghosal/Stennek (Hrsg.), The Political Economy of Antitrust, Amsterdam, Boston, Heidelberg u.a. 2007, S. 241–258.

Choi, Jay Pil, Mergers with Bundling in Complementary Markets, J.Ind.Econ. 56 (2008), S. 553–577.

Church, Jeffrey, Conglomerate Mergers, Iss.Comp.L. & Pol. 2 (2008), S. 1503–1552.

Church Economic Consultants Ltd., The Impact of Vertical and Conglomerate Mergers on Competition – for Directorate General for Competition Directorate B Merger Task Force European Commission, http://ec.europa.eu/competition/mergers/studies_reports/merger_impact.pdf (Stand: 07.02.2011)

Clemen, Robert T., Making Hard Decisions – An Introduction to Decision Analysis, Belmont u.a. 1996

Committee on the Judiciary (Hrsg.), Hearings Before the Subcommittee on Antitrust and Monopoly of the Committee on the Judiciary United States Senate Ninety-First Congress Second Session Pursuant to S. Res. 40 – The Conglomerate Merger Problem, Washington D.C. 1970

Cournot, Antoine Augustin, Researches into the mathematical principles of the theory of wealth – translated and edited by N. T. Bacon, New York 1897 – französisches Original: 1838

Dammann, Jana Kristina, Der Begriff der Wettbewerbsbeschränkung – Eine rechtsvergleichende Analyse der US-amerikanischen und europäischen Fusionskontrolle unter besonderer Berücksichtigung nicht horizontaler Zusammenschlüsse, Baden-Baden 2008

Decker, Reinhold, Konkurrenzanalyse, in: Köhler/Küpper/Pfingsten (Hrsg.), Handwörterbuch der Betriebswirtschaft, Stuttgart 2007, S. 918–930.

Denis, David J; Denis, Dianke K; Sarin, Atulya, Agency Problems, Equitiy Ownership, and Corporate Diversification, J.Fin. 52 (1997), S. 135–160.

Denzel, Ulrich Stefan, Materielle Fusionskontrolle in Europa und den USA – Marktbeherrschungstest und „Significant Impediment to Effective Competition“ versus „Substantial Lessening of Competition“, Tübingen 2004

Denzel, Ulrich Stefan, Der Leitlinienentwurf der Europäischen Kommission zur Bewertung nicht-horizontaler Zusammenschlüsse: Post-Chicago-Ansätze in Brüssel?, WuW 2007, S. 566–577.

Department of Justice, Antitrust Division Submission for OECD Roundtable on Portfolio Effects in Conglomerate Mergers – Range Effects: The United States Perspective, http://www.oecd.org/dataoecd/39/3/1818237.pdf (Stand: 22.01.2011)

Department of Justice, Range Effects: The United States' Perspective – Antitrust Division Submission for OECD Roundtable on Portfolio Effects in Conglomerate Mergers, http://www.oecd.org/dataoecd/39/3/1818237.pdf (Stand: 26.10.2009)

Dethmers, Frances; Dodoo, Ninette; Morfey, Anna, Conglomerate Mergers under EC Merger Control: An Overview, Eur.Comp.J. 2005, S. 265–291.

Domschke, Wolfgang; Scholl, Armin, Grundlagen der Betriebswirtschaftslehre – Eine Einführung aus entscheidungsorientierter Sicht, 4. Aufl., Berlin, Heidelberg 2008

Donnem, Roland W., Antitrust and Super-conglomerates, in: CCH Trade Regulation Reports (Hrsg.), Trade Regulation Reporter – Transfer Binder, Chicago 1983, S. 55,161-55,171.

Doyle, Carol A., Reciprocity as a Basis for Challenging Conglomerate Mergers Under the Clayton Act, Loy.U.Chi.L.J. 12 (1981), S. 481–501.

Dreher, Meinrad, Konglomerate Zusammenschlüsse, Verbotsvermutungen und Widerlegungsgründe – Eine Untersuchung zur Fortentwicklung des Kartellrechts am Beispiel des U.S.-amerikanischen Antitrustrechts, Berlin 1987

Ebers, Mark, Unternehmensentwicklung, in: Köhler/Küpper/Pfingsten (Hrsg.), Handwörterbuch der Betriebswirtschaft, Stuttgart 2007, S. 1790–1801.

Edwards, Corwin D., Maintaining Competition. Requisites of a Governmental Policy, New York 1949

Elhauge, Einer, United States Antitrust Law and Economics, New York 2008

Elliott, Michael, The Anatomy of the GE-Honeywell Disaster, NY Times 08.07.2001.

Emch, Eric R., „Portfolio Effects“ in Merger Analysis: Differences Between EU and U.S. Practice and Recommendations for the Future, Antitrust Bull. 49 (2004), S. 55–100.

Emmerich, Volker, Kartellrecht – Ein Studienbuch, 11. Aufl., München 2008

Emrich, Heiner Maria, Die Problematik der Fusionskontrolle bei Konglomeraten – Eine Untersuchung der rechtlichen Schwierigkeiten und ihrer wirtschaftlichen Grundlagen unter besonderer Berücksichtigung der Einzelmarktbetrachtung und des Marktanteilskriteriums in den §§ 24, 22 GWB, Berlin 1978

Eucken, Walter, Grundsätze der Wirtschaftspolitik, 7. Aufl., Tübingen 2004

Europäische Kommission, Grünbuch – Über die Revision der Verordnung (EWG) Nr. 4064/89 des Rates, http://eur-lex.europa.eu/LexUriServ/site/de/com/2001/com2001_0745de01.pdf (Stand: 05.02.2012)

Evans, David S; Padilla, A. Jorge; Salinger, Michael, A Pragmatic Approach to Identifying and Analysing Legitimate Tying Cases, in: Ehlermann/Atanasiu (Hrsg.), European Competition Law Annual, Oxford u. a. 2006, S. 557–572.

Feddersen, Christoph, Gericht Erster Instanz erklärt Tetra Laval/Sidel Entscheidung für nichtig, WuW 2003, S. 15–20.

Feinstein, Richard A., Interview with Richard A. Feinstein, Director, FTC Bureau of Competition, Antitrust Source 9 (2010), S. 1–8.

Focus.de, Google kauft Motorola-Mobilfunksparte ... Kampf um Patente: Google kauft Motorola-Mobilfunksparte – Kampf um Patente ... Kampf um Patente, http://www.focus.de/finanzen/news/unternehmen/kampf-um-patente-google-kauft-motorola-mobilfunksparte_aid_655634.html (Stand: 29.01.2012)

Fox, Eleanor M., The Efficiency Paradox, in: Pitofsky (Hrsg.), How the Chicago School Overshot the Mark, Oxford 2008, S. 77–88.

Frenz, Walter, Handbuch Europarecht – Band 2: Europäisches Kartellrecht, Berlin 2006

Gabrielsen, Tommy Staahl, Conglomerate Mergers: Vertical Mergers in Disguise?, Int.J.Econ.Bus. 10 (2003), S. 1–16.

Ganz, Matthias, Die Erhöhung des Unternehmenswertes durch die Strategie der externen Diversifikation, Bern, Stuttgart 1991

Gerber, David J., Konglomerate Zusammenschlüsse im amerikanischen Kartellrecht, WuW 1981, S. 337–344.

Gerber, David J., Constitutionalizing the Economy: German Neo-liberals, Competition Law and the 'New Europe', Am.J.Comp.L. 42 (1994), S. 25–84.

Geroski, Paul A; Gilbert, Richard J; Jacquemin, Alexis, Barriers to entry and strategic competition, Chur 1990

Gerybadze, Alexander; Stephan, Michael, Expansion durch Diversifikation: Wachstumsstrategien in multinatinalen Unternehmen, in: Wildemann (Hrsg.), Organisation und Personal, München 2004, S. 399–428.

Gey, Peter, Potentieller Wettbewerb und Marktbeherrschung: eine Untersuchung zum deutschen, europäischen und US-amerikanischen Kartellrecht, Baden-Baden 2004

Gilbert, Richard J; Sunshine, Steven C., Incorporating Dynamic Efficiency Concerns in Merger Analysis: The Use of Innovation Markets, Antitrust L.J. 63 (1995), S. 569–601.

Gomes, Joao; Livdan, Dmitry, Optimal Diversification: Reconciling Theory and Evidence, J.Fin. 59 (2004), S. 507–535.

Handelsblatt Online, General Electric plant Zukunft ohne Honeywell – Transatlantische Verstimmungen, http://www.handelsblatt.com/archiv/general-electric-plant-zukunft-ohne-honeywell%3B431339 (Stand: 04.02.2012)

Hayek, Friedrich August von, Individualismus und Wirtschaftliche Ordnung, 2. Aufl., Salzburg 1976

Hayek, Friedrich A. von, Der Wettbewerb als Entdeckungsverfahren, Kiel 1968

Heger, Diana; Kraft, Cornelius, Barriers to Entry and Profitability – Discussion Paper No. 08-071, ftp://ftp.zew.de/pub/zew-docs/dp/dp08071.pdf (Stand: 07. 02.2012)

Heister, Peter, Erhöhte Markttransparenz fördert qualitativ bessere Marktinformation, in: von Böhlen/Kan (Hrsg.), MiFID-Kompendium, Berlin, Heidelberg 2008, S. 281–298.

Herdzina, Klaus, Wettbewerbspolitik, 5. Aufl., Stuttgart 1999

Hermann, Maximilian, Die Neufassung des materiellen Untersagungskriteriums in Art. 2 Abs. 2 und 3 EG-FKVO, Baden-Baden 2008

Hewitt, Gary, Portfolio Effects in Conglomerate Mergers – Background Note, OECD J.Comp.L. & Pol. 4 (2002), S. 66–117.

Hildebrand, Doris, The role of economic analysis in the EC competition rules, 3. Aufl., Alphen a. d. Rijn 2009

Hines, Tony, Supply Chain Strategies – Customer Driven and Customer Focused, Amsterdam, Boston, Heidelberg u.a. 2004

Hirsch, Günter; Montag, Frank; Säcker, Franz Jürgen (Hrsg.), Münchener Kommentar zum Europäischen und Deutschen Wettbewerbsrecht (Kartellrecht), Kartellrecht Missbrauchs- und Fusionskontrolle – Band 1 Europäisches Wettbewerbsrecht, München 2007.

Holmes, William C., Antitrust Law Handbook, St. Paul 2000

Holscher, Jens, Der materielle Untersagungstatbestand im europäischen Kartellrecht – Die Reform der EG-Fusionskontrollverordnung vom 1.5.2004, Hamburg 2010

Hoppmann, Erich, Marktmacht und Wettbewerb – Beurteilungskriterien und Lösungsmöglichkeiten, Tübingen 1977

Hoppmann, Erich, Wirtschaftsordnung und Wettbewerb, Baden-Baden 1988

Horvath, Peter, Konkurrentenanalyse (Corporate Intelligence), in: Verlagsgruppe Handelsblatt (Hrsg.), Wirtschaftslexikon, Stuttgart 2006, S. 2997–3003.

Hoskisson, Robert E., Multidivisional Structure and Performance: The Contingency of Diversification Strategy, Ac.Manag.J. 30 (1987), S. 625–644.

Hovenkamp, Herbert, Antitrust, 4. Aufl., St. Paul 2005

Hovenkamp, Herbert, Harvard, Chicago, and Transaction Cost Economics in Antitrust Analysis, Antitrust Bull. 55 (2010), S. 613–662.

Hungenberg, Harald, Fokussierung versus Diversifizierung, in: Glaum/Hommel/Thomaschewski (Hrsg.), Wachstumsstrategien internationaler Unternehmungen, Stuttgart 2002, S. 21–40.

Hyland, David C., The Long-Run Performance of Diversifying Firms, J.Econ. & Fin. 32 (2008), S. 294–310.

Hylton, Keith N., Antitrust Law – Economic Theory and Common Law Evolution, Cambridge 2003

Hylton, Keith N; Salinger, Michael, Tying Law and Policy: A Decision-Theoretic Approach, Antitrust L.J. 69 (2001), S. 469–526.

Immenga, Ulrich; Mestmäcker, Ernst-Joachim (Hrsg.), Wettbewerbsrecht EG, Kommentar zum Europäischen Kartellrecht, 4. Aufl., München 2007.

Institut der Wirtschaftsprüfer in Deutschland, IDW-Standard : Grundsätze zur Durchführung von Unternehmensbewertungen, Düsseldorf 2008

Jacoby, Neil H., The Conglomerate Corporation, in: Committee on the Judiciary (Hrsg.), Hearings Before the Subcommittee on Antitrust and Monopoly of the Committee on the Judiciary United States Senate Ninety-First Congress Second Session Pursuant to S. Res. 40, Washington D.C. 1970, S. 4948–4961.

James, Charles A., International Antitrust in the 21st Century – Before the OECD Global Forum on Competition, http://www.justice.gov/atr/public/speeches/9330.htm (Stand: 26.10.2010)

James, Charles A., Antitrust in the Early 21st Century: Core Values and Convergence – Presented at the Program on Antitrust Policy in the 21st Century Sponsored by the Directorate General for Competition at the European Commission and the U.S. Mission to the European Union, http://www.justice.gov/atr/public/speeches/11148.htm (Stand: 26.10.2010)

Jickeli, Joachim, Marktzutrittsschranken im Recht der Wettbewerbsbeschränkungen, Baden-Baden 1990

Joecks, Wolfgang; Miebach, Klaus (Hrsg.), Münchener Kommentar zum Strafgesetzbuch, 2. Aufl., München 2011.

Kaas, Klaus Peter; Schade, Christian, Unternehmensberater im Wettbewerb – Eine empirische Untersuchung aus der Perspektive der Neuen Institutionslehre, ZfB 1995, S. 1067–1089.

Kahl, Verena, Wettbewerbswirkungen konglomerater Unternehmenszusammenschlüsse, Göttingen 1992

Kantzenbach, Erhard, Die Funktionsfähigkeit des Wettbewerbs, 2. Aufl., Göttingen 1967

Kaplan, Lewis A., Potential Competition and Section 7 of the Clayton Act, Antitrust Bull. 25 (1980), S. 297–325.

Kauper, Thomas E., Influence of Conservative Economic Analysis on the Development of the Law of Antitrust, in: Pitofsky (Hrsg.), How the Chicago School Overshot the Mark, Oxford 2008, S. 40–50.

Keden, Martin, Der Zusammenschlussfall GE / Honeywell, Hamburg 2005

Kerber, Wolfgang, Die Europäische Fusionskontrollpraxis und die Wettbewerbskonzeption der EG – Zwei Analysen zur Entwicklung des europäischen Wettbewerbsrechts, Bayreuth 1994

Kessner, Ekkehard, Markttransparenz und Produktionseffizienz in der deutschen Lebensversicherung, Berlin 2001

Klein, Benjamin; Saft, Lester F., The Law and Economics of Franchise Tying Contracts, J.L. & Econ. 28 (1985), S. 345–361.

Kling, Michael; Thomas, Stefan, Kartellrecht, München 2007

Knieps, Günter, Wettbewerbsökonomie – Regulierungstheorie, Industrieökonomie, Wettbewerbspolitik, 3. Aufl., Berlin, Heidelberg 2008

Knight, Frank H., From Risk, Uncertainty and Profit, in: Kroszner/Putterman (Hrsg.), The Economic Nature of the Firm, Cambridge 2009, S. 52–57.

Kolasky, William J., Conglomerate Mergers and Range Effects: It's a Long Way from Chicago to Brussels – Address by William J. Kolasky, Deputy Assistant Attorney General Antitrust Division U.S. Department of Justice, before the George Mason University Symposium, Washington DC, http://www.usdoj.gov/atr/public/speeches/9536.htm (Stand: 07.02.2011)

Kolasky, William J., What is Competition? A Comparison of U.S. and European Perspectives, Antitrust Bull. 49 (2004), S. 29–53.

Kolasky, William J., GE/Honeywell: Narrowing, But Not Closing, the Gap, Antitrust Magazine 20 (2006), S. 69–76.

Koller, Tim; Goedhardt, Marc; Wessels, David, Valuation – Measuring and Managing the Value of Companies, 5. Aufl., Hoboken 2010

Körber, Torsten, Die Leitlinien der Kommission zur Bewertung nichthorizontaler Zusammenschlüsse, WuW 2008, S. 522–533.

Kovacic, William E., The Intellectual DNA of Modern U.S. Competition Law for Dominant Firm Conduct: The Chicago/Harvard Double Helix, Colum.Bus. L.Rev. 2007, S. 1–80.

Kovacic, William E; Shapiro, Carl, Antitrust Policy, in: Mercuro (Hrsg.), Law and Economics, London, New York 2007, S. 331–348.

Krone, Peter, Horizontale Markttransparenz im Zeitalter einer Informationsgesellschaft – Eine kartellrechtliche Analyse unter besonderer Berücksichtigung des Marktmechanismus des elektronischen Handels, Hamburg 2003

Kühn, Richard, Markteintritts- und Marktaustrittsstrategien, in: Verlagsgruppe Handelsblatt (Hrsg.), Wirtschaftslexikon, Stuttgart 2006, S. 3799–3807.

Lang, Larry H. P; Stulz, René M., Tobin's Q, Corporate Diversification and Firm Performance, J.Pol.Econ. 102 (1994), S. 1248–1280.

Langenfeld, James, Non-horizontal Merger Guidelines in the United States and the European Commission: Time for the United States to Catch Up?, Geo. Mason L.Rev. 16 (2009), S. 851–884.

Leary, Thomas B., A Comment on Merger Enforcement in the United States and in the Europoean Union – Prepared Remarks of Thomas B. Leary, http://www.ftc.gov/speeches/leary/tabd010111.shtm (Stand: 12.12.2011)

Lere, John C., Deterministic Net Present Value as an Approximation of Expected Net Present Value, J.Bus.Fin. & Acc. 7 (1980), S. 245–259.

Loewenheim, Ulrich; Meessen, Karl M; Riesenkampff, Alexander (Hrsg.), Kartellrecht, Kommentar, 2. Aufl., München 2009.

Lorie, James H; Halpern, Paul, Conglomerates: The Rhetoric and the Evidence, J.L. & Econ. 13 (1970), S. 149–166.

Mäsch, Gerald (Hrsg.), Praxiskommentar zum deutschen und europäischen Kartellrecht, Münster 2010.

Mantzavinos, Chrysostomos, Wettbewerbstheorie – Eine kritische Auseinandersetzung, Berlin 1994

Markert, Kurt, Die Fusionskontrollpraxis des BKartA im Wandel?, AG 1986, S. 173–180.

Markides, Constantinos C., Diversification, Refocusing, and Economic Performance, Cambride, London 1995

Mason, Edward S., Economic Concentration and the Monopoly Problem, Cambridge 1957

May, Eugen; Knobloch, Ralph, Fusionsmotive und optimale Unternehmensgröße, Horizonte 2000, S. 33–37.

McLachlan, Christopher, Wettbewerbsorientierte Gestaltung von Informationsasymmetrien – Eine informationsökonomisch fundierte Analyse des anbieterseitigen Informationsverhaltens, Trier 2004

McLaren, Richard W., Conglomerate Merger, in: CCH Trade Regulation Reports (Hrsg.), Trade Regulation Reporter – Transfer Binder, Chicago 1983, S. 55. 172.

Meller, Paul, G.E. attacks European Ruling on Honeywell Merger, NY Times 28.05.2004, S. W1.

Mestmäcker, Ernst-Joachim, Zur Reform der Europäischen Fusionskontrollverordnung, WuW 2004, S. 135.

Mestmäcker, Ernst-Joachim; Schweitzer, Heike, Europäisches Wettbewerbsrecht, 2. Aufl., München 2004

Monopolkommission, Hauptgutachten VI – Gesamtwirtschaftliche Chancen und Risiken wachsender Unternehmensgrößen, Baden-Baden 1986

Monopolkommission, Hauptgutachten XV – Wettbewerbspolitik im Schatten „Nationaler Champions“, Baden-Baden 2004

Montag, Frank, Das GE/Honeywell-Urteil des EuG: Absage an konglomerate und vertikale Effekte in der europäischen Fusionskontrolle?, in: Brinker/ Scheuing/Stockmann (Hrsg.), Recht und Wettbewerb, München 2006, S. 339–355.

Moosally, Joseph G., Risk Aversion in the Merger Decision: An Empirical Study, Ann Arbor 1973

Möschel, Wernhard, Konglomerate Zusammenschlüsse im Antitrustrecht der Vereinigten Staaten von Amerika, RabelsZ 44 (1980), S. 203–256.

Möschel, Wernhard, Konglomerate Zusammenschlüsse in den Vereinigten Staaten seit 1979, RabelsZ 48 (1984), S. 552–577.

Mueller, Dennis C., Mergers and Market Share, Rev.Econ. & Stat. 67 (1985), S. 259–267.

Mueller, Willard F., The Celler-Kafauver Act: The First 27 Years – A Study Prepared by Willard F. Mueller for the Use of the Subcommittee on Monopolies and Commercial Law of the Committee on the Judiciary House of Representatives Ninety-Sixth Congress First Session, Washington D.C. 1979

Nalebuff, Barry J., Bundling as an Entry Barrier, Quart.J.Econ. 119 (2004), S. 159–188.

Narver, John C., Conglomerate Mergers and Market Competition, Berkeley 1967

Nash, John Forbes, Non-cooperative games, Princeton 1950

Neven, Damien J., Analysis of Conglomerate Effects in EU Merger Control, in: Buccirossi (Hrsg.), Handbook of Antitrust Economics, Cambride, Massachusetts, London 2008, S. 183–211.

Nieschlag, Robert; Dichtl, Erwin; Hörschgen, Hans, Marketing, 17. Aufl., Berlin 1991

Nothdurft, Jörg, Die Entscheidung des EuGH im Fall Tetra Laval – Würdiges und Merkwürdiges zum Beweismaß und anderen Fragen, nicht nur bei konglomeraten Zusammenschlüssen, ZWeR 2006, S. 306–321.

Nothelfer, Wolfgang, Wann behindern konglomerate Fusionen den Wettbewerb?, EuZW 2007, S. 332–336.

Organisation for Economic Cooperation and Development / Committee on Competition Law and Policy, Portfolio Effects in Conglomerate Mergers – Executive Summary, OECD J.Comp.L. & Pol. 4 (2002), S. 60–65.

Peritz, Rudolph J. R., Towards a Dynamic Antitrust Analysis of Strategic Market Behavior, N.Y.L.Sch.L.Rev. 47 (2003), S. 101–118.

Pernsteiner, Helmut, Fusionen in der betriebswirtschaftlichen Literatur, in: Pernsteiner/Mittermair (Hrsg.), Handbuch Fusionen, Wien 2002, S. 153–181.

Petrasincu, Alex, Horizontale, vertikale und konglomerate Zusammenschlüsse in der europäischen und amerikanischen Fusionskontrolle, Baden-Baden 2009

Pindyck, Robert S., Sunk Costs and Risk-based Barriers to Entry – NBER Working Paper No. 14755, http://www.nber.org/papers/w14755 (Stand: 07.02. 2011)

Piraino, Thomas A., Reconciling the Harvard and Chicago Schools: A New Antitrust Approach for the 21st Century, Indiana L.J. 82 (2007), S. 346–409.

Pitofsky, Robert, Past, Present, and Future of Antitrust Enforcement at the Federal Trade Commission, U.Chi.L.Rev. 72 (2005), S. 209–242.

Poole, William, Causes and Consequences of the Financial Crisis of 2007-2009, Harvard J.L. & Pub.Pol. 33 (2010), S. 421–441.

Porter, Michael E., The Competitive Advantage – Creating and Sustaining Superior Performance, New York 1985

Porter, Michael E., From Competitive Advantage to Corporate Strategy, Harvard Bus.Rev. 65 (1987), S. 43–59.

Posner, Richard A., Antitrust Law – An Economic Perspective, Chicago, London 1976 und 2. Aufl., Chicago 2001

Posner, Richard A., The Chicago School of Antitrust Analysis, U.Pa.L.Rev. 127 (1979), S. 925–948.

Ravenscraft, David J; Scherer, F. M., Mergers, Sell-Offs and Economic Efficiency, Washington D.C. 1987

Rederer, Erik Ralf, Die Bewertung der Unternehmensdiversifikation vor dem Hintergrund investitions- und produktionswirtschaftlicher Synergieeffekte und ihres Zusammenwirkens, Bamberg 2003

Reynolds, Robert J; Ordover, Janusz A., Archimedean Leveraging and the GE/Honeywell Transaction, Antitrust L.J. 70 (2002), S. 171–198.

Richter, Burkhard, §§ 18-21, in: Wiedemann (Hrsg.), Handbuch des Kartellrechts 2008, S. 740–894.

Rittner, Fritz; Kulka, Michael, Wettbewerbs- und Kartellrecht – Eine systematische Darstellung des deutschen und europäischen Rechts, 7. Aufl., Heidelberg 2008

Römer, Elisabeth M., Konkurrenzforschung – Informationsgrundlage der Wettbewerbsstrategie, ZfB 1998, S. 481–501.

Röpke, Wilhelm, Die Gesellschaftskrisis der Gegenwart, Faksimile der 1942 in Erlenbach-Zürich erschienenen Erstausgabe, Düsseldorf 2002

Rosch, J. Thomas, The Challenge of Non-Horizontal Merger Enforcement – at the Fordham Competition Law Institute's 34th Annual Conference on International Antitrust Law & Policy New York City September 27-28, 2007, http://www.ftc.gov/speeches/rosch/070927-28non-horizontalmerger.pdf (Stand: 07.02.2012)

Rosch, J. Thomas, Terra Incognita: Vertical and Conglomerate Merger and Interlocking Directorate Law Enforcement in the United States – Remarks before the University of Hong Kong, http://www.ftc.gov/speeches/rosch/090911roschspeechunivhongkong.pdf (Stand: 15.01.2011)

Rosch, J. Thomas, Statement of Commissioner J. Thomas Rosch on the Release of the 2010 Horizontal Merger Guidelines, http://www.ftc.gov/speeches/rosch/100819horizontalmergerstatement.pdf (Stand: 11.02.2012)

Rubinfeld, Daniel L., On the Foundations of Antitrust Law and Economics, in: Pitofsky (Hrsg.), How the Chicago School Overshot the Mark, Oxford 2008, S. 51–58.

Säcker, Franz Jürgen, Entwicklung der europäischen Praxis aus deutscher Sicht und Bindungswirkung der europäischen Praxis bei Übernahme des SIEC-Tests in deutsches Recht, WuW 2010, S. 370–377.

Salop, Steven C., Economic Analysis of Exclusionary Vertical Conduct: Where Chicago Has Overshot the Mark, in: Pitofsky (Hrsg.), How the Chicago School Overshot the Mark, Oxford 2008, S. 141–155.

Scheffler, Arndt, Zur Rechtsprechung: Das Tetra-Laval-Urteil des EuGH, EuZW 2005, S. 751–752.

Scherer, F. M., Conservative Economics and Antitrust: A Variety of Influences, in: Pitofsky (Hrsg.), How the Chicago School Overshot the Mark, Oxford 2008, S. 30–39.

Schmidt, Ingo, Markttransparenz als Voraussetzung für Wettbewerbsbeschränkungen, WuW 1963, S. 97–106.

Schmidt, Ingo, Ist „Größe an sich“ gefährlich? – Kontraste, WuW 1986, S. 193–196.

Schmidt, Ingo, Wettbewerbspolitik und Kartellrecht, 8. Aufl., Stuttgart 2005

Schmidtchen, Dieter, Der 'more economic approach' in der Wettbewerbspolitik, WuW 2006, S. 6–17.

Schreiber, Ulrich, Steuerplanung, in: Köhler/Küpper/Pfingsten (Hrsg.), Handwörterbuch der Betriebswirtschaft, Stuttgart 2007, S. 1679–1688.

Schumpeter, Joseph A., Theorie der wirtschaftlichen Entwicklung, Faksimile der 1912 erschienenen Erstausgabe, Düsseldorf 1988

Schumpeter, Joseph A., Capitalism, Socialism and Democracy, London u.a. 2010

Schwaderer, Melanie Ariane, Conglomerate Merger Analysis – the Legal Context: How the European Courts' Standard of Proof put an end to the Ex Ante Assessment of Leveraging – A Critique on the Commission's Non-Horizontal Merger Guidelines, ZWeR 2007, S. 482–514.

Schwalbe, Ulrich; Zimmer, Daniel, Kartellrecht und Ökonomie – Moderne ökonomische Ansätze in der europäischen und deutschen Zusammenschlusskontrolle, 2. Aufl., Frankfurt a.M. 2011

Schwartz, Darius; Werden, Gregory J., A Quality-Signaling Rationale for Aftermarket Tying, Antitrust L.J. 64 (1996), S. 387–404.

Seicht, Gerhard, Aspekte des Risikokalküls in Unternehmensbewertungen, in: Siegel/Klein/Schneider u. a. (Hrsg.), Unternehmungen, Versicherungen und Rechnungswesen, Berlin 2006, S. 97–128.

Servaes, Henri, The Value of Diversification During the Conglomerate Merger Wave, J.Fin. 51 (1996), S. 1201–1225.

Shenefield, John H., Testimony of John H. Shefield Concerning Conglomerate Mergers and Acquisitions – Assistant Attorney General Antitrust Division Before the Subcommittee on Antitrust and Monopolies of the Committee on the Judiciary United States Senate, Trade Regulation Reports 1978, S. 27–85.

Shleifer, Andrei; Vishny, Robert W., Management Entrenchment: the Case of Manager-specific investments, J.Fin.Econ. 25 (1989), S. 123–139.

Singh, Manohar; Mathur, Ike; Gleason, Kimberly C., Governance and Performance Implications of Diversification Strategies: Evidence from Large U.S. Firms, Fin.Rev. 39 (2004), S. 489–526.

Sölter, Arno, Das Mischunternehmen in der Wettbewerbsordnung, in: Salin/Stohler/Pawlowsky (Hrsg.), Notwendigkeit und Gefahr der wirtschaftlichen Konzentration, Basel, Tübingen 1969, S. 153–167.

Sölter, Arno, Der unvollständige Wettbewerbsbegriff – Zur Bedeutung von Markttransparenz und Marktinformationsverfahren für den Wettbewerbsprozeß, Heidelberg 1975

Sosnitza, Olaf; Hoffmann, Jochen, Die Zukunft der vertikalen Preisbindung im Europäischen Kartellrecht, AG 2008, S. 107–116.

Stelzer, Irwin M., Some Practical Thoughts About Entry, in: Pitofsky (Hrsg.), How the Chicago School Overshot the Mark, Oxford 2008, S. 24–29.

Stigler, George J., The Economies of Scale, J.L. & Econ. 1 (1958), S. 54–71.

Stigler, George J., The Organization of Industry, Chicago, London 1968

Stiglitz, Joseph E., Freefall – Free Markets and the Sinking of the Global Economy, London u.a. 2010

Sueddeutsche.de, Gericht weist Samsung-Klage gegen Apple ab – Patentstreit, http://www.sueddeutsche.de/digital/patentstreit-gericht-weist-samsung-klage-gegen-apple-ab-1.1262882 (Stand: 29.01.2012)

Sullivan, Lawrence A., Handbook of the Law of Antitrust, St. Paul 1977

Sullivan, Lawrence A; Grimes, Warren S., The Law of Antitrust: an Integrated Handbook, St. Paul 2000 und 2. Aufl., St. Paul 2006

Tilmann, Winfried, Neue Maßstäbe bei der EU-Fusionskontrolle, WuW 2004, S. 3.

Varadarajan, P. „Rajan"; Ramanujam, Vasudevan, Diversificiation and Performance: A Reexamination Using a New Two-Dimensional Conceptualization of Diversity in Firms, Ac.Manag.J. 30 (1987), S. 380–393.

Varney, Christine A., Vigorous Antitrust Enforcement in this Challenging Era, Washington D.C. 12.05.2009

Verbraucherzentrale Nordrhein-Westfalen (Hrsg.), Markttransparenz im Gesundheitswesen – Beiträge zur kontroversen Diskussion, Düsseldorf 2008

Vesterdorf, Bo, Standard of Proof in Merger Cases: Reflections in the Light of Recent Case Law of the Community Courts, Eur.Comp.J. 2005, S. 3–33.

Waldman, Don E., The Impact of Conglomerate Mergers on Akquired Firms' Growth Rates, Nebr.J.Econ. 22 (1983), S. 24–43.

Weidenbach, Georg; Leupold, Henning, Das GE/Honeywell-Urteil des EuG – Spannende Rechtsfragen im Überfluss, EWS 2006, S. 154–163.

Weston, Glen E., Neue Entwicklungen im U.S. Antitrustrecht und die kartellrechtliche Beurteilung von Beschränkungen in Patentlizenzverträgen, GRUR Int 1984, S. 125–136.

Whinston, Michael D., Tying, Foreclosure, and Exclusion, Am.Econ.Rev. 80 (1990), S. 837–859.

Whish, Richard, Competition Law, 6. Aufl., New York, Oxford 2009

Wiedemann, Gerhard (Hrsg.), Handbuch des Kartellrechts, 1. Aufl., München 1999 und 2. Aufl., München 2008

Williamson, Oliver E., Economies as an Antitrust Defense, Am.Econ.Rev. 58 (1968) , S. 18–36.

Wöhe, Günter; Döring, Ulrich, Einführung in die Allgemeine Betriebswirtschaftslehre, München 2010

Wolf, Joachim, Organisation, Management, Unternehmensführung – Theorien, Praxisbeispiele und Kritik, 3. Aufl., Wiesbaden 2008

Zeise, Elke, in: Schulte (Hrsg.), Handbuch Fusionskontrolle, Köln 2010, S. 340–437.

Studien zum deutschen und europäischen Gesellschafts- und Wirtschaftsrecht

Herausgegeben von Ulrich Ehricke

Band 1 Detlef Laub: Die Nachgründung nach § 52 AktG als kapitalerhaltende Norm. Auswirkungen auf den Tatbestand und seine Anwendung nach dem Umwandlungsgesetz (UmwG). 2004.

Band 2 Michael Silvio Kusche: Die aktienrechtliche Zulässigkeit der Durchführung einer Due Diligence anlässlich eines Unternehmenskaufes. Mit Due Diligence-Checkliste für die Zielgesellschaft. 2005.

Band 3 Thomas Stephan Oldemanns: Vorratsgründung und Mantelverwendung – Alternativmöglichkeiten zum gesetzlichen Gründungsverfahren? 2005.

Band 4 Gunnar Isenberg: Die Geschäftsordnung für die Organe der Aktiengesellschaft. 2005.

Band 5 Anette Gärtner: Die Umsetzung der Verbrauchsgüterkaufrichtlinie in Deutschland und Großbritannien. 2006.

Band 6 Tobias Teufer: Alternative Beilegung privater Wettbewerbsstreitigkeiten. Kartellmediation, Kartellschiedsgerichtsbarkeit und Wettbewerbsvergleich im Spannungsfeld zwischen Privatautonomie und staatlicher Regelung. 2006.

Band 7 Axel Godron: Das Weisungsrecht des Franchisegebers unter besonderer Berücksichtigung eines Konzerncharakters von Franchisesystemen. 2006.

Band 8 Nadin Pia Sondermann: Die kartellrechtliche Beurteilung von Unterkostenpreisen marktmächtiger Unternehmen auf europäischer Ebene, im Vereinigten Königreich und in Deutschland. 2007.

Band 9 Anne Maria Arnold: Die erbrechtliche Nachfolge in der Partnerschaftsgesellschaft. Unter besonderer Berücksichtigung berufsrechtlicher Implikationen. 2006.

Band 10 Tobias Felix D. Plath: Das Lebensversicherungsunternehmen in der Insolvenz. Unter besonderer Berücksichtigung des Gesetzes zur Umsetzung aufsichtsrechtlicher Bestimmungen zur Sanierung und Liquidation von Versicherungsunternehmen und Kreditinstituten vom 10. Dezember 2003. 2007.

Band 11 Philipp Jansen: Ungeschriebene Zuständigkeiten der Hauptversammlung bei der Sanierung der Aktiengesellschaft. 2007.

Band 12 Michael Wangemann: Finanzielle Anreize zur Steigerung der Hauptversammlungspräsenz in der Aktiengesellschaft. 2008.

Band 13 Guido Eusani: Die Erfassung verdeckter Vermögensverlagerungen im Rahmen eines bilanzgestützten Kapitalschutzes bei der GmbH de lege lata et ferenda. Eine Untersuchung unter besonderer Berücksichtigung des Cash Poolings im faktischen GmbH-Konzern sowie des Regierungsentwurfs eines Gesetzes zur Modernisierung des GmbH-Rechts und zur Bekämpfung von Missbräuchen (MoMiG). 2008.

Band 14 Mine Elfi Reimnitz: Der neue Wettbewerbliche Dialog. Eine Alternative zum Verhandlungsverfahren unter Berücksichtigung von Public Private Partnership-Modellen. 2009.

Band 15 Cathérine Hinger: Die Bauunternehmerinsolvenz. Die Sicherungs- und Vertragslösungsrechte zum Schutz der Vermögensinteressen des privaten Auftraggebers im Kontext von § 103 InsO. 2010.

Band 16 Daniel Hackländer: Die allgemeine Energiekompetenz im Primärrecht der Europäischen Union. Eine Analyse des Artikels 194 des Vertrags über die Arbeitsweise der Europäischen Union in der Fassung des Vertrags von Lissabon unter Berücksichtigung der historischen Entwicklung der Energiekompetenz. 2010.

Band 17 Christian Kubak: Grenzüberschreitende Verschmelzungen zwischen Personenhandelsgesellschaften aus Deutschland und anderen EG-Mitgliedstaaten im Lichte der Grundfreiheiten. Europarechtliche Anforderungen und die grundlegende Systematik ihrer Umsetzung. 2010.

Band 18 Albert Stüben: Jahresabschlussfeststellung und Gesellschafteranerkenntnis. 2013.

Band 19 Jens Schefzig: Die Beurteilung konglomerater Unternehmenszusammenschlüsse in Europa und den USA. Unter besonderer Berücksichtigung von Wertschöpfungsketten. 2013.

www.peterlang.de